Bóg w WIELKIM mieście

Bóg w WIELKIM mieście

Katarzyna Olubińska

Wydawnictwo WAM

Moim
Dziadkom

Bóg, który słyszy nasz krzyk

Bo góry mogą przeminąć i wzgórza mogą się
zachwiać, lecz moja łaskawość
nie przeminie i moje przymierze pokoju
się nie zachwieje! – mówi PAN,
który obdarza cię miłością.
(Iz 54, 10)

Moim ulubionym serialem był od zawsze *Seks w wielkim mieście*. Sukces, niezależność, romanse, piękne szpilki i dobra zabawa – takie życie długo mi imponowało. Chciałam być jak Carrie Bradshaw, którą w serialu gra Sarah Jessica Parker. Kiedy jednak spełniłam swoje marzenia, okazało się, że wcale nie daje mi to szczęścia. Prawdziwe szczęście dało mi dopiero spotkanie w wielkim mieście Pana Boga.

Jestem typową dziewczyną z małego miasta, która przeniosła się do Warszawy po studiach, chcąc za wszelką cenę spełnić swój sen o dziennikarstwie. Dokładnie pamiętam ten dzień, kiedy przyjechałam do stolicy. Stałam na Dworcu Centralnym z jedną torbą i z dumą patrzyłam na Pałac Kultury. Czułam się jak zdobywczyni świata. Miałam już wtedy za sobą kilka lat praktyk studenckich i regularnej pracy w zawodzie. Zawsze byłam pracowita, lubiłam się uczyć, miałam szczęście do ludzi i podobno nawet talent, sądziłam więc, że teraz to już tylko kwestia czasu, kiedy świat mnie pokocha. Rzeczywistość trochę zweryfikowała moje wyobrażenia. Okazało się, że w wielkim mieście jest więcej takich dziewczyn jak ja. Trzeba starać się jeszcze bardziej. Starałam się więc. W moim słowniku nie istniał zwrot: „Nie radzę sobie". Pamiętam z tych lat ciężką pracę, ogromny wysiłek i przekonanie, że sama kreuję kształt swojego życia. Nie pamiętam, żebym chociaż raz odpuściła. Wszystkie święta, sylwestry i ważne wydarzenia z życia rodziny i przyjaciół spędziłam na dyżurach reporterskich, wyjazdowych nagraniach albo przygotowując się do wywiadu. W wieku dwudziestu kilku lat prowadziłam poranny program nadawany na żywo przez siedem dni w tygodniu, przeprowadzałam autorskie wywiady z autorytetami i gwiazdami, latałam po świecie, relacjonując takie wydarzenia jak gala rozdania Oscarów w Hollywood, a billboardy z moim wizerunkiem wisiały przy największych skrzyżowaniach w Warszawie. Można powiedzieć, że osiągnęłam sukces i spełniłam swoje marzenia. Skutki uboczne? Życie w biegu, powierzchowne relacje, poczucie pustki. Ale kto by się przejmował takimi rzeczami? Świat należy przecież do zwycięzców. Tak wtedy myślałam. Zdarzało się, że lądowałam nocą u lekarza, bo z braku snu i jedzenia ciało odmawiało mi posłuszeństwa, ale nie zdarzyło mi się, żebym była nieprzygotowana do wywiadu albo – to już zupełnie nie do pomyślenia! – odmówiła dyżuru czy wyjazdu na nagrania. Byłam nie do zdarcia. Profesjonalizm i perfekcja stały się moim mottem życiowym, a ciężka praca i przekonanie o własnej sile – osobistą religią. Bóg nie był mi do niczego potrzebny.

Po co miałabym szukać Boga? Wychowałam się przecież w rodzinie wierzącej, znałam modlitwy, obchodziłam wszystkie święta, jak tradycja nakazuje. A kiedy raz w roku, przed świętami, szłam do spowiedzi, starałam się i mocno się skupiałam, żeby nie złamać żadnego zakazu aż do momentu przyjęcia komunii. Nie pójść do komunii w święta to trochę wstyd. Poza tym czego tu szukać, skoro w Warszawie na każdym rogu jest kościół, a w nim co tydzień tłumy smutnych ludzi w szarych swetrach i o szarych twarzach. Wśród nich ja. Co niedzielę przychodziłam na mszę. Niestety tylko ciałem. Duchem zawsze byłam gdzieś indziej. Obmyślałam nowy temat reportażu albo rozważałam zakup nowej pary butów. No, chyba że było dobre kazanie… Zawsze miło posłuchać, jak ktoś ładnie mówi, tak jak miło pójść do kina na dobry film, najlepiej taki ckliwy, żeby się łezka zakręciła, żeby były emocje. Po dobrym kazaniu człowiek od razu czuje się jakoś lepiej. Generalnie jednak kościół kojarzył mi się z nudą i obowiązkiem. Bóg był dla mnie siwym panem z brodą, który siedzi gdzieś daleko na chmurze i z jakiegoś powodu nie pozwala na wszystko, co przyjemne. Za złamanie swoich zasad wtrąca do piekła. Może też ukarać za niechodzenie do kościoła, więc lepiej chodzić. Zresztą, msza była świetną okazją, żeby się trochę wyciszyć i podczas smutnych śpiewów przemyśleć różne sprawy dotyczące najbliższego tygodnia. Byłam przekonana, że Bóg jest w tym czasie zbyt zajęty, aby zauważyć, że ktoś jest w kościele obecny tylko ciałem, jak ja. Sądziłam, że On interesuje się kimś ważniejszym, na przykład papieżem, ale z pewnością nie moimi sprawami. Chodziłam jednak do kościoła regularnie, bo z Bogiem lepiej nie zadzierać. Wiadomo, że są sytuacje, w których trzeba o coś poprosić – tak bardzo, bardzo, bardzo. W takich sytuacjach potrafiłam modlić się żarliwie i wznosić na szczyty pomysłowości: zrób dla mnie to, daj mi to, a ja w zamian też coś tam zrobię, na przykład nie będę jadła mięsa w piątek.

Tak wyglądał mój obraz Boga jeszcze kilka lat temu. Później nastąpił przełom, czas uczenia się wszystkiego od nowa, i wszystko się zmieniło. *Seks w wielkim mieście* zamieniłam na blog *Bóg w wielkim mieście*. Kiedy moja przyjaciółka z liceum Kamila, która zna mnie dobrze jak mało kto, usłyszała po raz pierwszy, że założyłam blog o Bogu, parsknęła śmiechem i przez dłuższą chwilę nie mogła się opanować.

Dzień, w którym wszystko się zmieniło, to była środa. Wielka Środa, bo był to Wielki Tydzień. Ludzie chodzili na rekolekcje, myli okna, przygotowywali się do świąt. Ja też się przygotowywałam, ale po swojemu: pojechałam do ośrodka SPA na Wzgórzach Dylewskich. Zawsze miałam słabość do SPA, w ogóle do dbania o siebie. Masaże, maseczki i poczucie, że wyglądam idealnie, działały na mnie kojąco (nadal zresztą za nimi przepadam, ale już nie są dla mnie ucieczką od życia). Podobnie było z zakupami. Wszędzie piętrzyły się stosy ubrań i butów. Zabiegi SPA i zakupy zapełniały pustkę w moim sercu. Dawały poczucie, że posiadam coś wartościowego, jestem piękna.

Jednak tego dnia w SPA żaden zabieg nie był w stanie sprawić mi radości. Od dawna już nie czułam się najlepiej. Na samo wspomnienie tamtego czasu robi mi się dziś słabo. Siedziałam w jacuzzi z poczuciem przeraźliwej pustki i ogarniającej mnie ciemności. Oczywiście na pozór wszystko było w porządku: dobra praca w telewizji, fajny chłopak, zakupy, wyjazdy do SPA i na egzotyczne wakacje, rodzina pękająca z dumy. Jednak w środku miałam pustkę i poczucie, że jestem nikim. To wszystko, co powinno dawać mi szczęście, nie dawało go. Jak to wytłumaczyć i komu? Nie wiedziałam i nawet nie próbowałam. Kiedy masz jakiś problem widoczny na zewnątrz, wszyscy się nad tobą litują, ale kiedy boli cię serce i dusza, nie masz co z tym zrobić. Powiedzą, że wymyślasz, że rozczulasz się nad sobą, że nie doceniasz tego, co masz. Zresztą to prawda. Nie umiałam się cieszyć. Zdarzały mi się pojedyncze momenty radości, ale zazwyczaj ciągle mi było mało. Zawsze coś było nie tak. Zawsze mogło być lepiej. Tamtego dnia w SPA poczucie niezrozumienia, samotności i bezsensu stało się nie do zniesienia. Co za wstyd – pomyślałam z niedowierzaniem – nie radzę sobie. Chciałam się zapaść pod ziemię. Pamiętam przerażenie tym odkryciem. Ja, zdobywczyni świata, nie radzę sobie! Niektóre sytuacje w życiu osobistym też zaczęły mi się wymykać spod kontroli. W moim ulubionym serialu było wiele odcinków, w których dziewczyny świetnie się bawiły w wielkim mieście, ale nie widziałam ani jednego, w którym miałyby z tego powodu jakieś wyrzuty sumienia, poniosły jakieś przykre konsekwencje. Dziwne. Mnie było przykro. Wydawało mi się, że wszyscy ludzie dookoła mnie zdradzają się i okłamują, że wszystko jest na sprzedaż, a ja, z moimi marzeniami o pięknej, czystej miłości, jestem jakimś średniowiecznym przeżytkiem.

W takim stanie siedziałam w jacuzzi w SPA na Mazurach, kiedy w głowie zaświtała mi myśl, że to wszystko wina Boga. Jakkolwiek śmiesznie to zabrzmi, to właśnie w SPA, w Wielką Środę, siedząc sama w strefie wellness i patrząc na smętne drzewa za szybą, z głębi serca zawołałam do Niego z pomieszaniem złości i nadziei, z całym bólem, samotnością i rozdarciem: „Jeśli Ty naprawdę jesteś, przyjdź do mnie i mnie uratuj! Już dłużej nie dam rady sama! Nie radzę sobie, słyszysz?!". W odpowiedzi usłyszałam tylko szum drzew za szklaną ścianą luksusowego basenu i bulgotanie jacuzzi.

Zrezygnowana założyłam gruby szlafrok i w poczuciu beznadziei i braku sensu podreptałam do pokoju. Wtedy odezwał się mój telefon. Dzwoniła koleżanka: „Cześć Kasiu, tu Krysia. Może to zabrzmi trochę dziwnie, ale poczułam impuls, żeby do ciebie zadzwonić. Słuchaj, jestem na rekolekcjach, musisz tutaj przyjechać. To znaczy nie do mnie, tylko do mojej parafii. Codziennie w Wielkim Tygodniu odbywają się tutaj rekolekcje i wiem, że one są dla ciebie, że ty musisz tu przyjść". Pamiętam, jak przeszły mnie dreszcze i nogi się pode mną ugięły. W końcu dziesięć minut temu pierwszy raz w życiu poprosiłam Boga o znak, a tu nagle taki telefon.

Pędziłam do Warszawy tak szybko, że ledwo pamiętam drogę. Serce biło mi szybciej. Co mnie tam spotka? Ciekawość aż paliła. Wpadłam do kościoła Świętego Ojca Pio na Kabatach mocno spóźniona, a tam czekało mnie kolejne zaskoczenie. Ksiądz Maciej Sarbinowski, salezjanin, który odprawiał mszę, mówił do zebranych coś o Duchu Świętym, który przyprowadził tu wiele zagubionych osób, i prosił o świadectwa. Zalała mnie fala gorąca, ale nie było szansy, żebym w ogóle podeszła do ołtarza. Za to inni ludzie zaczęli wychodzić na środek. Ktoś tam bąkał nieśmiało pod nosem, że nie był w kościele od dwudziestu lat, ale jakaś staruszka poprosiła go o przeprowadzenie przez ulicę, więc wszedł i po raz pierwszy jest mu tu dobrze. Ktoś inny powiedział coś w podobnym klimacie. Wszyscy tacy jak ja: „niedzielni katolicy". Jakoś dotrwałam do końca tej mszy, a wtedy znów niespodzianka: poczułam, że muszę iść do tego księdza po ratunek. Wyprułam jak szalona w jego kierunku i ciągnąc go za rękaw, powtarzałam: „Niech mi ksiądz pomoże!". On, trochę zaskoczony, próbował zrozumieć, co się stało i co właściwie może dla mnie zrobić. Za nic nie potrafiłam mu wytłumaczyć, co mi jest, i tak naprawdę sama nie do końca rozumiałam. Cała się trzęsłam. Czułam się tak, jakbym miała umrzeć – i w pewien sposób tego wieczoru umarłam, to znaczy narodziłam się do nowego życia.

Ksiądz Maciej zaczął się nade mną modlić. Odepchnęłam go. Modlitwa aż parzyła. Nie pamiętam, co działo się później, ale po chwili ocknęłam się na podłodze. Świetnie – pomyślałam – jeszcze do tego wszystkiego zemdlałam. Zauważyłam jednak, że czuję się uspokojona. Ustało kołatanie serca i ta dziwna panika. Leżałam na zimnej posadzce, a ksiądz Maciej klęczał obok i pytał, czy już wszystko w porządku. Dopiero później dowiedziałam się, że to, co właśnie przeżyłam, nazywa się spoczynkiem w Duchu Świętym i jest widzialnym znakiem działania Pana Boga. W ten sposób Bóg mi pomógł. Złapał mnie za rękę, kiedy już spadałam w przepaść. Odpowiedział tak szybko i tak mocno, jakby od lat czekał tylko na moje wołanie.

Po tym wieczorze nie wszystko zmieniło się od razu, ale pierwszy raz w życiu namacalnie poczułam obecność Boga, który słyszy mój krzyk i się mną interesuje. Tego wieczoru On mocno chwycił mnie za rękę. Nie wiedziałam jeszcze, że rekolekcje, na które przyjechałam, nazywają się *Talitha kum*, czyli w dosłownym tłumaczeniu „Dziewczynko, mówię ci, wstań". Te słowa w Biblii wypowiada Jezus do umarłej właśnie córeczki Jaira, przywracając ją do życia. To ja byłam córeczką Jaira. Ja byłam w środku martwa. Pozornie żyłam pełnią życia, ale tak naprawdę nie miałam go w sobie. Kiedy myślę o tym teraz i widzę, jak Pan Bóg mnie zmienił, napełnił nieznanym dotąd pokojem i uleczył, czuję niewyobrażalną wdzięczność. Zobaczyłam swoje życie w nowym świetle jak w tej obietnicy: „I dam wam serce nowe i ducha nowego tchnę do waszego wnętrza, odbiorę wam serce kamienne, a dam wam serce z ciała" (Ez 36, 26). Nie chcę już więcej żyć bez Niego. Nie wyobrażam sobie, co by się ze mną stało, gdyby nie odpowiedział wtedy na moje wołanie…

Pierwszy krok

Wiedzie mnie po właściwych ścieżkach
przez wzgląd na swoje imię.
(Ps 23, 3)

Następnego dnia po tej wielkotygodniowej modlitwie obudziłam się całkiem nową osobą. Wszystkie problemy zniknęły, wygrałam w totka, zakochałam się w księciu z bajki, dostałam dar nadludzkiej siły, mądrości, czytania w myślach i w ogóle zaczęłam chodzić w obłoku ze światła.

Oczywiście tak się nie stało. Nawrócenie to proces i jeden spoczynek w Duchu czy inne doznania podczas modlitwy niczego tu nie załatwią. Codziennie od nowa trzeba żyć: starać się, kochać, podnosić po kolejnych wtopach i próbować iść dobrą drogą. Tamtego dnia życie nie zmieniło się jak za dotknięciem czarodziejskiej różdżki, ale pojawił się w nim Ktoś nowy: Pan Bóg, i to zaczęło zmieniać nie tyle okoliczności, ile mnie samą. Przede wszystkim, ku mojemu zaskoczeniu, okazało się, że coraz częściej czułam się naprawdę spokojna i szczęśliwa.

Ostatnio w internecie znalazłam fragment, który był podpisany jako „życzenia Franciszka na 2016 rok". Ten tekst mnie poruszył. Mówił o sile wiary w naszej codzienności, gdzie z pewnością nie wszystko jest tak idealne jak na Facebooku, gdzie w drogach są dziury, w relacjach kłótnie, a żeby cokolwiek osiągnąć, trzeba się trochę postarać. Bliskie osoby, którym przeczytałam ten fragment, zareagowały wzruszeniem. Po pewnym czasie, gdy sprawdziłam u źródła, okazało się, że papież nie był autorem tych słów. Jednak – choć Franciszek ich nie napisał – mogłyby one spokojnie wyjść spod jego pióra, ponieważ odzwierciedlają jego punkt widzenia. Ten tekst stał się jednym z moich ulubionych do tego stopnia, że często drukowałam go w prezencie dla przyjaciół i osób, które są mi bliskie.

Możesz mieć wady, być lękliwy i czasem poirytowany, ale nie zapominaj, że twoje życie jest największym przedsiębiorstwem świata. Tylko ty możesz zapobiec jego fiasku. Wielu cię ceni, podziwia i kocha. Chciałbym, żebyś pamiętał, że być szczęśliwym to nie znaczy mieć niebo bez burzy, drogę bez wypadków drogowych, pracę bez wysiłku, relacje bez rozczarowań.
Być szczęśliwym to znaleźć siłę w przebaczaniu, nadzieję w walkach, bezpieczeństwo na scenie strachu, miłość w niezgodzie.
Być szczęśliwym nie znaczy tylko doceniać uśmiech, ale też zastanawiać się nad smutkiem. To nie tylko świętować sukcesy, lecz także uczyć się na błędach. To nie tylko czuć radość wśród aplauzów, ale być radosnym anonimowo.
Być szczęśliwym to uznać, że warto żyć – pomimo wszelakich wyzwań, nieporozumień i kryzysów.
Szczęście to nie wyrok przeznaczenia, ale osiągnięcie tych, którzy potrafią podróżować wewnątrz siebie samych.

Tamto zdarzenie, kiedy Bóg chwycił mocno moją rękę, podniósł mnie i odpowiedział na moje wołanie, było początkiem podróży, a każda podróż zaczyna się od pierwszego kroku. Tym pierwszym krokiem była modlitwa w kościele na warszawskich Kabatach. Dzięki niej dotarły do mnie z mocą dwie prawdy. Pierwsza, że poza światem materialnym – czyli wszystkim, co widzę i czego mogę dotknąć – musi być jeszcze drugi świat, duchowy: równoległa rzeczywistość, równie realna jak to wszystko, co dookoła mnie. Uświadomienie sobie tego było jak odkrycie nowego, zupełnie nieznanego dotąd lądu. Drugie odkrycie dotyczyło samego Pana Boga, bo skoro doświadczyłam tego, że słyszy i odpowiada, to znaczy, że jest: naprawdę żyje i działa, i obchodzi Go taka zwykła dziewczyna jak ja. Byłam ciekawa, jakie jeszcze tajemnice chowa przede mną ten nieodgadniony Pan Bóg, który postanowił tak realnie i namacalnie dać mi znać o swoim istnieniu.

Im bardziej chciałam Go poznać, tym On bardziej otwierał mi oczy. Czułam się tak, jakby ktoś delikatnie mnie przesunął i pokazał znany mi już widok, ale z innej perspektywy; jakby poszerzył horyzont, włączył światło w półmroku, przetarł zabrudzoną szybę w aucie, wyjął coś, co wpadło do oka i nie pozwalało mi dobrze widzieć. Sercem zaczęłam czuć, rozumieć i widzieć więcej – i nie było w tym żadnej mojej zasługi, tylko Jego działanie. Nie chodzi mi o żadną wiedzę magiczną, ale o inne spojrzenie na drugiego człowieka i na samą siebie: z większą tolerancją i zrozumieniem błędów i grzechów, jakie popełniam ciągle każdego dnia, ale też z większą wrażliwością na całe piękno, które mam w sobie i które zaczęłam też widzieć w innych, a którego wcześniej, bez znajomości z Nim, jakoś nie widziałam albo nie do końca je doceniałam.

Zmieniła się moja relacja z Nim, a właściwie dopiero wtedy się zaczęła. Wcześniej nie wpadłabym nawet na taki pomysł, jak próba zaprzyjaźnienia się z Bogiem i przeżywania razem z Nim każdego dnia. W moim świecie można było mieć relację z rodzicami, rodzeństwem, przyjaciółmi, chłopakiem – ale żeby z Bogiem? Nie mieściło mi się to w głowie. Bóg w moim rozumieniu był jakimś odległym starcem na chmurce, kimś, komu w niedziele oddaje się cześć na klęczkach, ale na pewno nie kimś, z kim można rozmawiać, śmiać się, iść na spacer, pogadać od serca, dzielić się radościami i problemami, wypłakać się, spontanicznie podziękować, roześmiać się czy zapytać o radę. Gdyby ktoś wcześniej zaproponował mi codzienne rozmowy z Bogiem – takie zwyczajne, jak się rozmawia z kumplem – pewnie zmartwiłabym się o jego stan psychiczny. Teraz chciałam tego spróbować, chociaż od razu nachodziły mnie wątpliwości, jak ja ze swoim pokręceniem, wszystkimi głupotami i błędami odnajdę się wśród tych idealnych ludzi w białych kołnierzykach, stojących z pobożnymi minami na mszy w kościele. Pojawił się też lęk, że On pozbawi mnie wszystkiego, co przyjemne i wesołe, że będę musiała zrezygnować ze swoich marzeń, że stanę się dziwną, smutną dziewczyną w szarym swetrze, śpiewającą smętne oazowe pieśni i powtarzającą dookoła: „Jezus cię kocha". Spotkałam wcześniej kilka takich osób i sam ich obraz w mojej pamięci sprawiał, że przechodziły mnie zimne dreszcze.

Stało się inaczej. Bóg zaczął pokazywać mi świat na nowo i robił to z dużym wyczuciem, niezwykle delikatnie i pięknie, jak artysta, który maluje pejzaż – starannie, cierpliwie, pieczołowitymi pociągnięciami pędzla. Stawiał na mojej drodze ludzi i zsyłał anioły, a ja uczyłam się z Nim robić każdy krok. Uczyłam się z Nim zaczynać rano dzień, dziękując, że się obudziłam i moje życie ma sens, i prosząc, żeby prowadził mnie dobrą drogą i żebym była znośna dla ludzi, których tego dnia spotkam. To Jego zaczęłam zabierać do pracy – w wir obowiązków, w środek najbardziej nerwowego dnia, prosząc o cierpliwość i mądrość. Jemu uczyłam się dziękować znakiem krzyża przed jedzeniem, z Nim jechać na spotkanie, dopijając w biegu kawę, Jego odwiedzać w kościele – Jego domu, z Nim zasypiać, opowiadając Mu przed snem o ludziach i zdarzeniach minionego dnia i prosząc o dobry sen oraz opiekę dla moich bliskich.

Choć przez całe moje dotychczasowe dorosłe życie byłam jakoś obecna w Kościele i uważałam się za osobę wierzącą, nigdy do mnie nie dotarło, że Bóg jest żywy i chce mieć ze mną żywą relację. Nie przyszłoby mi nawet na myśl, że cała ta historia z Bogiem nie jest tylko jakąś symboliczną opowieścią z zamierzchłych czasów, ale że On żyje tu i teraz, w wielkim mieście. Wielokrotnie się zastanawiałam, czy nikt mi tego nie powiedział, czy raczej ja sama to zignorowałam, wrzucając w głowie do szufladki z napisem „informacje dziwne". Odebrałam przecież porządne katolickie wychowanie w szkole i na katechezie. Znałam na pamięć siedem grzechów głównych, sześć prawd wiary i osiem błogosławieństw. Z wielkim przejęciem i namaszczeniem przystępowałam po kolei do wszystkich obowiązkowych dla każdego wierzącego Polaka sakramentów. Znałam wiele biblijnych przypowieści, na przykład o Jezusie szukającym zabłąkanej owcy. Oczami wyobraźni widziałam pięknego Jezusa w długiej białej szacie niosącego jakąś owieczkę. Cudowny obraz, ale jak się miał odnosić do mojego życia? Wiele razy słyszałam też o grzechach, których nie wolno mi popełniać, bo czeka mnie ociekające smołą piekło. Słyszałam, że Jezus przeze mnie (nie dla mnie) umarł i że zmartwychwstał, ale nie rozumiałam zupełnie dlaczego. Co ja takiego zrobiłam, że On musiał za mnie umierać? I dlaczego katechetka mówiła, że to my wbiliśmy gwoździe w Jego ręce i nogi? Ja nigdy nikomu nie chciałam wbijać żadnych gwoździ. Chyba nie do końca rozumiałam, o co w tym wszystkim chodzi – i może dlatego nie brałam tego na serio.

Kościół nigdy wcześniej nie był dla mnie szpitalem, w którym czeka najlepszy Lekarz – Bóg, zdolny uleczyć każdy mój ból. Był według mnie raczej miejscem dla idealnych, grzecznych ludzi – taką szkolną akademią, w której trzeba brać udział, dopóki jest się uczniem, ale w miarę jak się dorasta, nabiera się świadomości, że dopiero na zewnątrz szkolnych murów czeka pasjonujące życie: miłość, przygoda i marzenia. Myślałam, że z Kościoła się wyrasta, jak z przyciasnych dżinsów, a sakrament bierzmowania bywa tak naprawdę pożegnaniem z Kościołem. Ale nagle się okazuje, że dżinsy nie tylko nadal pasują, ale leżą idealnie! Ten osławiony Duch Święty, przyjęty w sakramencie bierzmowania tak dawno temu, że już nic z tego prawie nie pamiętam poza tym, że wybrałam imię Laura i miałam czarną sukienkę odciętą w talii, ten Duch Święty ma się całkiem dobrze i wciąż żyje we mnie, i chce mnie prowadzić. Niezły czad! Przecież nigdy nawet się do Niego nie pomodliłam, a On mimo to postanowił teraz zadziałać – wręcz namacalnie.

Powoli zaczynało do mnie docierać, że Kościół to jednak nie tylko szacowne mury wypełnione lepszej lub gorszej jakości sztuką sakralną, że w nim naprawdę dzieje się coś mistycznego, a za na pozór powtarzalnymi gestami i słowami kapłana podczas mszy świętej kryje się coś więcej. Od dzieciństwa zastanawiałam się, jak to będzie zobaczyć Boga w niebie po śmierci, ale przez myśl mi nie przeszło, że On chce do mnie mówić codziennie, mało tego: że naprawdę interesuje się moim życiem, nawet błahymi, z pozoru nieistotnymi sprawami, że możemy się codziennie poznawać, coś razem realnie zdziałać, być blisko i razem iść przez życie. Nie wiedziałam, że naprawdę mogę z Nim rozmawiać jak z przyjacielem, a nie tylko klepać bezmyślnie pacierze.

Myślałam też, że Jego miejsce jest tylko w kościele, a okazało się, że On jest bliżej, niż myślę, także tam, gdzie wydawało mi się, że wcale Go nie ma: w eleganckiej restauracji, w prostej budce ze street foodem, na przystanku, w tramwaju czy w metrze, w klubie, w redakcji, na koncercie, na wycieczce rowerowej, na pokazie mody, na ławce w parku, w klubie fitness – wszędzie tam, gdzie bym się Go najmniej spodziewała. Zaczęłam odkrywać, że Jego moc wcale nie kończy się na progu kościoła.

Pierwszym momentem, kiedy dotarło do mnie naprawdę mocno, że z Bogiem mogę mieć prawdziwą relację, były rekolekcje wielkopostne u Ojców Dominikanów na Służewie, które prowadził ojciec Adam Szustak. Nazywały się: „RUT. Rekolekcje Ulepione Tęsknotą". Ojca Adama, słynnego rekolekcjonisty, nie znałam wtedy wcale, ale słowo „tęsknota" podziałało na mnie tak silnie, że mimo przeziębienia i gorączki przyjechałam na Służew i spędziłam tam trzy dni w tłumie innych młodych, stłoczonych niemal jak na koncercie jakiejś gwiazdy, zasłuchanych ludzi. Minęło już kilka lat od tamtej pamiętnej modlitwy nade mną, też w Wielkim Poście. Podczas tych przepełnionych tęsknotą rekolekcji jakoś dotarło do mojej głowy i mojego serca, że Pismo Święte to słowo Boga, który naprawdę chce do nas mówić i prowadzić nas w ten sposób przez życie. Tęsknota i ciekawość, co Bóg chce mi powiedzieć, zaczęły we mnie narastać. W domu zaczęłam słuchać rekolekcji ojca Adama i próbowałam na nowo, inaczej niż dotąd usłyszeć znane z lekcji religii historie, przyjąć je jako historie o moim życiu. Wciągnęło mnie to tak bardzo, że na jakiś czas zniknęłam z pola widzenia moich znajomych. Zaintrygowane koleżanki pytały, kim jest ten tajemniczy nieznajomy, z którym się po kryjomu spotykam – a ja biegłam na mszę do dominikanów albo do domu, włączyć nagrania z rekolekcji. Naprawdę nie mogłam się doczekać tych spotkań ze Słowem. Zawsze po nich czułam niesamowity, z niczym nieporównywalny pokój serca i radość.

Zastanawiało mnie to, że podobne reakcje zaczęłam obserwować u niektórych osób w moim otoczeniu. Na przykład znajomy zabrał na iPadzie te same nagrania, lecąc do Las Vegas na wieczór kawalerski kolegi. Słuchał ich przez całą podróż, czyli jakieś osiem godzin w samolocie. Na miejscu czekał na niego apartament, impreza z udziałem najpiękniejszych dziewczyn świata i wszystko, o czym może sobie zamarzyć mężczyzna, planując wieczór kawalerski, a w nim coś pękło. Zadzwonił do żony i pierwszy raz od dawna szczerze porozmawiali o tym, co było między nimi nie tak. Ona płakała ze wzruszenia, bo dawno już straciła nadzieję na taką rozmowę. On wrócił i naprawdę zaczął się stawać lepszym człowiekiem, lepszym mężem, fajniejszym facetem. To był jeden z pierwszych małych cudów, jakie obserwowałam.

Oczywiście nie wszystko przedstawiało się tak różowo. W miarę zbliżania się do Kościoła poznawałam jego dobre, ale też słabsze strony. Pamiętam, jak kiedyś w niedzielę spieszyłam się z wywiadu, żeby zdążyć na mszę. Był upalny dzień, a ja przeprowadzałam relacje z wydarzeń na Stadionie Narodowym. Miałam na sobie koszulkę z krótkim rękawkiem, spodenki do kolan i trampki conversy. Wbiegłam zdyszana do kościoła, cała szczęśliwa, że zdążyłam. Usiadłam w ostatniej ławce, ale podczas komunii wyłapałam karcące spojrzenie księdza. Po mszy ksiądz mocno zniesmaczonym tonem wygłosił upomnienie na temat kościelnego dress code'u, niemal wytykając palcem kilka niestosownie ubranych osób, w tym mnie. Zrozumiałam, że ta moja na nowo odzyskana rodzina, jaką jest Kościół, nie zawsze będzie idealna.

Na szczęście to był tylko pojedynczy incydent, ale na wszelki wypadek postanowiłam trzymać się znanych mi już dominikanów, u których zawsze czułam się swobodnie. W dominikańskim kościele czułam jakąś niesamowitą, wręcz namacalną atmosferę modlitwy i zadumy. Można się śmiać z mody na tak zwany *churching*, czyli poszukiwanie idealnego, pasującego nam kościoła, ale skoro tyle czasu poświęcamy na wybór dobrego pieczywa, warzyw, fryzjera, lekarza, samochodu, a nawet gadżetów do biegania, to czemu nie zatroszczyć się z taką samą uwagą o swoją duszę? Mnie było dobrze na Służewie, więc postanowiłam jeździć właśnie tam.

Kościół miał mnie jeszcze zaskoczyć całą obfitością miłości, serdeczności, dobrych drogowskazów, jakie otrzymywałam. Oprócz wspaniałych, żarliwych i oddanych swojemu powołaniu księży miał dla mnie bogactwo sakramentów i Słowa. Nigdy wcześniej nie traktowałam zbyt poważnie Pisma Świętego. Leżała taka dostojna księga gdzieś w kącie, zakurzona, ze starymi obrazkami świętymi w środku. Ktoś mi kiedyś powiedział, że Pismo Święte to najlepsze miejsce na schowanie pieniędzy przed złodziejem, bo nikt tam nigdy nie zagląda. Po rekolekcjach „RUT" pierwszy raz w życiu z własnej woli usiadłam, otworzyłam je i zaczęłam czytać. Mimo że skończyłam filologię polską, i to z wyróżnieniem, czytanie Biblii szło mi niemal tak opornie, jakby była napisana po chińsku.

Ten sam fragment czytać na głos w kółko przez trzydzieści minut – o takiej metodzie czytania usłyszałam od ojca Szustaka. Wytrzymywałam najwyżej dziesięć minut. Myśli uciekały na wszystkie strony, byle dalej od tekstu. Wiele czasu minęło, zanim zaczęłam spontanicznie szukać w Jego słowie mądrości i pocieszenia. Starałam się jednak czytać regularnie, tak jak się bierze witaminy. Podobno miało mnie to zmienić. Czytałam więc i czekałam na te fajerwerki z nieba. Kupiłam sobie piękne wydanie Pisma Świętego, kolorową oprawę oraz flamastry do zakreślania. Zawsze cieszyły mnie gadżety, więc i Pismo Święte musiało być ładnie opakowane. Kiedyś najbardziej zakurzona książka w domu, którą otwierało się raz w roku na Boże Narodzenie, teraz zajęła honorowe miejsce przy moim łóżku. Chciałam wierzyć, że nie jest to tylko naszpikowana przypowieściami historia narodu wybranego i Jezusa, ale przede wszystkim żywe Słowo, pełne mocy słowo Boga; że jest to księga o moim życiu, w której znajdują się wszystkie odpowiedzi. Często wydawało mi się, że nie ma to sensu, ale czytałam wytrwale. I wydarzyła się niezwykła rzecz.

Po jakimś czasie zauważyłam, że słowa przeczytane w Biblii wracały do mnie, na przykład kiedy podejmowałam jakąś ważną decyzję. W najmniej oczekiwanych momentach pojawiały się w głowie. I stawały się wskazówką, drogowskazem w wielkim mieście, pełnym agresywnych neonów, codziennie krzyczących jeden głośniej od drugiego.

Lubiłam z Nim rozmawiać także w pustym kościele. Pytałam Go w modlitwie o różne rzeczy. Każdy, kto wyjechał z domu rodzinnego do obcego miasta z torbą pełną marzeń, wie, że nawet jeśli może liczyć na wsparcie kochającej rodziny (tak jak ja), na co dzień jest tak naprawdę sam i musi sobie radzić. Odkąd spotkałam Boga, to się zmieniło, bo przestałam czuć się sama, ale zaczęłam chodzić wszędzie z Nim i Jego o różne rzeczy pytać. Lubię ten zwrot: „chodzić z Bogiem", i lubię mówić, że ja właśnie z Nim „chodzę". Pierwszy raz usłyszałam o takim pomyśle na innych rekolekcjach ojca Adama Szustaka: „Noe. Człowiek, który chodził z Bogiem", i wydał mi się on wtedy trochę nie na miejscu. Chodzić ze sobą to mogą dziewczyna z chłopakiem, ale żeby chodzić z Bogiem? Co to miałoby oznaczać?! Później, kiedy zrozumiałam znaczenie tego zwrotu, polubiłam go i sama zaczęłam tak mówić. Chodzić z Bogiem to być z Nim codziennie, robić wspólnie każdy krok, mówić Mu o swoich uczuciach i razem z Nim podejmować decyzje: te małe i na pozór nieważne, z których jednak składa się codzienność, jak i te wielkie, ważne. To także oddawać Mu to, co trudne, czego nie rozumiemy albo czemu nie potrafimy sami sprostać, to wszystko, co nas przerasta. Wszystkie decyzje podejmować razem z Nim, pozostając tak blisko, jakby się nie tylko chodziło, ale i oddychało razem. W wielkim mieście, w miejscach, w których bym się tego najmniej spodziewała: w telewizji, w modnych klubach, pijąc prosecco przy placu Zbawiciela, zaczęłam spotykać coraz więcej niesamowitych osób, które podobnie jak ja próbują tego chodzenia z Bogiem. Postanowiłam opisywać ich historie na blogu, który nazwałam *Bóg w wielkim mieście*, a później zebrałam je w tej książce z myślą o innych, którzy też czują, że chcieliby tej przyjaźni z Nim spróbować na serio, i są ciekawi, co może to zmienić w ich życiu.

Oddycham Bogiem

Iza Miko

aktorka (Los Angeles)

Mistrzynią chodzenia z Bogiem jest dla mnie aktorka Iza Miko, która na co dzień mieszka w Los Angeles. Iza rozmawia z Nim o sprawach życia i śmierci, zwłaszcza kiedy ta śmierć nadchodzi nieoczekiwanie i zabiera kogoś, kogo się bardzo kochało, tak jak to się stało w jej życiu. Pamiętam jednak swoje zaskoczenie, kiedy okazało się, że Iza ma w zwyczaju prosić Go o radę także w sprawach tak przyziemnych jak ta, z czego opłacić czynsz, w którym filmie zagrać czy nawet którą sukienkę spakować do walizki.

KASIA: Łapię się czasami na tym, że Boga najchętniej zamknęlibyśmy w kościele. Siedź sobie tam, Boże, i czekaj. Będziemy czegoś potrzebowali, to wpadniemy i Ci powiemy, ale na co dzień się nie wtrącaj, bo wiemy lepiej. Ty mieszkasz w Los Angeles, mieście, które nie wydaje się zbytnio sprzyjać wartościom duchowym. Nigdy nie zapomnę mojego zdziwienia, kiedy podczas jednego z pierwszych wywiadów dla *Dzień Dobry TVN* na pytanie, co jest dla ciebie najważniejsze w życiu, odpowiedziałaś: „Moja wiara. Mój Bóg".

IZA: To jest mój świadomy wybór, bo łatwo się dziś zatracić w tym szybkim życiu. Lubię powiedzenie „w zdrowym ciele zdrowy duch", bo wszystko zaczyna się od ciała i dlatego ważne jest, żeby o to ciało dbać. Często jest tak, że jesteśmy zestresowani i zmęczeni. Kiedy jestem przemęczona, jest mi o wiele trudniej myśleć o rzeczach wyższych. Gdy przychodzi zmęczenie, na przykład gdy dużo podróżuję, wtedy jeszcze bardziej świadomie mówię: wszystko oddaję Tobie, Boże. To pierwsza ważna rzecz w życiu z Bogiem: oddanie. Codziennie, wszystkiego.

Moja wiara zaczyna się od małych decyzji. Na przykład jadę do Londynu, nie wiedząc, czy mam się spotkać z tą czy inną osobą, i to powoduje stres. Po chwili myślę: co ja się będę martwić, Pan Bóg to załatwi. Zostawiam to Jemu i stres mija. To jest z pozoru drobnostka, głupota, ale z takich głupot składa się życie. Wiadomo, że prawdziwie trudne momenty są wtedy, gdy ktoś jest na przykład chory albo nie ma pracy – ale większość życia zabierają nam małe sprawy, drobne wybory, które powodują, że jesteśmy zmęczeni, a czasami wkurzeni. Dlatego ważne jest dla mnie, żeby zaangażować Boga w całe moje życie, w każdą, nawet najmniejszą decyzję. Choćby w taką sytuację, kiedy nie wiem, w co się dziś ubrać.

Naprawdę pytasz Boga, w co masz się ubrać? Myślisz, że Jego to interesuje?

Tak. Pytam Go o wszystko, nawet o najdrobniejsze rzeczy. Zawsze, kiedy się pakuję przed podróżą, proszę Go o radę. Pakowanie się mnie stresuje, a jak się jest zdenerwowanym albo złym, to nie jest się z Bogiem. On jest Miłością i Pokojem. Jeśli więc coś mnie odciąga od Boga, to dlaczego nie mam Go poprosić, żeby mi pomógł nawet w tak prostej sytuacji? To nie jest tak, że On zajmuje się tylko wielkimi sprawami tego świata. Jego obchodzimy my i nasze życie.

To wielka sztuka: czuć taką więź z Bogiem, że rozmawiasz z Nim jak z kimś bliskim. Kto cię tego nauczył?

Wyrosłam i wychowałam się w wierze katolickiej. Dużo w tej dziedzinie zawdzięczam babci. Babcia w naszej rodzinie modli się za wszystkich i o wszystko. Kiedy coś się na przykład komuś zgubi, babcia mówi: „Spokojnie, święty Ekspedyt to znajdzie". Na pewno więc, z jednej strony, wyniosłam to z domu. Z drugiej jednak, to, że Bóg jest tak bardzo obecny w moim codziennym życiu, oznacza też rzeczywiście moją dalszą, konsekwentną, codzienną pracę: czytanie Biblii i uważne bycie z Nim na co dzień. Pomaga również to, że mam grupę ludzi, którzy żyją Bogiem każdego dnia i wiedzą, że najważniejsze jest, aby Bóg był obecny w naszym życiu przez cały czas. Wspieramy się w tej świadomości, że nie żyjemy tylko dla siebie, ale dla Niego.

Na czym dla ciebie polega to bycie z Bogiem na co dzień?

Weźmy, na przykład, zamartwianie się o sprawy materialne. W ubiegłym roku ciężko pracowałam. Tak jak każdy, ja też płacę rachunki. Nie zawsze jestem pewna, czy mi na wszystko wystarczy, czy spłacę dom. Bywa, że nie mogę sobie pozwolić na jakieś fajne wakacje i wtedy, zamiast się zamartwiać, myślę sobie: „Widocznie Bóg woli, żebym nie jechała teraz na wakacje, widocznie nie jest mi to teraz najbardziej potrzebne. Skoro On tak chce, to tak ma teraz być i tak jest dla mnie najlepiej". To myślenie i zaufanie tak mi weszły w krew, że w ogóle przestałam się czymkolwiek martwić. On rozwiązuje moje problemy.

Jak konkretnie je rozwiązuje? Możesz podać jakiś przykład?

Był taki moment, że miałam na koncie dokładnie zero złotych. Zadzwonił pan z banku i poinformował mnie o tym. Spanikowałam, ale jakoś tak po chwili przyszła myśl, że przecież On się mną zaopiekuje. Poprosiłam, żeby mi pomógł. Tego samego dnia dostałam propozycję roli w filmie i problem się rozwiązał, to znaczy Bóg go rozwiązał. Przyszedł z pomocą jeszcze tego samego dnia. Tak mam z Nim zawsze, jeśli zaufam.

Nie boisz się, że kiedyś poprosisz, a On nie przyjdzie z pomocą?

Ludzie mają różne lęki. Niektórzy bardzo się boją samotności, inni choroby, jeszcze innych przerażają problemy materialne. Oczywiście, że ja też się boję. Odczuwam paniczny lęk, że to, co robię w życiu, nie wystarcza. Ciągle nie ufam Bogu w tej sprawie do końca. Boję się, czy nie przegapię albo nie zmarnuję jakiejś szansy. To jest strasznie męczące. Trudno się od tego uwolnić. Chociaż mówię, że Mu ufam, wiem, że podświadomie sama chcę kontrolować moje życie. Ciągle gdzieś trzymam tę kontrolę, chociaż świadomie chcę Mu ją oddać. Każdego ranka staram się więc mówić: „Panie Boże, chcę robić to, co Ty chcesz, żebym robiła. Otwieraj dla mnie te drzwi, które chcesz, żeby były dla mnie otwarte, a ja będę przez nie przechodzić".

Każdy z nas ma taką rzecz, każdy odczuwa taki paniczny lęk o coś lub o kogoś. Ja się staram ten mój lęk oddać Bogu, ale to jest codzienna praca, codzienne mówienie Mu o tym. To nie jest tak, że zaufanie przychodzi naturalnie. Naturalnie to my się martwimy. Taka jest ludzka natura. Dlaczego tak jest, że z natury raczej się martwimy, niż wierzymy? Myślałam już nawet, żeby założyć sobie na dłoń specjalną gumkę i zawsze, kiedy się martwię, strzelać nią sobie w rękę, żeby się tego zamartwiania oduczyć.

Ale też wszyscy żyjemy w świecie, w którym jest dużo powodów do zmartwień, dużo niesprawiedliwości. Umierają małe dzieci. Jak wtedy ufać, że to ma sens?

Jest dużo niesprawiedliwości dookoła nas i mamy prawo usiąść i się smucić, złościć albo załamać. Możemy tak zrobić. To nasz wybór. Ale prawdą jest też, że życie nie jest sprawiedliwe i że my nie znamy tego większego planu dla każdego z nas. Może to, co nam się wydaje tragedią dla dziecka, jest dla niego akurat najlepsze? My sami chcemy decydować, co jest dobre, a co złe.

Łatwo powiedzieć, jeśli nas to nie dotyczy – a co, jeśli tragedia przytrafia się nam? Ty kilka miesięcy temu przeżyłaś osobisty dramat. Twojego chłopaka, o którego wyjście z nałogu narkotykowego tak walczyłaś, znaleziono martwego w hotelu w twoje imieniny. Co wtedy powiedziałaś Bogu?

Przeszłam przez wiele różnych faz. Pierwsze kilka dni po śmierci Charliego nie mówiłam nic. Chciałam tylko leżeć na podłodze w łazience i płakać – i właśnie tak zrobiłam. Później się podniosłam i powiedziałam sobie: „Przecież Bóg wie lepiej. On ma dla nas lepszy plan. Kto wie, czy tu jest najlepiej, czy my tu mamy tak dobrze? Może duszy Charliego w tym momencie jest lepiej już tam, w niebie?".

A co z tymi niechcianymi uczuciami, które tu pozostają: żalu, bólu i tęsknoty? I może też rozczarowania Bogiem...?

Uczucia to też dar od Boga. Porusza nas piękno, jesteśmy wzruszeni, czujemy miłość. Są też inne uczucia i je także trzeba zaakceptować. Ale uczucia to nie fakty. To tylko uczucia. Trzeba o tym pamiętać. One są jak kawa, którą właśnie pijemy. Można jej spróbować, nacieszyć się nią, ale trzeba wiedzieć, kiedy ją odstawić. My wszyscy traktujemy uczucia jak fakty. Myślimy: tak się czuję i to się nie zmieni. To nieprawda. Każde uczucie można zmienić. Warto pracować nad uczuciami, emocjami, a nie tylko się im poddawać.

Kim jest dla ciebie Bóg? Wyobrażasz Go sobie jako Ojca, Sędziego, a może jako Obecność?

Bóg jest dla mnie Obecnością. Lubię myśleć, że On żyje jakby przeze mnie. Użyłabym takiej metafory, że Bóg jest oceanem, a my jesteśmy falami. Lubię to porównanie, bo gdy tak spojrzeć, wychodzi na to, że jeżeli będziemy oddychać Bogiem, trwać w Nim, to wszystko będzie tak, jak powinno być.

Tak samo patrzę na ludzi, których spotykam i mijam codziennie na ulicy. Staram się widzieć Boga w każdej osobie, bo to nie jest tylko ta odrębna osoba. Wszyscy wspólnie należymy do tego jednego oceanu. A my się tak skupiamy na ciele, formie. Zwracamy uwagę tylko na to, co powierzchowne.

Ty jednak mieszkasz w miejscu znanym z kultu ciała. Ten świat rządzi się prawami innymi niż boskie.

Zwłaszcza w takim miejscu, ale też w każdym innym mieście, trzeba dziś traktować życie jak grę, w której zasady są jasne: wszystko się koncentruje na ciele, a nic na naszej duszy. Warto jednak i o niej pamiętać. Pan Bóg dał mi szansę, żebym zagrała. Przegrywamy od razu, wychodząc rano z domu na ulicę, bo każdy billboard zachęca tylko do kultu ciała. Przegrywamy, jeśli uwierzymy światu, bo nikt nam nie mówi: nakarm swoją duszę, zajmij się nią. A ja chcę zagrać właśnie o swoją duszę. O to chodzi w tej grze.

Jesteś piękną i bardzo zadbaną dziewczyną. Na castingach oceniany jest nie tylko twój talent, ale też to, jak wyglądasz. Jesteś na diecie i dużo ćwiczysz. Toczysz więc jednak w tej grze także walkę o ciało.

Tego wymaga ode mnie moja praca. Wiadomo, że na castingu staram się wypaść i wyglądać jak najlepiej. Ale jeśli myślę o karierze, to głównie w tym kontekście, żeby większemu gronu osób móc opowiedzieć o Bogu. Chciałabym zaistnieć w świecie, żeby móc więcej mówić o Nim.

Popularność wiąże się z ocenianiem. Przejmujesz się tym, jak oceniają cię inni?

Kiedyś bardzo się wszystkim przejmowałam, zamartwiałam każdym castingiem i każdym wywiadem. Dzisiaj nadal przygotowuję się rzetelnie do pracy, ale nie odczuwam już takiego stresu. Z czasem zrozumiałam, że to blokuje na jakąkolwiek pomoc Bożą. Kiedy się stresujemy, to tak, jakbyśmy odbierali Bogu moc działania w naszym życiu. Bo zamartwiając się, wychodzimy z założenia, że wszystko tylko od nas zależy, a tak nie jest.

Czy zdarza ci się, że musisz wybrać pomiędzy Bogiem i tym, czego On chce od ciebie, a tym, czego chce świat?

Są takie sytuacje. Na przykład w kwestii relacji z mężczyznami. W Los Angeles jest wielu mężczyzn, którzy próbują mi zaimponować

drogimi prezentami, na przykład nowym samochodem. Kiedyś tak było, ale powiedziałam: „Nie kupuj mi tego, bo będę się czuła, jakbym ci coś była winna". Miałam wtedy mini coopera, miał dziewięć lat, jeździł. Jeśli Pan Bóg zechce, żebym miała nowe auto, to sprawi, że będę miała inny samochód – taki, który będzie miał „czyste podwozie", to znaczy: nie będę czuła, że ktoś kupił nim moją sympatię.

Jesteś piękna, więc to normalne, że mężczyźni zabiegają o twoje względy. A co, jeśli się zakochasz? Czy czystość ma dla ciebie znaczenie? Dziś dla wielu ludzi seks jest jak wyjście na lunch. Nic wielkiego. Kolejna rozrywka.

Przyznam, że ja tego nie rozumiem. Nie potrafię. Przecież nie jesteśmy zwierzętami. Seks sam w sobie jest super, ale to nie jest akt czysto fizyczny, tylko akt miłości. W Stanach bardzo trudno żyć z takim podejściem. Myślę jednak, że faceci czują, że ze mną nie jest tak łatwo, i dlatego często nawet nie startują.

No właśnie. Nie byłoby ci łatwiej żyć, zakochiwać się i robić karierę bez tych zasad, bez Boga?

Obserwuję dziewczyny, które flirtują, żeby dostać rolę. To jest na porządku dziennym w LA. Grają, używają swojej seksualności i to często działa. Osiągają cel. Ostatnio jedna aktorka dostała dużą rolę właśnie w ten sposób. Nawet się nie przespała z facetem, tylko nim manipulowała. Dla mnie to jest nie do pomyślenia. Każda manipulacja jest pokazywaniem Bogu, że w Niego nie wierzysz. Nawet słowna. Kiedy się manipuluje słowem, jest to wyraz niewiary. Skoro się człowiek łapie na takich małych rzeczach, to gdzie tu mówić o dużych? Oczywiście jesteśmy inteligentni, możemy sobie żyć bez Boga, tylko że sami sobie wtedy coś odbieramy. Najpiękniejsze rzeczy w moim życiu dzieją się z Nim. To, co najbardziej magiczne i cudowne w moim życiu, zawdzięczam Bogu.

Czy można wiarę w Boga połączyć z sukcesem finansowym, z robieniem kariery, czy myślisz raczej, że On chce, żebyśmy byli schowani w ostatniej ławce, niewidoczni, skromni?

Oczywiście, że można to połączyć. Nasz mózg nie jest w stanie pojąć, kim tak naprawdę jest Bóg i co chce nam dać. Mimo że próbujemy Go objąć uczuciem i myślą, On się nam wymyka.

To jak być z Nim bliżej?

Staram się być uważna, świadoma i słuchać Go. To oznacza monitorowanie swoich myśli. W ten sposób można zauważyć pewne symptomy choćby tego, że nie idziemy drogą dobrą dla nas. Na przykład spotykam się z facetem, który nie traktuje mnie tak, jak bym chciała być traktowana. Wtedy przychodzi taka myśl od Boga: „Dziecko, po co ci to? Zostaw to. Zastanów się. To tylko strata czasu". Ja odpowiadam: „Boże, spraw, żebym się uwolniła od tej relacji. Daj mi siłę, żebym to zostawiła, jeśli mam to zrobić, jeśli Ty tak chcesz". Bywa też tak, że spotykamy kogoś tylko po to, żeby przez niego poznać kogoś innego. Mnie się tak ostatnio przytrafiło. Każde spotkanie ma sens.

A czy mówienie o Nim ma sens? Nie wstydzisz się czasami? Jak to jest odbierane w twoim środowisku?

Wstydzić to się nigdy nie wstydzę, ale mam takich przyjaciół, z którymi na ten temat nie mogłabym sobie porozmawiać. Niektórzy z nich mają wręcz alergię na słowo „Bóg". W ich towarzystwie staram się zastępować je słowami: „energia" lub „kosmos". Nauczyłam się tego całkiem niedawno. Kiedyś chciałam nawracać świat, mówić wszystkim, że Bóg to najlepsza Droga. Dziś wiem, że jeśli On będzie chciał, żebym komuś pomogła, to sprawi, że ten ktoś sam do mnie zadzwoni. Ostatnio na przykład moje dwie koleżanki poprosiły, żebym je zabrała do kościoła, i zaczęły chodzić tam ze mną. Trzeba żyć dobrze i swoim życiem dawać innym przykład. To jest najlepsza metoda. Jestem szczęśliwa, cokolwiek by się działo, i ludzie to widzą. Oczywiście, kiedy się wydarzyła tragedia, przeżyłam chwile żałoby. Ja też mam uczucia. To mną wstrząsnęło. Ale takie rzeczy, jak na przykład walka o rolę albo to, czy ktoś coś na mój temat powie – to już mnie tak nie dotyka.

Zawsze Mu tak bezgranicznie ufasz, czy czasami przychodzi strach przed gniewnym Bogiem?

Bóg, którego znam, nie ma nic wspólnego z karą. To nie jest zagniewany pan z brodą. Bóg to czysta Miłość. Jeśli ktoś czuje jakąkolwiek miłość: do psa, dziecka, faceta – to właśnie taki jest Bóg. Ta miłość ma jeszcze niewiele wspólnego z miłością Boga do nas, ale ta ludzka miłość otwiera nas na tę Bożą. Ta miłość na ziemi jest jakby bramą do nieba.

Dziękuję, że podzieliłaś się ze mną swoją historią.

Z przyjemnością. To jest mój ulubiony temat.

Bóg, którego szukam

Sebastian Fabijański

aktor (Warszawa)

Sebastiana Fabijańskiego, aktora młodego pokolenia, o którego sukcesach i talencie rozpisują się media i krytycy, przez wiele miesięcy mijałam w każdą niedzielę na mszy. Kilka razy próbowałam zaczepić go po nabożeństwie i poprosić o wywiad, ale jakby rozpływał się w powietrzu. Wychodził jak najszybciej, starając się być możliwie najbardziej niewidocznym dla zebranych. Z wiarą nie lubi się obnosić. W końcu udało mi się go złapać, chociaż nie ukrywał swojego zaskoczenia, że ktoś chce go zapytać nie o role, sukces czy sposób na idealne ciało, ale o to, czym jest dla niego wiara.

KASIA: Czego szukasz w Kościele?

SEBASTIAN: Większość ludzi chodzi do kościoła ze strachu. Ja chodzę, bo szukam...

Dlaczego w ogóle szukasz?

Jak patrzę na obraz Nowosielskiego *Jezu, ufam Tobie* u dominikanów na Służewie, to jakoś... nie wiem... nie jestem w stanie nie klęknąć. Fascynuje mnie to i przeraża zarazem. Wiara to jest tajemnica. Czuję się w jej obliczu mały, mierny, żaden, mimo że swoją wartość znam. Czuję, że ciągle nie dorastam i pewnie nie dorosnę. Kiedy patrzę na siebie przez ten pryzmat, automatycznie przestaję gloryfikować swoje dokonania, a przychodzi pokora.

Czym jest dla ciebie msza święta?

Spotkaniem, próbą dialogu, szukaniem... Jezus Chrystus to „postać", do której mi najbliżej. To był przecież pierwszy rewolucjonista duchowy. Buntownik. Irytuje mnie ten katechetyczny bałach, że Jezus to taki „Jezusek" z długimi włosami i w sukni, mówiący ciągle „amen".

Zawsze tak mocno wierzyłeś?

Czy mocno? Nie sądzę. Zostałem wychowany w rodzinie katolickiej, więc siłą rzeczy kontakt z wiarą mam od zawsze, ale generalnie różnie z tym bywało. Pamiętam swoje lekcje religii, kiedy Boga przedstawiało się jako pana z brodą na chmurce. Ja nie wiem, czy właśnie tak jest, i nie boję się tej niewiedzy. Niewiedza to gigantyczne pole do refleksji. To jest droga, proces. Powinno się to wpajać od dziecka, a nie że Pan Bóg jest dobry. Jest we mnie dużo buntu wobec schematyczności. Instytucja Kościoła jest dla mnie bardzo kontrowersyjna i zbyt polityczna. Paradoksalnie mało w niej duchowości, a więcej kalkulacji i indoktrynacji. Kościół nie boi się sformułowania „na pewno", a to jest moim zdaniem droga zaburzająca refleksje i wątpliwości, które w moim przypadku są nieodłącznym elementem poszukiwań swojej własnej wiary. Ja wszystkiego nie wiem „na pewno", nie wszystko rozumiem i się tego nie boję. Próbuję się dowiedzieć. Ale Bóg to jest pojęcie transcendentne – coś, czego się nie da pomyśleć. Nie chcę tego nazywać. Chcę to poczuć. Czasem tak się dzieje.

Kiedy doświadczyłeś działania Boga w sposób najbardziej namacalny?

Generalnie, jak się zastanawiam nad swoim życiem i poszczególnymi wydarzeniami – ich przebiegiem, hierarchią, chronologią, tym, jak przychodziły trudności, i tym, jak dostawałem po tyłku, żeby za chwilę dostać coś dobrego – to mam czasami takie wrażenie, że wszystko, co się działo czy dzieje, jest jakoś pod ochroną. Oczywiście ta ochrona nie jest namacalna. Nie zobaczyłem Pana Boga, który mi mówi: „Skręć w prawo, bo zabłądzisz". Po prostu wszystko się działo samo. Teraz z perspektywy czasu jestem wdzięczny za to, że kiedy już szedłem w stronę awanturniczo-imprezowego życia, nagle spadła na mnie jakaś ciemność, mrok, beznadzieja...

Masz na myśli depresję?

Tak. Choć depresja to określenie medyczne, ale tak to można nazwać. Codziennie budziłem się z poczuciem braku jakiegokolwiek sensu.

Cała moja waleczność i postawa nonkonformistyczna zniknęły i stałem się cierpiętnikiem, człowiekiem wypełnionym bólem i kompletnie pozbawionym wiary – zarówno w Boga, jak i w siebie czy „lepsze jutro". Odizolowałem się wtedy od całego świata. Nie chciałem się z nikim spotykać. W którymś momencie, nie pamiętam dokładnie kiedy, mama zabrała mnie do dominikanów na mszę, klęknąłem przy tym obrazie Nowosielskiego – o ironio, chór śpiewał wtedy: „Skosztujcie i zobaczcie, jak dobry jest Pan"; to było coś, czego nienawidziłem, czyli wmawianie ludziom, że Bóg jest dobry i tak dalej – i zacząłem tak płakać, że nie mogłem się powstrzymać. Łzy leciały same... Próbowałem sobie to później racjonalizować: że to po prostu poczucie niebycia w tym wszystkim samemu, że to jest oczyszczenie. Na różne sposoby próbowałem sobie ten stan tłumaczyć, ale to było też wyjęte z worka pojęć transcendentnych. Po prostu ścisnęło mnie za gardło, poczułem jakąś bliskość, może nawet miłość, i poszło. Poczułem się tak, jakby ktoś mnie przytulił i powiedział: „Ej, chłopie, będzie dobrze".

To mamie zawdzięczasz wiarę?

Moja mama wierzy w sposób piękny. Nie jest w tym „nawiedzona", jest naturalna, zwykła. Gdyby ona nie wierzyła tak pięknie, jak wierzy, to ja nie szukałbym wiary. Ja przyjąłbym, że coś tam może jest i na tym by się skończyło. Ale obserwując moją mamę, chciałem odkryć źródła tej siły i jej blasku. Podziwiam jej wielkoduszność, umiejętność kochania wszystkich niezależnie od tego, jak mocno ktoś ją skrzywdził.

Kiedy pytam, jak to robi, to mi powtarza, żebym się postarał na tych wszystkich ludzi patrzeć ze zrozumieniem, z żalem i współczuciem. To niesamowite. Ja tego ciągle nie umiem. Nie wiem, czy kiedykolwiek się nauczę. Po ludzku moją pierwszą reakcją, kiedy ktoś mnie obrazi, upokorzy, jest tak zwany krótki zapłon i idzie salwa nienawiści – czasem nawet rękoczynów – ale ostatnio uczę się odpuszczać. Moja mama naprawdę potrafi wybaczać. Ktoś jej robi krzywdę, a jej jest tej osoby żal. To jest coś niesamowitego. Ona po prostu kocha ludzi, kocha życie, mimo że mogłaby być wypełniona bólem, którego w życiu trochę doznała. Ona jest jak słońce – promieniuje wiarą. Myślę, że Bóg, obojętnie czym albo kimkolwiek by był, jest z niej dumny.

A z ciebie byłby dumny? Odniosłeś przecież spektakularne sukcesy w filmie.

Może w filmie odniosłem sukces, ale jeśli chodzi o wiarę, to raczej nie ma powodów do dumy. Ciekaw jestem, jak to się potoczy. Na ten moment myślę, że Bóg, patrząc na mnie, po prostu się śmieje i trochę z politowaniem kiwa głową.
Zastanawiałem się kiedyś, czemu nie dostaję żadnych sygnałów, potwierdzenia obecności. Dlaczego nie może przyjść i usiąść obok mnie, żebyśmy po prostu „pogadali" i tak dalej. I doszedłem do wniosku, że to też ma pewnie swój sens i dobrze, że tego nie robi.
Jak już wspominałem nie raz, mam w sobie dużo buntu i waleczności. Często walka toczy się o prawdę, szczerość, godność, szacunek, sprawiedliwość, czyli dość szlachetne powody. Więc istniałoby ryzyko, że poczułbym się za dobrze, gdyby On tak przyszedł i poklepał mnie po ramieniu. Nie wiem… tak sobie teraz animuję i uosabiam figurę Boga, ale staram się o Nim jednak myśleć jak o człowieku. Łatwiej mi wtedy o tym wszystkim mówić…

Gdzie dziś najbardziej widzisz w swoim życiu działanie Boga?

Mógłbym pewnie podać wiele przykładów, ale zawsze jest ryzyko, że ja sobie to wszystko dopowiadam, że szukam tam, gdzie niczego tak naprawdę nie ma. Ale myślę, że to działanie może polegać na tym, jakie talenty człowiek dostaje i czy ma możliwość pokazania ich światu. Na pewno, jeżeli miałbym doszukiwać się Boga w tym, jaki jestem, tobym był wdzięczny za to, że mam odwagę do autorefleksji i jakąś psychologiczną intuicję. Podziękowałbym też bardzo za odwagę bycia szczerym i za to, że tak bardzo pożądam prawdy. Dzięki temu mogę spojrzeć na świat szerzej. Chociaż jest we mnie też dużo próżności i gadżeciarstwa, ale myślę sobie, że Bóg nie ma nic przeciwko temu, żeby się cieszyć, nawet jeżeli to trwa chwilę i jest cholernie doczesne.

Pięknie powiedziane. A czy wiara jest wymagająca? Czy do czegoś cię zmusza?

Staram się żyć tak, żeby niczego nie musieć i z niczego się nie tłumaczyć. Nawet Bogu. Wolność, wolność i jeszcze raz wolność. Nawet w wierze. Wszystko musi wychodzić ze mnie, musi być wolnym wyborem. Jeżeli idę do kościoła, to dlatego że tak chcę.

Kto jest dla ciebie autorytetem?

Z pewnością takim autorytetem był dla mnie Jan Paweł II. Jest taki cytat z *Wichrów namiętności*, który wspaniale go opisuje: „Są ludzie, którzy mają silny głos w sercu. Idąc za nim, albo zostają uznani za szaleńców, albo zostają legendarni".

To jest mi bliskie, bo wielokrotnie sam czuję się jakoś osamotniony i jestem postrzegany jako dziki, introwertyk, bufon niby, a to wszystko to jest ten głos w sercu, który mówi mi, jak mam się zachować w danej sytuacji i żeby iść tam, gdzie mnie „woła" natura. To niezależna ode mnie siła, która mnie pcha w jakąś stronę. Nie uważam, że wszystko, co mi się udało w życiu, to wyłącznie moja zasługa. To prawda: ciężko się nawalczyłem, zwłaszcza z ludźmi, odrzuceniem i brakiem akceptacji, ale dzięki temu zrozumiałem coś więcej niż ostatni melanż, którego bym nie pamiętał. Ludzie potrafili przez jedno słowo się ode mnie odwrócić. Szedłem po bandzie z imprezami i alkoholem. Nagle przez tę „depresję", o której mówiliśmy, sięgnąłem w siebie i to, co zobaczyłem, było przerażające, ale wyzwalające. Jest bardzo prawdopodobne, że ten głos w sercu to jest szept Boga...

Jak, gdzie i o co modlisz się najczęściej?

Staram się codziennie chociaż chwilę z „Szefem" pogadać. O coś tam poprosić – głównie o zdrowie. I uczę się dziękować... ostatnio dziękuję za to wszystko, co się dzieje w moim życiu, bo nie spodziewałem się takiego szacunku i takiej sympatii od ludzi. Przez dwadzieścia osiem lat mojego życia ludzie mnie raczej nie szanowali i nie lubili albo gdzieś w głębi szanowali, ale chcieli upokorzyć, a ja podejmowałem walkę, która doprowadziła do pojawienia się wielu wrogów, więc szacunek i sympatia, z którymi się teraz spotykam, są nowymi, pięknymi uczuciami, za które mam potrzebę dziękować. To niewątpliwie prezent, który jest też sygnałem, że trzeba żyć w zgodzie ze sobą i podejmować walkę nawet do ostatniej kropli krwi o to, w co wierzymy.

Czy to jest odwaga mówić dziś o wierze?

Nie mam problemu z tym, że idę do kościoła i ktoś mnie tam pozna. Odwagą jest mówić „nie wiem". Ja wielu rzeczy nie wiem, ale mam nadzieję. Daleko mi do przykładnego katolika. Nie wstydzę się tego. Nie wstydzę się też tego, że chciałbym tak naprawdę wierzyć. Boję się tej wiary chyba, boję się oddać siebie w czyjeś ręce, ale jednocześnie cholernie tego potrzebuję. Prawdziwa wiara daje gigantyczną siłę, większą, niż może dać cokolwiek na świecie. Takiej siły, jaką daje wiara, nie da ci ani drugi człowiek, ani sukces, ani książka, ani ty sam jej sobie nie dasz. Matthew McConaughey, kiedy odbierał Oscara, powiedział: „Kiedy masz Boga, masz przyjaciela, a tym przyjacielem jesteś ty".

Z taką popularnością jak twoja pewnie nie narzekasz na samotność?

Najbardziej samotnym można być nawet w tłumie. I ja często się tak czuję. Niestety żyjemy w świecie, gdzie ludzie się nawzajem oceniają, szukają odbicia w innych i bardzo się kreują. Mało jest prawdy. Pokaż mi, kto dziś otwarcie mówi: „Jestem takim i takim człowiekiem, nie musisz mnie lubić i OK, ja to uszanuję". Tak ze sobą nie rozmawiamy. Ludzie czasem się zachowują, jakby żyli w wymyślonej, wirtualnej rzeczywistości. Tak jakby profil na Facebooku czy Instagramie był jedyną wartością i czymś, co o nich świadczy. To bzdura, fikcja, bałach. Nie wierzę tym wszystkim uśmiechniętym i dumnym z aktualnego zdjęcia profilowego. Niestety to wszystko jest interesowne i oportunistyczne. Wszystko to ściema i kalkulacja, która nie ma nic wspólnego z prawdą o nas samych. Ludziom się wydaje, że mogą kreować swoje życie, że wszystko zależy od nich. To kolejna bzdura. Zbyt duży jest dziś kult *ego*. Zbyt duża radykalizacja poglądów z powodu poczucia bycia centrum wszechświata. Nie jesteśmy żadnym centrum. Musimy żyć w symbiozie ze wszystkim, co nas otacza – a tym wszystkim może być właśnie Bóg.

Kim jest dla ciebie Bóg w wielkim mieście?

Einstein zapytany o Boga odpowiedział: „Nie ma ciemności. Jest tylko brak światła". Tak mi się to kojarzy. Wieżowce, korporacje, bloki, centra handlowe, domy – wszystko w ich cieniu, jak w labiryncie, a między tym wszystkim światło…

Lekcja zaufania

Powierz Panu swoją drogę i zaufaj Mu:
On sam będzie działał.
(Ps 37, 5)

Na prawej ręce noszę bransoletkę ze słowem „Ruah", czyli z imieniem Ducha Świętego, zrobioną przez moją koleżankę. Monika wygina takie bransoletki ze słowami ze stali, modląc się za każdą osobę, która je będzie nosić. Imię Ruah oznacza tchnienie lub wicher. Izraelici uważali wiatr za znak obecności Boga. Kojarzy się z wszechogarniającą obecnością, z gwałtowną siłą, i przypomina, że Bóg jest tajemnicą, której nie da się do końca pojąć.

Co zrobić, żeby oddać Mu stery swojego życia, żeby to On prowadził? Okazja nadarza się codziennie. Stają się nią wszystkie trudności, problemy i to, czego nie rozumiemy. Wszystkie te burze, kiedy życie obraca nami, jakbyśmy się znaleźli na morzu pośrodku sztormu. Mnie okazja do takiej lekcji zaufania nadarzyła się w pracy.

Była pewna sytuacja, wobec której czułam się całkowicie bezsilna – mam na myśli relację z moją byłą już dziś szefową. Pomimo profesjonalizmu i doświadczenia, delikatnie mówiąc, nie była kiedyś najłatwiejsza we współpracy, a ja działałam na nią jak płachta na byka. Wydawało mi się, że po różnych doświadczeniach uodporniłam się już na podobne okoliczności. W końcu na swojej drodze zawodowej spotykałam wcześniej różnych szefów. Było wiele życzliwych i wspaniałych osób, dzięki którym mogłam się wiele nauczyć i rozwinąć skrzydła, i o których myślę z wdzięcznością. Były też takie osoby, które nie ukrywały, że mnie nie lubią, nie wierzą we mnie i nie życzą mi dobrze. Ona zdecydowanie była w tej drugiej grupie, tak przynajmniej to odbierałam. Wtedy jeszcze nie wiedziałam, jak bardzo się mylę.

Miałam wrażenie, że moje pomysły zawsze były dla niej głupie, wywiady „najgorsze, jakie widziała w życiu", pytania banalne i w ogóle jej zdaniem nie nadawałam się do niczego. Stres z dnia na dzień się pogłębiał i robił ze mną, co chciał. Przestałam spać i jeść. Perspektywa nawet prostego wywiadu powodowała, że strach ściskał mnie za gardło. Rano przed wyjściem do pracy dopadały mnie mdłości. To wszystko, co było kiedyś moim marzeniem, teraz stało się nie do zniesienia. Moja pasja do dziennikarstwa zamieniła się w horror. Marzyłam tylko o tym, żeby uciec: zwolnić się, wyjechać na Mazury, zaszyć się w leśnej chatce i piec na przykład jagodzianki – ale duma i zdrowy rozsądek trzymały mnie w redakcji. Jednak nie umiałam już w niej normalnie funkcjonować.

Nie widziałam wyjścia z tej sytuacji. Nie miałam pomysłu, jak mogę sobie z nią samodzielnie poradzić. Kiedy zawiodły wszelkie próby, postanowiłam poszukać pomocy u Boga. Poszłam jak zwykle do kościoła Dominikanów na Służewie. Zanim się pomodliłam, długo siedziałam sama w pustym kościele, odwlekając ten moment. „Ja się będę modlić, a Ty, proszę, działaj" – powiedziałam w końcu w myślach. Żeby po raz pierwszy uklęknąć do modlitwy w intencji mojej szefowej, musiałam się naprawdę zmusić. Mówiłam: „Dobry Boże, modlę się o pokój i błogosławieństwo dla niej wbrew moim uczuciom niechęci. Nie radzę sobie z tą relacją w moim życiu. Proszę Cię, Ty się tym zajmij". Jedyne, co czułam, to niechęć do tej osoby i niewiara, że coś między nami mogłoby się zmienić. Mimo to klękałam tak przez kolejne tygodnie i powtarzałam te słowa z całą wiarą, na jaką mogłam się wtedy zdobyć.

Mijały tygodnie, miesiące i niewiele się zmieniało – aż do pewnego popołudnia, kiedy zostałyśmy same w redakcji. Było już bardzo późno i wszyscy inni poszli do domu. Siedziałam przed komputerem, kiedy szefowa stanęła obok mnie i zapytała jakimś nieznanym mi tonem, czy możemy porozmawiać. „Podobno chodzisz do kościoła" – zagaiła. „Chodzę" – bąknęłam nieśmiało, nie wiedząc, czego się mogę dalej spodziewać. „Czy poszłabyś tam kiedyś ze mną?" – zapytała, a ja otworzyłam szeroko oczy ze zdumienia. W tamten wieczór prędzej bym się spodziewała, że Brad Pitt zaprosi mnie na drinka, niż że ona powie coś takiego. Tak mnie to zszokowało, że nawet do głowy mi nie przyszło, iż Pan Bóg właśnie wysłuchał moich próśb i zadziałał, aby uzdrowić nie tylko naszą relację, ale także ją samą i mnie.

Kilka tygodni później jednym autem jechałyśmy z księdzem Dominikiem Chmielewskim, salezjaninem, do Medjugorie, miejsca pielgrzymek w Bośni i Hercegowinie, gdzie objawia się Matka Boża, żeby wspólnie prosić Ją o potrzebne nam łaski. Medjugorie to mała wioska położona w górach. Nie wiem, z czego to wynika, że to miejsce wydaje się baśniowe, wręcz nierealne, ale właśnie tak czuję się za każdym razem, kiedy tam wracam, a kiedy raz się tam pojedzie, to nie sposób nie wracać. Może jest tak dzięki dzikości i prostocie otaczającego krajobrazu? Może sprawiają to wodospady Kravica, na które się patrzy i ma się wrażenie, że właśnie tak musiał wyglądać raj? Może wszechobecna atmosfera modlitwy? W dzień grupki pielgrzymów z całego świata odwiedzają miejsca objawień z różańcem w ręku. „Zdrowaś, Mario" – słychać tu prawie we wszystkich językach. W ciepłe wieczory wszyscy gromadzą się na placu za kościołem, który już dawno nie jest w stanie wszystkich pomieścić, żeby adorować Najświętszy Sakrament. Do krzeseł, na których siedzą księża z wystawionymi tabliczkami z informacją, w jakim języku mówią, ustawiają się długie kolejki do spowiedzi. Medjugorie nazywane jest konfesjonałem świata. Podobno święty Jan Paweł II zwierzył się w jednym z listów, że gdyby nie został papieżem, chciałby być spowiednikiem w Medjugorie. Przy każdej nadarzającej się okazji, będąc w pobliżu, przelatywał nad tym miejscem, żeby chociaż spojrzeć na tę prawie baśniową zieloną wioskę w górach. Papież Polak podobno nazywał to miejsce duchowym centrum świata i kontynuacją

Fatimy. Jedno jest pewne. Stąd nikt nie wyjeżdża nieporuszony dziewiczym pięknem i Bożą obecnością. Są tacy, którzy twierdzą, że tam doświadczyli cudu. Ksiądz Dominik Chmielewski, który zgodził się zostać naszym przewodnikiem, kilka lat wcześniej pojechał tam na zwykłą wycieczkę z kolegami i właśnie wtedy wydarzyło się coś, co sprawiło, że zdecydował się zostać księdzem. W tym miejscu i ja podczas naszego wspólnego wyjazdu doświadczyłam cudu. Nad ranem, kiedy mijaliśmy Wiedeń, odważyłam się powiedzieć szefowej o tym wszystkim, co przez nią przechodziłam, o tym, jak jej zachowanie mnie bolało. Słowa żalu płynęły jak oczyszczający potok, a ona słuchała uważnie, nie przerywając mi, po czym – co było dla mnie największym zaskoczeniem – przeprosiła mnie. Okazało się, że wszystkie te reakcje, które odbierałam jako atak na mnie, były związane z jej osobistymi przeżyciami i tak naprawdę nie miały ze mną wiele wspólnego. Zostałyśmy przyjaciółkami.

Tamta historia nauczyła mnie, żeby nie osądzać za szybko, bo za każdym trudnym dla nas zachowaniem może się kryć czyjś ból. Cały świat nie kręci się dookoła nas i jeśli ktoś zachowuje się źle w naszym towarzystwie, to może to oznaczać, że przeżywa po prostu ciężkie chwile. Następne dni i tygodnie były czasem przełamywania lodów. Okazało się, że nie tylko się lubimy, ale też mamy ze sobą wiele wspólnego. Ze zdumieniem odkrywałam, jakim ciepłym, wrażliwym i kochającym człowiekiem jest moja szefowa.

Po kilku miesiącach wróciłyśmy do Medjugorie już tylko we dwie, żeby podziękować za otrzymane tam łaski. Ja dziękowałam za moją przyjaciółkę. Dziś jest ona dla mnie jak rodzona siostra. Nasze drogi zawodowe się rozeszły, ale prywatnie stale mamy kontakt. Mało kto rozumie mnie tak jak ona. Wystarczy jedno spojrzenie i już wszystko o sobie wiemy. Kiedy inni zawodzą, na nią mogę liczyć. Bardzo

ją kocham i dziękuję dobremu Bogu, że nie pozwolił nam pozostać na etapie niechęci, lecz tak cudownie zmienił naszą szorstką relację w najszczerszą przyjaźń. Bo On właśnie tak działa: z każdej sytuacji oddanej Mu w zaufaniu potrafi wyprowadzić dobro, wodę w stągwiach zamienia w najlepsze weselne wino. Dzięki Niemu moja niby-zmora z przeszłości okazała się cudowną osobą i jest dziś moją bratnią duszą. Tak to jest, kiedy zawieje ten Wiatr, który jest prawdziwą Miłością. Tak to jest, kiedy odda Mu się stery i to On – a nie nasze uprzedzenia i lęki – dmucha w żagle.

Z zaufaniem wiąże się też wdzięczność. Skoro ufam, że Bóg działa, to nie buntuję się, ale dziękuję za wydarzenia zachodzące w moim życiu, nawet te, których nie rozumiem. Ufam, że mają mnie czegoś nauczyć, bo Jego zegar jest bezbłędny. Ufam, że każde spotkanie ma sens, że On z każdej trudnej nawet relacji wyprowadzi dobro, że jeśli dopuszcza pewne sytuacje, to może po to, żeby mnie albo tę drugą osobę z czegoś uwolnić, uzdrowić. Choć bywa, że wszystko się we mnie burzy, kiedy coś nie wychodzi, ufam, że On wie lepiej. Widać to zwłaszcza z perspektywy czasu.

Znam wiele osób, które każdego ranka modlą się z wielkim zaangażowaniem, zawierzając wszystko Bogu, a później cały dzień stresują się, zamartwiają i załamują, jakby wszystko zależało jedynie od nich. Sama należałam zawsze do takich osób. Rano odklepana w pośpiechu modlitwa, a później życie według zasady: „umiesz liczyć, to licz na siebie". Ja, ja i ja odmieniane przez wszystkie przypadki.

Tymczasem zaufanie nie jest przecież tylko deklaracją. Jeśli się komuś naprawdę ufa, to można powierzyć mu ważne sprawy i spać spokojnie, nie trzeba się już martwić. Skoro wierzę w Boga i ufam Mu, wyznaję, że jest wszechmogący, to mogę być spokojna, bo wszystko, co mnie spotyka, jest pod kontrolą. I to nie pod byle jaką, bo przecież Bogu nic się nie może wymknąć. Tyle teorii. Łatwo jednak powiedzieć: „Jezu ufam Tobie", trudniej to zrobić. W praktyce ciągle miałam poczucie, że jest inaczej.

Weźmy chociażby taką kwestię założenia rodziny. Wyobrażałam sobie, że po trzydziestce będę już szczęśliwą żoną z kochającym mężem, dwójką dzieci i psem. Tymczasem mimo najszczerszych chęci nie miałam ani męża, ani dzieci, ani nawet psa, a jeśli chodzi o związki, moja przeszłość wyglądała jak krajobraz po bitwie. Każda z tych historii mogłaby spokojnie posłużyć za scenariusz filmu.

Wielkie miasto pełne jest takich dziewczyn: pięknych, zadbanych, zaradnych, z setkami znajomych na Facebooku, błyskotliwych i... samych. O co w tym chodzi? Przecież nikt nie jest stworzony do samotności. I każdy ma podobno jakieś powołanie. Co jest więc nie tak ze mną i tymi wszystkimi pięknymi dziewczynami w wielkim mieście, które wcale nie są szczęśliwe z powodu swojej samotności (chociaż jeśli zapytasz, pewnie nigdy się do tego nie przyznają)? Gdzie są ci wspaniali mężczyźni, którzy mieli nas kochać? Jak uwierzyć, że Pan Bóg naprawdę panuje nad wszystkim, kiedy na przykład wali ci się kolejny związek?

Próba rzeczywistego zaufania Mu oznaczała więc dla mnie skok na główkę w ciemną przepaść. Bo jak uwierzyć, że On kocha jak najlepszy ojciec, jak uwierzyć w Jego dobroć, kiedy sprawy toczą się nie po naszej myśli? Skąd wziąć ufność, że jeśli czegoś nie daje, to nie bez przyczyny, i że da to w najlepszym czasie? Jak w ogóle powierzyć siebie i swoje życie komuś, kogo nie widać?

Nauka zaufania musiała się więc zacząć od mojej decyzji, że w Niego wierzę. Wierzę, czyli uznaję Go naprawdę za Boga wszechmogącego, nie „trochę mogącego", nie zajętego sprawami ważniejszymi niż moje życie, tylko czułego i bliskiego. Po dłuższym zastanowieniu uznałam, że spróbuję uwierzyć właśnie w takiego Boga – wszechmogącego, dobrego i znającego moje życie – i za Nim postaram się pójść.

W sumie co mi szkodzi, stwierdziłam. Próbowałam już różnych sposobów budowania szczęścia. Budowałam je na przykład na karierze. Stację telewizyjną Puls, w której prowadziłam program poranny przez pięć dni w tygodniu, wkładając w to całe swoje zaangażowanie, kreatywność i serce, zamknięto z dnia na dzień i zwolniono cały zespół, w tym mnie. Dowiedziałam się o tym przez telefon pierwszego dnia urlopu, po miesiącach pracy praktycznie bez przerwy, siedząc na plaży na południu Hiszpanii. Koleżanka z redakcji zadzwoniła i powiedziała: „Hej, nie wydawaj tam za dużo na frytki. Zamykają naszą stację. Zwalniają cały zespół". Pomyślałam, że to chyba taki żart kolegów. Jak to zamykają? Przecież dopiero co widziałam budowane nowe studio, zdjęcia z nowej sesji miały trafić na billboardy, dostawaliśmy nagrody za świetne wyniki. Przecież byliśmy świetni i zżyci niemal jak rodzina, przecież staraliśmy się, oddaliśmy całe serce, zostawiliśmy inne miejsca pracy i już zawsze mieliśmy tam pracować. Ale to nie był żart. Trzeba było poszukać czegoś nowego. Na spakowanie kartonu z rzeczami dostałam kwadrans. Towarzyszył temu ochroniarz, któremu codziennie wesoło machałam na dzień dobry. Teraz z przepraszającym wzrokiem, chyba bardziej zmieszany tą sytuacją ode mnie, przyglądał się, jak zdjęcie Pogorii w drewnianej ramce, szczoteczka do zębów, misiek, zestaw na wizytówki, kubek i inne tego typu skarby lądują w kartonowym pudle. Byliśmy tylko pozycją w tabelce jakiegoś dyrektora finansowego. Tyle przyszło z budowania szczęścia na karierze... Próbowałam je też budować

na związkach, ale każdy po kolei pryskał jak bańka mydlana. Zakupy, fitness, dbanie o siebie, imprezy, nowe wyzwania, egzotyczne podróże – też nie działały. Wszystko to dawało mi poczucie szczęścia tylko na chwilę.

W wielkim mieście, jak wszędzie, też bywają momenty naprawdę trudne, i nie chodzi mi tu o błahostki. Kiedy twoim bliskim dosłownie wali się cały świat, bo przychodzi nieuleczalna choroba, nagła śmierć czy kalectwo, wtedy dopiero nie wiesz, co Pan Bóg miał na myśli. Weźmy na przykład taką historię Przemka, mojego dalekiego kuzyna. Chłopak, którego nie dało się nie lubić. Serdeczny, uczynny, zawsze uśmiechnięty. Nikomu nie odmówił pomocy. Dla każdego miał dobre słowo. Mimo młodego wieku ciężko pracował jako kierowca. Po pracy był ratownikiem w miejscowym WOPR-ze. Przystojny, wysportowany. Dziewczyny się w nim kochały. Zginął w wypadku samochodowym, jadąc wcześnie rano z towarem. Zostawił liczne rodzeństwo. W Dzień Zaduszny świeczki nie mieszczą się na płycie jego grobu. Był taki młody, lubiany, potrzebny. Jaki sens ma taka śmierć? Albo inna historia, o której dowiedziałam się za pośrednictwem wpisu na Facebooku.

> Ten wpis jest ponad moją siłę, jak zresztą wszystko od zeszłego tygodnia. Straciłem moje dziecko. Syna, którego kochałem nad wszystko na świecie. Moje życie właśnie straciło sens. Mam nadzieję, że jeszcze uda mi się go kiedyś znaleźć.

Taki wpis pojawił się na profilu facebookowym mojego redakcyjnego kolegi, dziennikarza Filipa Chajzera, kiedy spacerowałam z przyjaciółką po warszawskiej Starówce, planując wakacyjne podróże, marząc, śmiejąc się i jedząc lody. Przeczytałam go i jakbym dostała obuchem w głowę. Wyjęłam różaniec i próbowałam się modlić, ale w głowie miałam tylko jedną myśl: „Panie Boże, naprawdę tak chciałeś? Jaki to ma sens?".

Ksiądz Jan Kaczkowski, zapytany kiedyś o sens cierpienia niewinnych ludzi, przywołał słowa papieża Benedykta, który na pytanie japońskiej dziewczynki, dlaczego jej rodzice zginęli w tsunami, odpowiedział: „Nie wiem. Ufam, ale nie wiem".

Bywają takie dni, kiedy myślę sobie tak samo: „Nie wiem. Naprawdę nie wiem". Kiedy umiera dziecko, po prostu brakuje słów.

Na dom moich rodziców w Kruszwicy spadło podczas burzy ogromne drzewo. Kiedy na stronie urzędu miasta oglądałam zdjęcia strażaków usuwających potężny pień z mojego kochanego domu, dotarło do mnie, że runął on metr od okna, za którym cała moja rodzina właśnie jadła obiad. Na szczęście metr od niego. Dlaczego tego metra zabrakło na drodze synkowi Filipa? Co to jest metr dla Pana Boga? Przecież włada całym światem! Nie wiem. Naprawdę nie wiedziałam wtedy i nie wiem teraz. Nie wiem bardziej niż kiedykolwiek. Ale ufam, że On wie.

Kiedy uświadamiam sobie, jak ulotne jest życie, wstydzę się za siebie. Tego ciągłego kręcenia się wokół własnej osi, zamartwiania, stawiania na swoim za wszelką cenę. Ciągle ja, ja, ja... Tylu ludzi czeka na naszą miłość. Życie jest dziś. Dziś mogę mieć naprawdę ostatnią szansę, żeby kogoś przytulić, wykonać długo odkładany telefon, pójść z kimś na lody, uśmiechnąć się, powiedzieć: „kocham", „dobrze, że jesteś", „dziękuję" albo „przepraszam".

Ojciec Krzysztof Pałys, dominikanin, z którym rozmawiam na różne trudne dla mnie tematy dotyczące wiary, powiedział mi kiedyś: „My przecież nie umieramy, ale wstępujemy w życie. To nie nihilizm, to chrześcijańska nadzieja". I opowiedział mi historię o tym, jak święty Tomasz Morus, aresztowany, napisał do swojej córki: „Nie wiem, co się stanie, ale nie stanie się to bez woli Boga, a jeśli tak, to będzie dla nas bardzo dobre".

Albo taka historia, której nie umiem zrozumieć. Na pierwszym roku studiów na Uniwersytecie Mikołaja Kopernika w Toruniu, zarabiając po zajęciach jako hostessa podczas promocji w supermarkecie, poznałam Asię. Obie byłyśmy roześmianymi, bystrymi blondynkami w dżinsach i trampkach. Razem wygrałyśmy casting do tej intratnej wtedy pracy, pokonując pokój pełen długonogich piękności niczym z konkursów miss. Jogurty, które sprzedawałyśmy, stojąc po kilka godzin dziennie przy wielkich zamrażarkach, szły całymi paletami, dosłownie jak woda. Agencja zacierała ręce z zadowolenia. Z Asią miałyśmy wiele wspólnych tematów. Bardzo się zżyłyśmy i ta przyjaźń trwa do dziś, mimo że nasze drogi się rozeszły, a nasze losy potoczyły zupełnie inaczej. Asia została w Toruniu i założyła rodzinę. Ma kochającego męża i trójkę dzieci. Jestem matką chrzestną jej synka. Niestety w międzyczasie moja kochana, zawsze uśmiechnięta i miła dla każdego przyjaciółka zachorowała. Choroba sprawia, że Asia ma duże problemy z poruszaniem się. Spędza czas głównie w czterech ścianach pokoju na piętrze domu. Śmieje się, że jest jak księżniczka w wieży. Ja wiem, że takie zamknięcie w czterech ścianach nie ma nic wspólnego z byciem księżniczką, zwłaszcza jeśli ma się małe dzieci, ale nie słyszałam ani razu, żeby narzekała. Kiedyś urządziłyśmy sobie „dzień księżniczek". Zapowiedziałam, że zabieram ją z domu na cały dzień. Do bagażnika mojego fiata 500 zapakowałyśmy wózek inwalidzki. Asia jest piękną i zgrabną dziewczyną, ale tego dnia wyglądała jak modelka po pokazie. Obie wymalowane i ubrane w najbardziej obcisłe spodnie ruszyłyśmy w miasto. Cały dzień odwiedzałyśmy najelegantsze kawiarnie, sklepy, kino. Wszędzie spotykałyśmy się z architektonicznymi ograniczeniami utrudniającymi poruszanie się na wózku inwalidzkim, ale śmiałyśmy się z tego. Kiedy parkowałam auto na Starówce, wpadła mi w oko elegancka restauracja o wschodnio brzmiącej nazwie Odessa z efektownym żyrandolem niczym z *Titanica*, eleganckim wnętrzem i przytłumionymi światłami. Zostawiłam koleżankę w aucie, a sama poszłam się zorientować, w jaki sposób możemy się tam dostać. Kiedy stanęłam przed witryną, zobaczyłam trzy duże schody. „To możemy zapomnieć" – pomyślałam, ale kiedy tak stałam wpatrzona w schody, podszedł do mnie menadżer restauracji, młody chłopak, i spytał, w czym może pomóc. Powiedziałam mu, jak wygląda sytuacja, na co on się roześmiał: „To ma być problem? Gdzie ta księżniczka i wasza karoca?". Zawołał kolegów ze środka i już po chwili nieśli Asię na wózku niczym królową w lektyce. „Dla pań najładniejszy stolik" – krzyknął menadżer, wnosząc moją przyjaciółkę do restauracji. Dostałyśmy najlepsze miejsce, a zaraz później brownie z malinami i po kieliszku szampana od firmy. Moja przyjaciółka śmiała się głośno. Wyglądała tego dnia naprawdę pięknie. Co chwila ktoś do niej podchodził i pytał: „Czy ma pani dziś urodziny?", na co ona odpowiadała: „Tak jakby – dziś celebruję życie". Dziękowała mi i mówiła, jak wdzięczna jest Bogu za wszystko, co się jej codziennie przytrafia, za całą czułość i troskę, jaką otrzymuje. Ani słowa narzekania. Ja tyle razy narzekałam przed Bogiem, pytając Go, dlaczego akurat ją spotkała taka choroba. Ona zaś dziękowała Mu za to, co dzięki temu dostała od życia, i za to, jaką jest dziś osobą. To był wieczór pełen wdzięczności.

Ojciec Raniero Cantalamessa, kaznodzieja Domu Papieskiego, napisał kiedyś: „Nieraz budzimy się z wrażeniem, że trzeba wszystko zaczynać od zera. Jakbyśmy byli ateistami, którzy nigdy nie znali Boga i nie wiedzą, co to wiara, nadzieja i miłość. Stąd konieczność rozpoczynania każdego dnia z Duchem Świętym, aby przekształcał nasz (…) chaos w światło wiary, nadziei i miłości" (*Pieśń Ducha Świętego*, Warszawa 2002, s. 62). Ja też – może nie codziennie rano, ale często – budzę się właśnie tak, jakbym była ateistką, która nie wierzy, nie ufa i nie szuka sensu w Bogu. Tymczasem w Boga trzeba nie tylko uwierzyć, ale jeszcze Mu zaufać, czyli oddać Mu stery swojego życia.

Jeśli ktoś kiedyś żeglował, zwłaszcza przy silniejszym wietrze, wie, co to znaczy: oddać stery. Ja wiem dobrze, jak to jest, bo żeglarstwo to więcej niż moje hobby – to moja druga natura. Nie chodzi tylko o to, że mam patent sternika i lubię pływać po mazurskich jeziorach. Żeglarstwo jest czymś, co mnie ukształtowało. Oznacza dla mnie styl życia, pewien sposób patrzenia na świat: otwartość, ciekawość i odwagę, podobnie zresztą jak dziennikarstwo. Jedno z drugim mają wiele wspólnego.

Wychowałam się w Kruszwicy nad jeziorem Gopło, można powiedzieć, że prawie na żaglówce. Moi rodzice, Maria i Grzegorz, pływali drewnianą żaglówką Sasanką, najpierw będąc narzeczeństwem, a później ze mną jako niemowlakiem. Drewniane konstrukcje tata lubił najbardziej, może dlatego że jest stolarzem. Mój dziadek Jan też nim był, a teraz do rodzinnej firmy dołączył najmłodszy brat Bolek. Mój dom zawsze miał zapach drewna i klimat artystycznego warsztatu, do którego chętnie zaglądali inni rzemieślnicy i żeglarze. Mój pierwszy opublikowany w prasie tekst, który napisałam dla lokalnej gazety, nosił tytuł *Szkutnik znad Gopła* i opowiadał o Czesławie Kruszyńskim, szkutniku, bliskim przyjacielu mojego taty i całej naszej rodziny, oraz o jego pasji do jachtów i żeglarstwa. Żeglarstwo było naszym rodzinnym sportem i sposobem na spędzanie niemal każdego weekendu. Jako dziecko buntowałam się czasem, dlaczego tata znowu ciągnie nas na wodę. Dziś jestem mu za to wdzięczna i o tych naszych

rodzinnych rejsach z mamą, tatą, dwoma młodszymi braćmi: Jackiem i Bolkiem, myślę jak o najpiękniejszych wspomnieniach z dzieciństwa. Były kąpiele w jeziorze i pieczenie ziemniaków w ognisku, wspólne śpiewanie szant i ściganie się w regatach. Nasz dom był zawsze w pewien sposób „żeglarski", czyli otwarty, tętniący muzyką i gwarem, wesołymi żartami braci, wypełniony ciepłem mamy i mądrością taty. Taki, do którego chce się wracać jak do bezpiecznej przystani.

Nigdy nie zapomnę, jak mając siedemnaście lat, namówiona dosyć stanowczo przez tatę i przez wuja Bogdana, żeglarza i zwolennika tak zwanego zimnego chowu, popłynęłam razem z przyszywaną kuzynką Anią, cała dygocąca ze strachu, w swój pierwszy pełnomorski rejs jako załogantka na żaglowcu Pogoria. Dzięki temu dowiedziałam się, jak to jest wisieć na kołyszącej się rei (poprzecznej belce masztu) kilkadziesiąt metrów nad poziomem morza na płynącym żaglowcu i stamtąd obserwować świat. Nie wiem, czym byłam wtedy bardziej odurzona: przestrzenią, wolnością i pięknem widoku czy też paraliżującym strachem, ale było to uczucie nie do porównania z niczym. Cały ten rejs i wszystkie kolejne na Pogorii przyniosły mi niezapomniane doświadczenie wolności, pasji, przyjaźni, przygody i ekscytacji odkrywaniem nowych lądów. Żeglarstwo porwało mnie tak dalece, że jeszcze kilka razy wracałam na morze, aby po raz kolejny wypłynąć na kilka tygodni, znowu doświadczyć siły fal rozbijających się o dziób, poczuć morską bryzę na twarzy, wypatrywać nowych lądów, przeżywać z całą załogą chwile grozy i śmiechu, poczuć się jak kropelka w oceanie, wreszcie stać na nocnej wachcie pod rozgwieżdżonym niebem i patrząc na odbijający się w spokojnej tafli wody księżyc, wdychać zapach morza i wiatru – i marzyć.

Żeglarstwo mnie ukształtowało. Nie tylko nauczyło czytania znaków na wodzie i w chmurach, zwiastujących zmianę pogody, ale zahartowało, sprawiło, że jestem zaradna, stoję na ziemi, choć z głową pełną wiatru. Wyrobiło we mnie współodpowiedzialność za załogę, zwracanie uwagi na wiatr, który zawsze może uderzyć z niespodziewanej strony, rozbudziło ciekawość poznawania nowych lądów i pokazało, że woda i wiatr to żywioły, wobec których człowiek mimo swojej największej mądrości pozostanie na zawsze bezbronny – podobnie jak wobec Ducha Świętego, który przychodzi nie wiadomo kiedy i działa tak, jak chce. Czasami przychodzi jak lekki powiew, a innym razem potrafi uderzyć z mocą huraganu. Żeglarstwo otworzyło moje oczy na to, jak niewyobrażalnie piękny może być świat. Nauczyło mnie też czekania na przygodę, która kryje się w każdym porcie. Żeglując po morzach, uwielbiałam stać na dziobie, zamykać oczy, czuć na twarzy wiatr i oddychać chwilą.

Moją prawdziwą miłością stało się jednak pływanie po jeziorach. Mazury to mój raj, miejsce, gdzie czuję się najlepiej. Cisza, dziewicza przyroda, parujące od gorąca jeziora, prości i gościnni ludzie, sielskie widoki, pierogi z jagodami albo inne regionalne jedzenie wolne od miejskich zanieczyszczeń, beztroska, prawie pusty worek ciśnięty w kokpicie – z jednym dresem, dwiema koszulkami, kostiumem kąpielowym, środkiem na komary i jednym kremem do twarzy, najlepiej takim zwyczajnym, oliwkowym... Żadnego zbytku, żadnego zbędnego balastu. Głowa pełna marzeń, patrzenie w gwiazdy i rozmowy w ciepłą noc, sen w śpiworze na deku, chmury sunące po niebie, życie z dnia na dzień, od portu do portu, bez zbędnych napięć i trosk. Prostota, harmonia i po prostu szczęście.

Mazury mogą mieć też jednak inne oblicze. Doświadczyłam tego podczas jednego z rejsów, na który wybrałam się ze znajomymi podczas studiów. Tego roku był piękny, upalny sierpień. Pływaliśmy po Śniardwach. Nasza załoga liczyła osiem osób. Nastroje od rana dopisywały, a zimne piwko z sokiem z łyka na łyk rozluźniało atmosferę. Dzień był słoneczny, nikt nawet nie pomyślał, żeby mieć na sobie kapok, a moje prośby, żeby każdy przynajmniej wiedział, gdzie jest ten jego, były zbywane gromkimi żartami. Nigdy nie zapomnę momentu, gdy wśród tych śmiechów i żartów nagle zobaczyłam zbliżającą się do nas szarą ścianę wody. Wyglądało to tak, jakby jezioro się zakrzywiło i nacierało na nas. Zatkało mnie z przerażenia. Zdążyłam tylko krzyknąć: „Kapoki!", i wyluzować żagle, żeby nie przewróciła nas siła uderzenia wiatru. Jakieś dziesięć sekund później znaleźliśmy się w centrum czegoś, co wyglądało jak trąba powietrzna. Łódka kręciła się jak w wirze. Zrobiło się ciemno. Znajomi krzyczeli, a ja miałam w głowie najczarniejsze obrazy. Prosiłam Boga, żeby nas ocalił, ale w głębi duszy myślałam, że z tego nie wyjdziemy. Kiedy wszystko ucichło i siedzieliśmy przy brzegu, ogrzewając się kocami i herbatą i dygocząc w milczeniu, usłyszeliśmy w radiu, że przez Mikołajki przeszedł biały szkwał. To taki szkwał, który przychodzi z jasnego nieba, zupełnie nagle, i nie da się go przewidzieć. Jedyną zapowiedzią tego bardzo rzadko spotykanego zjawiska są zawieszone w powietrzu krople wody i załamujące się fale widoczne jako biaława zawiesina. Dosłownie kilkadziesiąt metrów obok nas utonęło dwanaście osób. Nam, mimo momentów grozy, udało się przeżyć. Jedynie łódź była trochę zniszczona. Bóg postanowił nas ocalić.

W środku tamtego sztormu oczywiście krzyczałam do Boga, ale był to bardziej krzyk przerażenia niż pełna zaufania prośba o pomoc. W Ewangelii też jest opis sztormu, podczas którego apostołowie krzyczą przerażeni, a Jezus śpi. Wołają z pretensją: „Nic cię to nie obchodzi, że giniemy?". Po chwili Jezus ucisza burzę. Mam wrażenie, że całe nasze życie jest właśnie takim sztormem: w każdej chwili może nas coś zaskoczyć, a po chwilach słonecznych zawsze przychodzi w końcu jakaś burza. Pytanie, czy krzyczymy wtedy z przerażenia,

jak apostołowie, czy ufamy, że On jest obecny i uciszy tę burzę, choć wydaje się, że śpi. Ja najczęściej krzyczę ze strachu zamiast zaufać. Wiem jednak, że na takie życiowe burze są pewne koła ratunkowe. Jest komunia święta, która umacnia. Jest spowiedź, która uzdrawia. Jest Jego słowo, które prowadzi. Jest Różaniec, a Maryja rozprasza każdy mrok i naprawdę jest Pocieszycielką. Jest adoracja Najświętszego Sakramentu, prowadzona w kościołach w każdym większym mieście, często nawet przez całą dobę. Jest w końcu zwyczajna modlitwa albo rozmowa z przyjacielem, albo chociaż spojrzenie w wierne oczy psa. Zawsze jest się czego uczepić. Te wszystkie koła ratunkowe Pan Bóg rzuca nam niemal codziennie, ale żeby móc je złapać, musimy właśnie zaufać.

„Jezu, Ty się tym zajmij" – odkąd poznałam słowa tej modlitwy, starałam się uczynić ją moją codzienną. Te słowa oznaczają, że moje zmartwienia oddaję Jemu i już o nich nie myślę. „Jezu, Ty się tym zajmij. Przemień wszystko, co jest dla mnie tak niezrozumiałe i trudne, w błogosławieństwo, miłość i pokój". W chwili, gdy miałam złamane serce - zajął się. Dał mi niezwykły czas, pełen niespodzianek, śmiechu, ludzkiej czułości i ciepła, dobrych chwil. Czułam się kochana i szczęśliwa, zasypiałam z pokojem w sercu – dzięki temu, że powierzyłam Mu cały swój ból i niezrozumienie, oddałam Mu stery.

Odkąd pamiętam, zawsze wolałam trzymać je sama. Okazało się, że z Bogiem to działa inaczej – i przyszedł czas, kiedy trzeba było swoje dawne przyzwyczajenia odłożyć na bok. Odtąd moim wiatrem miał stać się Duch Święty. Brzmi to może słabo, ale działa naprawdę kapitalnie. Przede wszystkim wszędzie tam, gdzie jest burza z piorunami, On przynosi pokój. Muszę przyznać, że szybko stałam się fanką Ducha Świętego, który przychodzi z darami: mądrości, rozumu, rady, męstwa, umiejętności, pobożności, bojaźni Bożej; z darem słowa;

z wiarą, nadzieją i miłością. Zaczęłam doświadczać, że On naprawdę jest tchnieniem, sprawcą działania.

Jedną z ulubionych modlitw Jana Pawła II była ta, której nauczył go jego tata. Brzmi ona tak:

> Duchu Święty, proszę Cię o dar mądrości do lepszego poznawania Ciebie i Twoich doskonałości Bożych, o dar rozumu do lepszego zrozumienia ducha tajemnic wiary świętej, o dar umiejętności, abym w życiu kierował się zasadami tejże wiary, o dar rady, abym we wszystkim u Ciebie szukał rady i u Ciebie ją zawsze znajdował, o dar męstwa, aby żadna bojaźń ani względy ziemskie nie mogły mnie od Ciebie oderwać, o dar pobożności, abym zawsze służył Twojemu Majestatowi z synowską miłością, o dar bojaźni Bożej, abym lękał się grzechu, który Ciebie, o Boże, obraża.

Kiedy oglądam się za siebie, dziękuję Bogu, że nie spełnił wszystkich moich próśb. Zaczęłam dziękować za wszystko: za wszelkie wydarzenia i relacje w moim życiu, i to też zmieniło moje spojrzenie na wiele spraw, uspokoiło mnie. Przestałam kurczowo trzymać się mojego kursu, a zaczęłam prosić, żeby to On tchnął wiatr w moje żagle i wyprowadził mnie na takie wody, jakie będą dla mnie najlepsze, i pozwolił mi obrać najlepszy kurs. On naprawdę wie lepiej. Wierzę, iż w Bożej logice wszystko, co zdarza się w moim życiu, jest po coś i kiedyś zobaczę w tym sens.

Jest pewna modlitwa przypisywana świętemu Charbelowi. Podobno on sam niczego w życiu nie napisał, ale nawet jeśli tak było, ten tekst jest dla mnie ważny:

> Uwolnij się z więzów, które Cię krępują: z Twoich myśli, przekonań i namiętności, które wiążą Cię jak lina przywiązana do nabrzeża. Liny trzymające łódź w porcie zapewniają jej bezpieczeństwo, ale nie pozwalają jej wypłynąć. Niech słowo Pana rozwiąże liny i odetnie to, co trzeba odciąć, sznurek po sznurku, nawet jeśli to boli. Nie żyj w samym centrum Twoich namiętności i myśli, choćby dawały Ci poczucie spokoju i bezpieczeństwa. Bezpieczeństwo jest złudzeniem bez pokoju Chrystusa, a spokój podstępem, jeśli nie pochodzi z serca samego Boga. Nie bój się odbić od brzegu i wypłynąć z portu. Bóg Cię uwolni, Jego słowo pokieruje Tobą, a Duch wypełni żagle. Dotrzesz do brzegu światłości. Zadaniem łodzi jest przemierzać morza, a nie stać w porcie. Żeby mogła wypłynąć, trzeba rozwiązać wszystkie trzymające ją liny. Nawet cienki sznurek zatrzyma ją w miejscu.

Oddanie steru nigdy nie jest łatwe.

Bóg zawsze w mojej Łodzi

Krystian Wieczorek

aktor (Łódź)

Od dzieciństwa uczy się nas, że mamy być zaradni, samodzielni. Wielkie miasto to wielka dżungla. Tu obowiązuje prawo pięści: kto głośniejszy, kto silniejszy, ten ma rację. Tu liczy się sukces za wszelką cenę. Tymczasem Bóg nie wyskakuje jak dżin z lampy, spełniając na zawołanie nasze marzenia. Zaufanie Bogu to proces. To niesamowite, jakie cuda potrafi On zdziałać, kiedy odda się Mu stery. O takiej niezwykłej przygodzie opowiedział mi aktor Krystian Wieczorek, który tak jak ja kocha żeglarstwo i wiatr, podczas wywiadu w Łodzi.
Z Krystianem Wieczorkiem spotkałam się w Łodzi, rano w dzień po uroczystym otwarciu sklepu Garaaż, nad którym Krystian razem ze swoim tatą pracowali intensywnie przez ostatnie miesiące. Obaj włożyli w to wiele pracy, a wspólny cel bardzo ich zbliżył. Dzień po otwarciu widać już, że pomysł chwycił, więc humory dopisują. To pierwszy dzień od miesięcy, kiedy Krystian może odetchnąć, zanim wciągną go kolejne plany zdjęciowe i obowiązki związane z nowym biznesem. W klimatycznym otoczeniu Off Piotrkowska sączymy wolno zimną lemoniadę i delektujemy się piękną pogodą.

KASIA: Czy wiara jest dla ciebie sprawą prostą, oczywistą, czymś, co przychodzi naturalnie?

KRYSTIAN: Nie, nie jest to takie proste i oczywiste. W końcu każdy człowiek, którego spotykamy na swojej drodze, niesie w sobie inne emocje i inne wyobrażenie tych samych wartości. Wszystko, co nas otacza, podlega rozmaitym interpretacjom. To mnie też zaraża. Nie jest tak, że jestem wolny od determinizmu. Tak samo jest z rozumieniem tekstów biblijnych. Zauważ, że w tym samym czytaniu każdy ksiądz podkreśla co innego. Wiara to dla mnie ciągły proces. Proces odkrywania życia ze wszystkimi jego radościami i trudnościami.

Czy Bóg jest dla ciebie ciągle kimś innym, kogo odkrywasz wciąż na nowo, czy od lat masz o Nim takie samo wyobrażenie?

Ostatnio w jednej z konferencji ojca Adama Szustaka poruszyło mnie zdanie, że Bóg panuje nad każdą cząstką naszego życia. To jest bardzo trudna myśl, bo jeśli uwierzymy w to, że On ma kontrolę nad wszystkim i wie, co się z nami dzieje w każdej sekundzie naszego życia, to bardzo łatwo to przyjąć w takich chwilach, kiedy przeżywamy coś pięknego, ale kiedy przychodzą doświadczenia trudne, nagle włącza nam się system obronny. Wtedy buntujemy się i trudno nam zrozumieć, dlaczego On chce, żebyśmy dochodzili do pewnych prawd przez tak trudne doświadczenia.

Których momentów masz więcej w relacji z Nim: buntu czy zaufania, że On jednak wie lepiej?

Z „bądź wola Twoja" bywa różnie. Staram się wierzyć, ale momenty zwątpienia także się zdarzają. Kiedy pojawia się fala trudnych sytuacji, a ja jestem facetem, który trochę już przeżył, to przychodzi czasem zwątpienie. Z drugiej strony staram się traktować takie chwile jak lekcje i wyciągać wnioski ze swoich błędów, chociaż natura ludzka jest taka, że ciągle popełniamy te same błędy. A On nieustannie nade mną pracuje.

On pracuje nad Tobą? A może bardziej to ty nad Nim? Jak to właściwie jest?

Moja relacja z Bogiem ma charakter obustronny, więc to nie jest tak, że czekam biernie na to, co On ze mną zrobi. Poza tym wiara to dla mnie także wielki bagaż, cały ogrom myśli, taki bagaż psychologiczno-filozoficzno-duchowy. Ciągle wraca do mnie zdanie świętego Ignacego Loyoli: „Módl się tak, jakby wszystko zależało od Boga, ale pracuj tak, jakby wszystko zależało od ciebie".

Kim On dla ciebie jest: Pięknem, Dobrem, Mądrością, Prawdą?

Bóg jest dla mnie Miłością i tu nie ma co wymyślać. Kiedy tylko czuję jakieś zagubienie albo słabość, to On jest dla mnie drogowskazem, kompasem, którędy płynąć, jak postępować. Jest też ostoją spokoju. Wystarczy, że o Nim pomyślę, poczytam albo się pomodlę. Nie muszę nawet biec do kościoła. Myśl o Nim wystarczy, żeby wrócił spokój. Wtedy wiem, że On chce, żebym się dobrze czuł. Łapie mnie za ramię i mówi: „Weź się tak nie szarp, bo na wszystko jest czas. Żyj tu i teraz. Nie musisz niczego przyspieszać". Zauważ, że nasze problemy najczęściej wynikają z tego, że bardzo chcemy wybiec w przyszłość albo rozpamiętujemy to, co przeżyliśmy. Mądra, świadoma pamięć jest ważna, ważne jest to, żebyśmy przyglądali się temu, co było, żebyśmy to zrozumieli i wyciągnęli wnioski – ale chodzi mi o to, że nie potrafimy być tu i teraz.

Czy oprócz tego, że Bóg jest dla ciebie kompasem i daje spokój, bywa też, że czegoś od ciebie wymaga? Czy wiara bywa dla ciebie wymagająca, trudna?

Jest wymagająca jak cholera, i ciągle przypomina, żeby wymagać przede wszystkim od siebie. Żeby żyć pięknie i w miłości, w szacunku do siebie i innych. Tyle że kochać kogoś, kto jest fajny, to żadna sztuka. Kochać kogoś z całym bagażem jego ciemności – to jest wyzwanie! W każdym razie mam takie doświadczenie, że od kiedy zacząłem szukać Boga na serio, czyli mniej więcej od dwóch lat, przechodzę proces odkrywania, zakochiwania się i odkochiwania. Taki wspólny rejs albo podróż doliną. Nie zawsze słoneczną, bo czasem też pojawia się we mnie bunt i wszystko wydaje mi się bez sensu. To jest ciągła walka we mnie. Zatem płyniemy i jest to piękny rejs, ale cholernie wymagający, bo Bóg cały czas mi mówi: „Nie chcę, żebyś żył byle jak". A leń we mnie odpowiada: „Weź, gościu, wyluzuj".

Takie wilki dwa, o których mówi ojciec Adam Szustak?

(*śmiech*) Dokładnie tak, wilki dwa. W końcu na co dzień walczymy z naszymi ograniczeniami. Ta Siła, czyli Bóg, jest w każdej sekundzie nad nami, ale i w nas – bo On jest przecież też w nas. Wierzę głęboko, że wszystko, co nas spotyka, jest po to, żebyśmy byli szczęśliwi, a nie żebyśmy cierpieli. Nigdy nie wierzyłem w takie mylne postrzeganie duchowości, szczególnie chrześcijańskiej, że cierpienie jest drogą do odkrywania siebie i że o to chodzi Bogu. Ja uważam, że jest zupełnie odwrotnie: to miłość jest drogą do szczęścia. Mamy wolną wolę i zawsze możemy wybrać. Często z głupoty wybieramy cierpienie, na przykład raniąc innych, ale to my wybieramy, a nie Bóg.

Są też sytuacje, kiedy nie mamy wpływu na cierpienie, choćby kiedy tracimy bliską osobę. Tak było z tobą, kiedy kilka lat temu umarła twoja Mama. Czy wtedy buntowałeś się?

Oczywiście trudno pogodzić się ze stratą kogoś bliskiego, poczuciem pustki i z cierpieniem, ale trzeba podejść do tego z ufnością i spokojem. Choć prawdą jest, że teraz tak mówię – wtedy dosłownie ziemia się pode mną osunęła. Nie byłem wówczas wierzący, tylko wątpiący, i w moim wnętrzu rozpętało się tornado.
Bardzo lubię ten obraz, kiedy Jezus zabiera swoją „drużynę pierścienia" na środek jeziora wielkiego jak morze i wystawia ich na próbę, a oni zachowują się jak dzieci, choć to dorośli mężczyźni i przecież znają się na żeglarstwie.

Tobie też zdarza się zachować właśnie tak jak oni?

Dokładnie tak. Najczęściej wtedy, kiedy myślę sobie: „Jestem już taki mądry, silny, teraz to już po swojemu będę korzystał z wolności". I nagle przychodzi…

Huragan?

(*śmiech*) Dobrze by było, gdyby to był huragan, ale często to mały podmuch wywraca mnie do góry nogami! Niewiele trzeba. Jakby przyszedł huragan, toby mnie wcale nie było. Teraz wiem, że spokój jest osiągalny tylko wtedy, gdy za sterem stoi Bóg.

To jak żeglować z Nim przez życie, żeby się nie bać tych podmuchów?

Grunt, żeby to robić właśnie z Nim, a nie po swojemu. Trzeba zaufać Bogu i ciągle mówić sobie: „sprawdzam", czyli praktykować. Innej opcji nie widzę. Śmieszy mnie tekst: „wierzący, ale niepraktykujący". To tak jakby powiedzieć: żyjący, ale nieoddychający. Mam zarazem wrażenie, że w wierze jestem jeszcze na etapie dziecka. Ciągle mi się chce szukać, zadaję sobie pytania, proszę Go, ale też często dziękuję. Wczoraj było ważne wydarzenie – otwarcie Garaażu, nad którym pracowaliśmy z moim tatą od miesięcy. Pierwsze, co zrobiłem, kiedy wszyscy goście już wyszli, to podziękowałem Bogu za ten dzień, za to, że nam się z tatą udało, że mogliśmy się przy tej współpracy bliżej poznać, że tyle życzliwych osób przyszło. A wracając do strachu: myślę, że jest potrzebny i jest wyrazem zdrowego rozsądku, odpowiedzialności. Będzie nam towarzyszył do końca życia – i do końca będziemy go oswajać, próbując zaufać ludziom i Bogu.

To zaufanie Bogu i ludziom często oznacza tak naprawdę skok na główkę. Wymaga dużej odwagi.

Całe życie uciekałem od Niego. Przychodzi jednak moment tak potwornej pustki, kiedy czujesz tak dojmujący brak, że wiesz, iż ani żadna rzecz, ani drugi człowiek nie wypełni tej luki, mimo że Bóg przejawia się też w relacji z drugim człowiekiem. Ja całe życie uciekałem, przede wszystkim od Kościoła. Nie miałem najciekawszych doświadczeń z księżmi. Wystarczy, że w szkole podstawowej ksiądz zażartował ze mnie i upokorzył mnie przy całej klasie. Zapadło mi to głęboko w pamięć, a zdarzyło się w czasie, kiedy nie chodziłem na religię, trudno mnie było do tego namówić i chciałem z różnych powodów spróbować. Ten ksiądz, zamiast przywitać mnie z otwartymi ramionami, ciesząc się, że syn marnotrawny powrócił, zażartował ze mnie tak, że nie wiedziałem, gdzie się podziać. Znowu zaufać komuś, kto jest takim „przekaźnikiem" w Bożych sprawach, zajęło mi kilka długich lat.

Czy dziś spotykasz takich księży, którym ufasz?

Dziś już tak, choć jakoś na odległość mi łatwiej... To wina moich eskapistycznych skłonności. Ale rzeczywiście, udało mi się znaleźć kilku. Dużo sam szukam: czytam, na przykład, miesięcznik „W Drodze", piszą tam wspaniali ludzie. W „Tygodniku Powszechnym" również. Słucham konferencji ojca Adama Szustaka. Można powiedzieć, że ciągle zabieram go na stopa, bo przeważnie słucham ich w samochodzie. Wspaniałym kapłanem był też ksiądz Kaczkowski, wielki człowiek po prostu. I wiesz, fascynujący jest ten wielogłos, ta różnorodność interpretacyjna, która mi przypomina, żebym szukał własnej drogi, własnych odpowiedzi.

A ty sam jak interpretujesz to, czego chce od ciebie Bóg?

Chce, żebym zmienił myślenie. Chce, żebym był dobrym człowiekiem dla siebie i innych ludzi, żebym siebie kochał i akceptował w tym wszystkim, co mnie spotyka, żebym pokazywał innym, że będąc chrześcijaninem, można fajnie żyć, robić szalone rzeczy, być radosnym. Ciągle brakuje mi radości w naszej wierze. Przeszkadza mi ten „kucany" katolicyzm, jak go nazywa ksiądz Jan Kaczkowski, czyli takie wszystko robione połowicznie, mamrotane pod nosem. Czytania – tak jakby ktoś umarł. Przekaz, cokolwiek by mówić, jest jednak ważny. Jeśli jako chrześcijanie mamy kogoś zarażać pięknem tej wiary, to nie da się tego robić smutkiem.

A co jest dla ciebie największą radością w wierze?

Byłem kiedyś na mszy w Białej Podlaskiej. Siedzę sobie, mało ludzi, ktoś lekko fałszuje. Wychodzi ksiądz do kazania i mówi: „Jezus zmartwychwstał". I tyle.

Jaki to ma wpływ na twoje życie?

Ogromny. Bo to oznacza, że do końca jest dla nas szansa, że nieważne, co zepsujemy, zawsze na końcu On może nam wybaczyć. Że On się za nas weźmie lub weźmie nas w obroty i naprawi.

Jak zmieniła cię wiara?

Zmienia cały czas i daje poczucie szczęścia. Gdyby było inaczej, to nie zawracałbym sobie tym głowy, nie jestem masochistą. Myślę, że jestem dziś bardziej świadomy i dojrzały niż kiedyś. Już nie pruję sobie beretu z byle powodu. W Piśmie Świętym, dzięki interpretacji ojca Szustaka, ciągle odkrywam nowe rzeczy. Jaki tam jest ładunek piękna i mądrości! Na przykład w Pieśni nad Pieśniami. Słucham tego w kółko i ciągle coś nowego słyszę. Dzięki tym konferencjom sam siebie odkrywam. Biblia jest dla mnie najważniejszą księgą, a modlitwa mnie uspokaja. Wystarczy, że powiem raz ze zrozumieniem *Ojcze nasz*, i wszystko wraca na właściwe tory. Wiesz, najbardziej niesamowity był moment, gdy zdałem sobie sprawę z paradoksu tego mojego uciekania przed duchowością. Bo okazało się, że podświadomie przez całe życie za tym tęskniłem. Jeśli na przykład w sztuce czy w muzyce pojawiał się temat Boga, to jakoś tak żywiej na to reagowałem. Od zawsze czułem, że tam jest światło.

Czy wyobrażasz sobie, żeby twoja przyszła żona była osobą niewierzącą?

Trudne by to chyba było. Nie ma takiej możliwości, żebym się zakochał w ateistce... Duchowość to oddychanie tym samym powietrzem.

To jest wspólna pasja. Wierzę głęboko w ekumenizm, w porozumienie między wyznaniami. Chciałbym jednak dzielić życie z osobą, dla której rozwój duchowy jest ważny, która szuka Boga i ma szacunek dla wartości. Jeśli ktoś traktuje tę przestrzeń życia z lekceważeniem, to nie ma szans, żebyśmy coś razem zbudowali. Duchowość to dla mnie nawet nie jedna z najważniejszych, ale najważniejsza dziedzina życia. Jest jak dynamo w rowerze – napędza mnie i daje światło.

Widać w tobie to światło i tę radość i bardzo ci tego gratuluję. Zdradzisz, o co jeszcze prosisz Ojca w niebie?

Proszę o *full* pakiet: mądrość, szczęście, miłość, i wiem, że dostanę go wtedy, kiedy będę gotowy. Modlę się za moich rodziców, proszę o wstawiennictwo moją mamę i babcię, które już nie żyją. Modlę się za ten nowy projekt Garaaż, o to, żebyśmy byli szczęśliwi, niezależni i mogli rozwijać swoje pasje. O chodzenie po wodzie Go nie proszę, chociaż właściwie to chętnie bym pochodził (*śmiech*).

Dużo w tej naszej rozmowie jezior i dużo żeglarstwa. Życzę ci zatem wiatru w żaglach i żeby ten kompas zawsze prowadził cię do właściwego portu. Dziękuję za rozmowę.

Bóg, który napełnia pokojem

Ida Nowakowska

aktorka, tancerka (Los Angeles)

Z Idą Nowakowską, tancerką, aktorką i jurorką popularnego telewizyjnego show You Can Dance – Po prostu tańcz!, *która na co dzień mieszka w Los Angeles, spotkałam się podczas jej wizyty w Warszawie. Aż trudno uwierzyć, że mimo tak młodego wieku Ida ma na swoim koncie występy na najważniejszych musicalowych scenach, od warszawskich teatrów muzycznych po Metropolitan Opera w Nowym Jorku, i główną rolę w filmie u boku Stevena Seagala. Łatwiej zrozumieć ten sukces, poznając Idę bliżej. Kiedy spotykamy się na dziedzińcu Cafe Lorentz w jej pierwszy wolny od miesięcy dzień, mimo zmęczenia wita mnie promiennym uśmiechem. Momentalnie zjednuje moje serce i już po chwili mam wrażenie, jakbyśmy znały się od zawsze.*

KASIA: Twój post na Instagramie, w którym dzielisz się wiadomością, że wybierasz się do kościoła na „oczyszczanie duszy", wywołał lawinę komentarzy. Czy taka reakcja cię zaskoczyła?

IDA: Ja w ogóle wrzucam na Instagram dużo zdjęć kościołów, bo je uwielbiam – zwłaszcza katedry – więc jeśli tylko jestem w jakimś miejscu kultu, to podziwianie jego piękna jest dla mnie przyjemnością i lubię się nią dzielić. Reakcja na ten post zupełnie mnie zaskoczyła. Wrzuciłam go spontanicznie, ale jeśli już spodziewałam się jakiejś reakcji, to prędzej pojawiającego się od razu hejtu, że się afiszuję ze swoją wiarą, że jestem głupią katoliczką, a stało się inaczej. Po jego przeczytaniu ludzie się nagle otwierają. Mówią, że on pokazuje, iż można być atrakcyjną i zarazem wierzącą osobą. Mimo tego wyznania nadal jestem uważana za osobę fajną (*śmiech*).

Bycie osobą fajną i wierzącą – to się kłóci?

Mam tu, w Warszawie, dużo znajomych, którzy totalnie hejtują Kościół, czasami robią sobie żarty i droczą się ze mną, powtarzając: „Poszła Ida do kościoła". Ja się wcale na te żarciki nie obrażam i mówię: „Tak. Poszłam do kościoła i było super".

W Polsce w ostatnim czasie łatwiej być jawnym ateistą, który w ogóle w nic nie wierzy, niż katolikiem. Katolik mylnie kojarzony jest z kimś zamkniętym i nietolerancyjnym. Ja zostałam wychowana w wierze katolickiej i od zawsze jestem osobą wierzącą, bez wielkich zakrętów, a przy tym zawsze byłam otwarta na ludzi. Mam różnych znajomych: począwszy od bardzo wierzących, na przykład Żydów, po zupełnych ateistów, którzy nie wierzą nawet w swój ateizm. Naprawdę ich wszystkich szanuję i lubimy się. Jedno drugiego nie wyklucza.

Kiedy udało ci się najbardziej doświadczyć Boga?

Miałam takie doświadczenie podczas studiów. Na drugim roku poszłam na spotkanie modlitewne. Prowadziła je ewangelicka grupa, największa w Stanach Zjednoczonych. Taka grupa modlitewna działa tam prawie przy każdym uniwersytecie. Poszłam na takie spotkanie i zaskoczyło mnie, że ci wierzący ludzie wszyscy są tak piękni, zdolni, inteligentni i do tego radośni. Czułam się jak na jakimś pokazie mody. To było coś niesamowitego. Bardzo się w to wszystko wkręciłam i pojechałam z nimi na trzydniowy wyjazd w góry, w piękne miejsce. Mieszkaliśmy w domkach. Codziennie była godzina ciszy, rozmowa z Bogiem albo z samym sobą. Takie wyciszenie. Mieliśmy też różne wykłady, uczestniczyliśmy w mszach. Ten czas był jak namiastka nieba na ziemi. Wróciłam absolutnie oczyszczona i na takim „haju wiary".

Jak mówisz swoim niewierzącym kolegom o twoim Bogu?

Wiara to najlepsza rzecz, jaka mi się w życiu zdarzyła, i chcę się nią dzielić, ale nie mogę mówić mojemu koledze, który nie wierzy w nic, rzeczy w stylu: „Jesteś beznadziejny, bo nie wierzysz" albo: „To jest złe". Staram się mówić o tym, co jest dobre w moim życiu. Pokazać swoim zachowaniem, co jest światłem – bo to jest właśnie Bóg. Mówię o tym, że z Nim jest super.

Kim jest ten Bóg, w którego wierzysz?

Zawsze się modliłam, powierzałam Bogu wszystko, co się działo w moim życiu. Rozmawiałam z Panem Bogiem codziennie, opowiadałam Mu, co u mnie, dziękowałam i prosiłam Go o różne rzeczy. Czasami się zastanawiałam, czy to nie jest egoistyczne podejście: czegoś chcę i wtedy modlę się do Boga, bo mam nadzieję, że On mi to da – ale ja z Nim po prostu tak szczerze rozmawiam, jak córka, bo On jest najlepszym Tatą.

A jak się modlisz najczęściej?

Najczęściej dziękuję i proszę. Bóg jest nieodłączną częścią mojego życia, każdą chwilą. Ta relacja z Nim się zmienia. Bo w życiu jest tak, że im jest ci trudniej, tym bardziej szukasz Boga. Poszukujesz kogoś większego, kto ci pomoże przejść przez wszystkie trudności.

A kiedy było ci najtrudniej? Przez jakie największe trudności i mroki On cię bezpiecznie przeprowadził?

Wierzę, że kiedy coś mi nie wychodzi, nie dostaję czegoś, na czym mi zależy, to Pan Bóg ma dla mnie jakiś plan. Wiesz, dwa lata temu zmarł mój tata. W tym samym czasie brat mojej mamy chorował na raka i również umarł w strasznych cierpieniach. Przeżyłam to wszystko właśnie dzięki wierze. Nie mówię o tych wydarzeniach, bo to nadal boli. Poza tym każdy ma swoje problemy. Jestem pewna, że nie ma na ziemi osoby, która by nie przeżyła jakichś strasznych rzeczy. Śmierć taty i wujka to był ten moment, kiedy u mnie wszystko dobrze się działo i nagle jakby mi się osunęła ziemia pod nogami. W pewnym momencie znienawidziłam Pana Boga. Pytałam Go, dlaczego mi to robi, dlaczego mi odbiera najbliższe osoby.

Myślę, że wiele osób, które straciły kogoś bliskiego, wie, o czym mówisz. Ja wiem... Jak udało ci się pogodzić z Bogiem mimo bólu i straty?

Od śmierci mojego taty minęły już dwa lata, dziś mam przede wszystkim pokój w sercu. Musiałam zrozumieć, że śmierć jest nieodłączną częścią życia, ale nie oznacza to, że Bóg nie jest dobry. Dotarło do mnie, że naprawdę wszyscy odejdziemy. Zrozumiałam, że moja kariera, moje działanie nie są najważniejsze. Nabrałam dystansu. Wydoroślałam. Tata był pisarzem, poświęcił się swojej sztuce – i co? To ja zasypiam dziś, pamiętając o nim, a nie jego czytelnicy. Był geniuszem, jego książki są fantastyczne, na pewnym etapie historii Polski były bardzo ważne. Tata za swoje ideały trafiał do więzienia, poświęcił się im, za swoją działalność dostał potem odznaczenia od państwa. Naprawdę jestem z niego dumna. Marek Nowakowski – to imię i nazwisko, które na zawsze zostanie na kartach historii Polski. Miał kolegów, ludzi, którzy go szanowali i podziwiali, ale jestem pewna, że oni nie zasypiają dziś, myśląc o nim, tak jak to robię ja. Bo ja byłam jego rodziną i ja go nadal kocham. Odkryłam, że miłość jest silniejsza niż śmierć.

Co ci pomagało przejść przez żałobę?

Wtedy, kiedy było mi najtrudniej, Pan Bóg nie zostawił mnie samej. Dał mi kogoś, kto dziś jest moim mężem. Na początku strasznie się na nim wyżywałam, odreagowywałam na nim cały ból i bezsilność. Nie byłam wówczas tak pozytywną Idą jak teraz. Nie chciałam się przywiązywać do nikogo. Walczyłam z tym uczuciem. Chciałam być Zosią Samosią. Myślałam: „Sama pójdę przez świat, nie potrzebuję ani ojca, ani nikogo innego, bo wszyscy i tak ode mnie odejdą". To była reakcja obronna. Ucieczka, a w środku paraliżujący strach. Bardzo odpychałam mojego męża. Trzy razy zrywałam zaręczyny. Było naprawdę ciężko, ale on się nie poddał. Jesteśmy dziś szczęśliwym małżeństwem.

Jak ci się udało odzyskać taką radość i pogodę ducha po tym wszystkim?

To, że jestem taka spokojna i pogodna, bierze się stąd, że Pan Bóg mi daje siłę. Jestem jak tancerka na scenie, a On prowadzi moje stopy lekko i delikatnie. Ta pogoda ducha pomaga mi przejść przez kolejny dzień, choć cały czas pamiętam o tym, co było i jest trudne. Moja rodzina wciąż boryka się z wieloma trudnościami, ale każdy przecież ma swoje problemy. Nie można się w nich zakotwiczać, ale każdego dnia trzeba je pokonywać. Czasami moja mama mówi: „Boże, nie zapłaciłam tego czy tamtego, nie mam na to pieniędzy, co ja zrobię?". Wiesz, w rodzinie artystów raz jest dużo pieniędzy, raz nie ma ich wcale, więc ja się do tego zupełnie przyzwyczaiłam i odpowiadam: „Mamo, nie narzekaj, pomyśl sobie o Syrii". Mama na to: „Przestań mi tu prawić te swoje mądrości". A ja: „Mamo, to jest naprawdę słabe, co teraz mówisz. No co, najwyżej zabiorą ci wszystko i będziemy mieszkać na ulicy. Wiesz, że bardzo dużo osób w ogóle nie ma domu?". Nie chciałabym zostać na bruku, nie mieć domu i tak dalej, ale jednocześnie naprawdę nie wiemy, co się zdarzy, nie możemy się tak przywiązywać do wszystkiego, co posiadamy. Mówię: „Mamo, przecież i tak umrzesz. Ja umrę, ty umrzesz, wszyscy umrzemy". Ciągle brakuje nam dystansu do tego, co tu i teraz. To właśnie moja mama nauczyła mnie tego, że Pan Bóg to miłość. Czasami sama zapomina o tym, czego uczyła mnie całe życie, teraz ja jako już dorosła kobieta przypominam jej o jej własnych poradach. Pomagamy sobie w wierze. Moja mama jest wspaniałą artystką, która tworzy sztukę i filmy właśnie w imieniu Pana Boga. Jest moją codzienną inspiracją. Nie wiem, czy kiedykolwiek będę w stanie jej dorównać. Myślisz, że ja mam dużo energii, poczekaj, aż poznasz moją mamę. Kiedy się pytam, jak to robi, zawsze odpowiada, że to Jezus, który oddał za nas życie, daje jej siłę do działania. Przy tym pomimo wieku jest tak piękna, bez żadnych operacji plastycznych. Kiedy się pytam, jak to robi i czy odziedziczę to w genach (*śmiech*), mówi, że to miłość do Pana Boga nie daje jej się zestarzeć, bo ma jeszcze dużo dla Niego do zrobienia.

Co jest dla ciebie tu i teraz najważniejsze?

Najważniejsze jest żyć w zgodzie z samym sobą. Budzić się z poczuciem czystości. Móc uczciwie, z czystym sumieniem patrzeć w lustro. Nie dać się zakrzyczeć, nie dać sobie czegoś wmówić. Nie oszukiwać się, nie ulegać głupiej modzie. Łatwo jest siebie oszukać, kiedy naokoło wielu doradców. Wśród aktorów i ogólnie ludzi sztuki panuje, na przykład, takie przekonanie, że możemy wszystko. Nikt nas nie będzie rozliczał. Musimy się tylko otworzyć i pozbawić wstydu, musimy być „odważni". A wiesz, na czym ta niby-odwaga ma polegać? W filmie jest bardzo dużo niepotrzebnej nagości, takiej wulgarnej, przedstawionej bez wrażliwości. Myślisz więc: zagram w tym filmie i trochę się tam rozbiorę, bo przecież to jest właśnie artyzm. Zrobię to, bo tak robią wszyscy. Tylko co z tego, że tak robią wszyscy, skoro jest to niezgodne z moją własną duszą? Ja się nigdy w życiu nie chcę rozbierać do roli. Miałam takie momenty, że pojawiały się propozycje ról wymagających więcej takiej „odwagi". Ale dla mnie to nie jest odwaga. Dla mnie odwagą jest odpowiedzieć na propozycje, które przekraczają granice przyzwoitości: „Nie, to nie jestem ja. Ja tego nie zrobię". Nie chodzi o to, że się wstydzę ciała, bo wiem, że nie mam najgorszego ciała. Jestem tancerką, więc ciało to moje narzędzie pracy i dbam o nie najlepiej, jak umiem. Może też dlatego bardzo szanuję to ciało, bo czuję, że to Pan Bóg mi je dał.

Jak z takim podejściem odnajdujesz się w świecie, gdzie panują zupełnie inne wartości? Los Angeles to raczej świątynia ciała niż ducha.

Wiesz, ja nie jestem jakąś cnotką. Też jestem kobietą i lubię się czuć dobrze: atrakcyjnie i *sexy*, ale w tym wszystkim trzeba zachować

umiar. Musisz żyć w zgodzie z samą sobą. Jeśli kobieta chce się rozebrać i to jej pomoże poczuć się lepiej, to to jest jej wybór. Ja naprawdę wszystko akceptuję, jeśli tylko ktoś nie wchodzi w mój rewir duszy. Bo jeśli tylko ktoś mi zacznie gadać: „Jesteś beznadziejna, bo się nie rozebrałaś, a ja się rozebrałam i było super" – to zaprotestuję. Ja robię to, co uważam za słuszne, ty rób to, co jest zgodne z twoim sumieniem, i szanujmy się nawzajem w swoich wyborach.
Może kiedy będziemy rozmawiać za dziesięć lat, okaże się, że wszystko mi się odmieniło i będę robić same sesje rozbierane, ale dzisiaj mogę ci powiedzieć, że nigdy tego nie zrobię, bo po prostu to nie jestem ja. Ja mam szacunek nie tylko do siebie samej, ale także do swojego męża. Uważam, że to jest *sexy*. Wierność jest *sexy*. Wiara jest *sexy*, bo powoduje, że jesteś taki nie do końca dostępny, bo twoja dusza musi być w połączeniu z twoim ciałem. Tymczasem ludzie często myślą tak: „Tu mam duszę, a tu mam ciało i jedno z drugim nie ma nic wspólnego". Nie, moim zdaniem one są po prostu nierozłączne.

Nie czujesz się ograniczona przez to, że czegoś ci nie wolno, a inni to mogą?

Przecież zawsze masz wolną wolę, nie musisz robić tego czy tamtego. Nikt ci tak naprawdę niczego nie każe. Nie musisz przyjmować komunii, nie musisz zachowywać postu, nie musisz iść na tę modlitwę o szóstej rano, nie musisz odmawiać rozbieranych ról. To jest wybór. Czasami czujesz, że chcesz, bo to jest twoja wiara, ale nigdy nie dlatego, że musisz. To jest właśnie najfajniejsze w Panu Bogu, że On ci daje wolną wolę i możesz robić, co chcesz, w zgodzie z własnym sumieniem.

Co daje ci siłę, aby płynąć pod prąd, kiedy większość ludzi dokoła ciebie płynie dziś z prądem?

Siła płynie z modlitwy. W Los Angeles nie ma, niestety, tylu kościołów, co w Warszawie, ale chodzę do parafii polskiej. Mam tam fajne połączenie z Polską: kościół jest pod wezwaniem Matki Bożej Jasnogórskiej. Tam właśnie brałam ślub. Tam chodzę i tam odnajduję spokój. To jest miejsce mojego detoksu. Czasami, kiedy jestem w wirze wydarzeń i nie wiem, co zrobić, idę tam po radę.

Twój mąż, Amerykanin, z wykształcenia jest aktorem tak jak ty. Czy w małżeństwie wiara pomaga, czy przeszkadza?

Dla mnie związek małżeński nie miałby znaczenia, gdybyśmy nie byli połączeni Duchem Świętym.

Co Duch Święty i sakrament małżeństwa dają realnie na co dzień?

Nadają wartość i siłę naszej miłości. My z mężem jesteśmy młodzi i może dlatego wszyscy na wiadomość o ślubie mówili: „O, wzięli ślub, szaleni. Po co?". My jednak znamy się bardzo długo, sporo razem przeszliśmy i Jack wiedział, że dla mnie ślub kościelny jest jedynym ślubem, jaki mogę wziąć, i że to jest dla mnie ważne. Więc zrobiliśmy to. Pamiętam przygotowania kilka godzin przed mszą. Istne szaleństwo: każdy biega, coś załatwia, a ja sobie siedzę i tak myślę: „Boże, to chodzi przecież o coś innego. Chodzi o to, żeby ten dzień przeżyć z Tobą i żeby to małżeństwo miało sens. Żebym ja mogła naprawdę oddać mężowi w tej relacji część siebie i umiała naprawdę go kochać. Pomóż nam w tym".

Zawsze jesteś taka opanowana? Taki program, na przykład, który prowadzisz, to przecież ogromny stres. Atmosfera jest często jak w ulu.

To prawda, adrenalina jest. Program *You Can Dance – Po prostu tańcz!* to program robiony rzeczywiście z międzynarodowym rozmachem i wiążą się z nim duże oczekiwania. Tu nie ma miękkiej gry. Taki choćby finał programu to moment, którym wszyscy żyją. Dla uczestników to najważniejsza rzecz na całym świecie, liczy się tylko program i ten wieczór, ta chwila. Dlatego przed każdym programem znajduję moment ciszy z Bogiem, w którym Jemu to wszystko oddaję. Nie mówię Mu, że mi na tym nie zależy, ale że to jest tylko program. I przychodzi spokój. Modlitwa daje pokój serca, a nauczyli mnie tego rodzice.

Pamiętam, że kiedy jeszcze byłam w Warszawie w szkole baletowej, w drodze do szkoły codziennie chociaż na minutę wchodziłam do kościoła naprzeciwko Teatru Wielkiego. Klękałam i prosiłam: „Boże, pomóż mi przez to wszystko przejść i daj mi siłę i spokój, żeby nie biec". Ten moment, ta minuta spędzona na kolanach dawała mi siłę na cały dzień. Dalej szłam już z werwą, myśląc: „Czym ja się przejmuję? Wszystko będzie OK. Życie całe będzie w niebiosach, tylko muszę teraz podchodzić do wszystkiego z dobrocią, otwartym sercem, trzeźwością, świadomością, że codzienność to nie wszystko. To, co się dzieje w tej szkole, w tym teatrze, cała moja kariera czy nawet poszukiwanie miłości nie są najważniejsze". Tak mi zostało do dziś. W Nim ładuję akumulatory.

Trzeba pamiętać o dystansie, który tracimy w wielkim mieście. Na świecie wybuchają wojny, dzieją się naprawdę straszne rzeczy. Nie może być najważniejsze to, co ty robisz w danej chwili. Trzeba mieć świadomość, że wszystko może się zdarzyć. Studio telewizyjne mogłoby na przykład wybuchnąć, gdyby zaczęła się wojna z Rosją. Wiesz, trzeba mieć dystans… I to daje mi wiara.

Czyli Bóg daje ci inną perspektywę? Uczy tego dystansu?

Mam swoje słabości jak każdy. Daleko mi do perfekcji i często też zapominam o moim Bogu. Jesteśmy jednak stworzeni do tego, żeby codziennie walczyć o wiarę, o to, by o tym Bogu cały czas pamiętać –

i to jest walka z samym sobą, a tak naprawdę o siebie. Czasem, gdy się na kogoś zezłoszczę, wkurzę, tylko Bóg trzyma mnie jeszcze w ryzach. Dzięki Niemu mówię: „Po co, po co się denerwuję? Przecież tylko dobrem mogę kogoś zainspirować, cokolwiek zrobić. Co zrobię złością? Jaką siłę ma złość? Każdy się potrafi złościć. Bycie dobrym jest trudniejsze niż bycie złym".

Wiele nastolatek jest tobą zafascynowanych, a kto jest twoim autorytetem?

Uwielbiam księdza Jerzego Popiełuszkę, który jest moim wielkim idolem. Podobnie jak on zawsze mam przy sobie różaniec. On nie chciał oddać różańca oprawcom. Kiedy go komuniści wzięli do więzienia i męczyli go, nie chciał im oddać jednej rzeczy, tego różańca właśnie. Powiedział, że z nim umrze. To jest piękne.

Bardzo mnie inspirują księża, którzy całe swoje życie poświęcają dla wiary, ale też dla poszerzania swoich horyzontów. Mnie się to strasznie podoba: erudycja w Kościele katolickim. Miałam ostatnio gościa, księdza z archidiecezji warszawskiej, który jest historykiem sztuki. Przyjechał do Los Angeles na dwa dni. Świetnie się z nim bawiliśmy. Zabraliśmy go z moim mężem do baru. Namówiliśmy go na piwo amerykańskie, dokładnie kalifornijskie. Potem cały dzień z nim chodziłam, pokazywał mi kolejne muzea z innej perspektywy. W takich sytuacjach widzisz człowieka, a nie sutannę. Widzisz człowieka takiego jak ty, który podobnie jak ty kocha sztukę. To mnie bardzo inspiruje. Mam do tego wielki szacunek. Oczywiście, tak jak mówiłam wcześniej, zdarzają się też beznadziejni księża – ale trochę mnie boli, że u nas księża są generalnie przez opinię publiczną trochę sponiewierani, społeczeństwo, zwłaszcza młode, nie okazuje im szacunku. Tak nie powinno być.

Gdzie na co dzień jest Bóg w wielkim mieście? Gdzie Go można spotkać?

Dla mnie On jest wszędzie. Tak jak już mówiłam, uwielbiam kościoły i oczywiście szukam Go tam, ale nie tylko. W Warszawie odnajduję Go w architekturze, w tym, że ktoś wymyślił katedrę, zaprojektował całość, we wszystkich zdobieniach, w każdej pracy, którą ktoś wykonuje na Jego chwałę. Kiedy jestem w Warszawie i idę gdzieś na spotkanie, uwielbiam po drodze usiąść sobie w kościele i pomodlić się. Dla mnie nasze katedry są piękne. Kościół katolicki to jest polskość, to są moje korzenie, moja tożsamość.

W Los Angeles jest mniej kościołów. Tam wszędzie jeżdżę samochodem, więc nie mogę sobie tak przystanąć na chwilę. Dla mnie w Los Angeles Bóg jest w naturze. Ponieważ tyle czasu spędzam w aucie, to kiedy widzę te góry, słońce – wtedy się modlę. Mój mąż się ze mnie śmieje, że dlatego lubię korki w Los Angeles. Tam są korki zawsze i wszędzie, a ja sobie w tym samochodzie siedzę i zamiast się denerwować, gadam wtedy z Bogiem. Widzę góry w oddali, jadę na jakiś casting i myślę sobie, że te góry będą trwać i wyglądać pięknie, czy ja dostanę tę rolę, czy nie. Tak jest dla mnie z Bogiem w wielkim mieście.

Często z mężem chodzimy nad ocean. Patrzę na horyzont, niekończącą się taflę wody – i w tym też jest Bóg. Tego żaden naukowiec nie mógłby zbudować na podstawie jakichś swoich matematycznych rozwiązań. To jest coś większego, coś niesamowitego, piękno i wolność. To jest Ktoś, kogo nie można po prostu ogarnąć umysłem.

Jaki talent dostałaś od Niego, oprócz talentu do tańca i aktorstwa?

Na pewno ten dar, iż łatwo mi przychodzi być radosną osobą. Jestem pozytywna i tak mnie postrzegają ludzie. Właśnie przed chwilą dzwonił do mnie kolega i powiedział, że potrzebuje „zastrzyku Idy”, bo coś mu tam nie wyszło. Ja w takich sytuacjach nic specjalnego nie robię, ale radość to jest mój dar, którym się dzielę. Radość i dystans. Mówię do tego kolegi: „Przestań, wyluzuj! Przecież my wszyscy umrzemy. Wiem, że to straszne, ale tak sobie o tym pomyśl. Czy będziesz prezydentem Polski czy Stanów Zjednoczonych, czy papieżem, i tak wszyscy umrzemy, więc trzeba to życie przeżyć najlepiej, ale to najlepiej inaczej wygląda u każdego".

Dziękuję za rozmowę i inspirację do tego, żeby nie być takim skupionym tylko na sobie. Postaram się zawalczyć o ten dystans i radość, które bardzo w tobie podziwiam.

Ja dziękuję za to, że poprosiłaś mnie o rozmowę o Nim. Nie mogłabym lepiej spędzić tego popołudnia. Jesteś piękną duszą, która ozdabia to miasto, głosząc Jego wiarę. Tak się cieszę, że się poznałyśmy!

Bóg, który wysyła anioły

Niedola nie przystąpi do ciebie,
a cios nie spotka twojego namiotu,
bo swoim aniołom dał rozkaz o tobie,
aby cię strzegli na wszystkich twych drogach.
(Ps 91, 10–11)

To był naprawdę zimny i nieprzyjemny jesienny poniedziałek. Kryzys na każdym polu: osobistym, zawodowym, nawet pogoda była okropna. Miałam już wsiąść w auto i wracać do domu po spotkaniu na Saskiej Kępie, kiedy jakaś uporczywa myśl kazała mi iść na kawę w pewne konkretne miejsce – do naleśnikarni, którą bardzo lubiłam. Poczułam, że po prostu muszę tam pójść, zatopić się w fotelu, wyłączyć telefon i chociaż przez pół godziny odpocząć od wszystkich negatywnych myśli. Doczłapałam więc jakoś w to miejsce, które On wskazał w moich myślach, a tam okazało się, że mój stały fotel jest zajęty. Zrezygnowana usiadłam na niewygodnym krześle, kiedy nieznajoma kobieta siedząca na „moim" fotelu nagle postanowiła zwolnić go dla mnie. Sama to zaproponowała, chociaż nie prosiłam. To była pierwsza pozytywna niespodzianka tego dnia. Może i niewielka, ale sprawiła mi przyjemność. Wskoczyłam szybko w miękki fotel i zatopiłam się w nim, delektując się ciszą i kawą, kiedy ta kobieta zaczepiła mnie, pytając, czy możemy porozmawiać. Nie było to czymś, na co miałabym w tamtej chwili wielką ochotę, ale zgodziłam się, wzdychając w duchu, żeby jak najszybciej skończyła. Ona tymczasem spokojnie, jakbyśmy były co najmniej przyjaciółkami, które nie widziały się od lat, zaczęła mi opowiadać o swoim życiu. Z każdym słowem coraz lepiej rozumiałam, że nie znalazłam się w tym miejscu przypadkiem.

To, o czym rozmawiałyśmy, zostanie na zawsze między nami, bo to jej obiecałam, ale mogę powiedzieć, że w jej historii było odbicie mojego życia, były odpowiedzi na wiele moich wątpliwości, były słowa otuchy i umocnienia, których tego dnia tak bardzo potrzebowałam. Słuchałam tego jak najpiękniejszej muzyki i w moje serce wstępowała nadzieja. Nagle kobieta przeprosiła, że zagaduje, i zaczęła się zbierać do wyjścia. Tymczasem ja czułam się już jak nowo narodzona.

Byłam spokojna, jakby otulona miękkim kocem. Przypomniałam sobie nagle, że od rana nic nie jadłam, wstałam więc, by zamówić jeszcze coś do jedzenia. Kiedy wróciłam na miejsce, jej już nie było. Jakby rozpłynęła się w powietrzu. Zjadłam coś dobrego, rozgrzałam się herbatą, wrócił dobry humor, wiedziałam, że wszystko będzie dobrze. Nie przypuszczałam, że jeszcze tego samego dnia to ja stanę się takim aniołem dla kogoś innego.

Moja anielska misja zaczęła się kilka godzin wcześniej od nieodpartej potrzeby zakupienia chusteczek higienicznych. Niby nic nadzwyczajnego, zwykłe chusteczki. Dziwiło mnie jednak, skąd wziął się mój wewnętrzny przymus, żeby je kupić, skoro nawet nie miałam kataru. Pan Bóg wiedział już wtedy, że będą komuś bardzo potrzebne. Jeździłam z nimi – z całym kartonem chusteczek w przepastnej torbie – cały dzień i całkiem już o nich zapomniałam. Kiedy wieczorem weszłam na chwilę do kościoła Dominikanów na Służewie podziękować za anioła z Saskiej Kępy, z tyłu zobaczyłam płaczącą dziewczynę. Znałam ją. Wiedziałam, że przeżywa trudne chwile. Dzień wcześniej miałyśmy nieprzyjemną wymianę zdań, która nie zakończyła się pokojowo. Teraz znienacka klęczała, załamując ręce, a przed nią widniała dosłownie kałuża łez. Podeszłam do niej nieśmiało, bo nie byłam pewna, czy chce ze mną w ogóle rozmawiać i co jej właściwie mogę powiedzieć, a ona objęła mnie jak dziecko i zaczęła szlochać jeszcze bardziej. Wtedy przypomniałam sobie, co mam w torbie, i ku jej zdziwieniu wyjęłam wielką paczkę chusteczek. Zabrałam ją z tej zimnej posadzki na herbatę z malinami, a ona płakała i wyrzucała z siebie cały smutek. Przeprosiła mnie też za swoje wcześniejsze zachowanie. To był długi wieczór pełen dobrych, oczyszczających łez i wspólnej modlitwy. Siedziałyśmy schowane w kącie Po Prostu Art Bistro na Mokotowie, rozmawiając od serca, a później poszłyśmy do mojego auta i razem pomodliłyśmy się o pomyślny przebieg rozmowy, która miała być decydująca dla jej sprawy. Dziękowałam Tacie za nią i za pokój między nami, prosiłam o dobre rozwiązanie jej sytuacji. Chusteczki bardzo się przydały. Kładłam się do łóżka, uśmiechając się do Taty, nie mogąc uwierzyć w to, jak bardzo On się troszczy.

Następnego dnia okazało się, że ważna rozmowa, którą odbyła tego wieczoru, udała się i cała historia znajdzie swój finał na ślubnym kobiercu. Mam nadzieję, że naprawdę będą żyli długo i szczęśliwie i o to prosiłam podczas mszy ślubnej, która była jak z bajki.

Kiedy podzieliłam się na moim blogu *Bóg w wielkim mieście* przeżyciami tego dnia – spotkaniem z aniołem na Saskiej Kępie i historią z chusteczkami – zaczęłam dostawać maile od osób, które przeżyły podobne momenty. Jedna z dziewczyn napisała tak:

> Sama doświadczyłam kilka razy takich – wydawałoby się – „przypadkowych" sytuacji, spotkań, ale wiem, że nie były przypadkowe. Postanowiłam napisać, ponieważ chcę się podzielić jedną taką historią. Być może ktoś stwierdzi, że to właśnie przypadek, zbieg okoliczności, ale ja wiem swoje. To się po prostu czuje.:) Otóż jakoś ponad rok temu wracałam z domu rodzinnego do siebie (mieszkam w innym mieście) i ta podróż trwała kilka godzin. Wyjątkowo, nie pamiętam już właściwie dlaczego, wzięłam ze sobą bochenek chleba (nigdy wcześniej nie brałam), taki ciepły, prosto z piekarni, chociaż była to niedziela, a ja byłam obładowana bagażem i w sumie nie miałam już na nic miejsca. Gdy dotarłam pod swój blok, było już późno i ciemno, a ulica była pusta. Nie wiadomo skąd i jak pojawił się niepozorny staruszek i zapytał, czy nie mam może czegoś do jedzenia, bo jest głodny. Wyjęłam ten chleb i mu dałam. Nie wiem, kto był bardziej zdziwiony, on czy ja. Nawet w pierwszej chwili nie chciał go przyjąć, taki był zaskoczony. Wcześniej i później spotykałam się z sytuacją, że ktoś

na ulicy prosił o pieniądze czy o coś do jedzenia, ale ta była inna. Nie umiem tego lepiej wytłumaczyć. Ile razy mi się przypomni, zaczynam płakać.

Są takie chwile, w których jedno słowo może naprawdę uratować, dać nadzieję, dodać odwagi, pchnąć do czegoś dobrego. Wszyscy wzajemnie jesteśmy sobie dani. To właśnie jeden z fenomenów Kościoła. Jesteśmy jak powiązani niewidzialną nicią. Doświadczam tego, że w świecie duchowym stanowimy jedną rodzinę, a On codziennie wysyła nas do siebie nawzajem. Potrzebujemy jedni drugich, żeby się wspierać w dobrych chwilach, podnosić i napominać w trudnych. Nie potrzeba do tego aniołów ani cudów. To jest piękno codzienności spędzanej z Nim w wielkim mieście. Chociaż... anioła w takim mieście też można spotkać, codziennie, i codziennie można go przeoczyć. Wszystko jest kwestią wiary i otwartości – lub ich braku.

Wzrusza mnie czułość Boga. Czułość, z jaką wysyła do nas anioły i stawia na naszej drodze ludzi, którzy podnoszą nas na duchu w trudnych chwilach. Mówiąc o aniołach, nie mam na myśli tych z szopki bożonarodzeniowej, ze skrzydłami, białymi włosami i w sukienkach do ziemi. Mówię raczej o tych, którzy są nam dani, żeby nas skierować na właściwą drogę, ostrzec przed czymś, pocieszyć; o natchnieniach, myślach i tym wszystkim, co najczęściej nazywamy intuicją. Weźmy taką sytuację: jadę z rodzicami pierwszego listopada odwiedzić grób dziadków ze strony mamy w Żninie i nagle, nie wiedzieć dlaczego, mówię (krzyczę prawie): „Zwolnij!". Zaskoczony tata hamuje gwałtownie, a wtedy na drogę, niemal tuż pod maskę naszego samochodu, wychodzi stadko dzików. „Skąd wiedziałaś?" – pyta tata, patrząc na mnie okrągłymi oczami, a ja milczę zaskoczona, bo sama nie wiem. Myślę, że to mój Anioł Stróż nas ocalił.

O aniołach w naszym życiu lubi przypominać papież Franciszek. Na przykład w kazaniu na wspomnienie Świętych Aniołów Stróżów, które przypada w Kościele co roku drugiego października, mówił:

> Jest on zawsze z nami! Jest to obecność rzeczywista. Jest jakby ambasadorem Boga w naszym życiu. A Pan nam radzi: „Szanuj jego obecność!". Gdy my – na przykład – dopuszczamy się czegoś złego i sądzimy, że jesteśmy sami, [mylimy się:] on jest obecny. Trzeba mieć szacunek dla jego obecności. Trzeba słuchać jego głosu, bo on nam radzi. Kiedy słyszysz to natchnienie: „Uczyń to... To jest lepsze... Tego nie wolno czynić", usłuchaj! Nie buntuj się wobec niego!

Siostra Małgorzata Chmielewska podzieliła się ze mną kiedyś przekonaniem, że Bóg każdego dnia wysyła do nas swojego proroka, czyli kogoś, kto objawia nam Jego wolę. Tym prorokiem może być żebrak na ulicy, osoba spotkana w metrze, taksówkarz, ksiądz, koleżanka, może nim być każdy. Ważne, żeby mieć uszy i oczy otwarte, żeby go nie przegapić. Codziennie Bóg wysyła kogoś z wiadomością przeznaczoną specjalnie dla nas!

Od kiedy zdecydowałam się każdego ranka prosić Go o prowadzenie, On zaczął mówić do mnie nie tylko przez swoje słowo zawarte w Piśmie Świętym czy przez wydarzenia, ale też przez niezwykłych ludzi, przewodników, proroków, których stawia mi na drodze. Wierzę też, że zaczął posyłać swoje anioły. Albo raczej robił to wszystko od zawsze, tylko ja dopiero od niedawna to zauważam.

„Chrześcijaństwo jest religią współdziałania Boga z człowiekiem" – mówił święty Jan Paweł II. Zaczęłam próbować, co w praktyce oznacza, że wiara jest współdziałaniem Boga ze mną i mojego z Bogiem. Codziennie uczę się robić wspólnie z Nim kolejne małe i nieporadne kroczki. Zaczyna się od pierwszego gestu po przebudzeniu. Kiedyś tym gestem było spojrzenie na zegarek. Teraz jest nim znak krzyża i słowo: dziękuję. Najpierw dziękuję, a później proszę, żeby ten jeden dzień przeżyć dobrze, mądrze, żeby go nie zmarnować. Dopiero wtedy mam odwagę wchodzić w nowy dzień.

Dzięki tym kilku minutom modlitwy dzień staje się zupełnie inny. Nie jestem w nim sama, bo jest przy mnie On i On otwiera moje oczy, zmienia sposób patrzenia na świat. Jak mawia moja przyjaciółka Kinga Baranowska, himalaistka, która zdobyła dziewięć ośmiotysięczników: „Obserwując wschód słońca w górach, jedna osoba wzruszy się pięknym widokiem i powie, że to jedna z najpiękniejszych chwil w jej życiu, a inna zauważy jedynie kupę kamieni". Myślę, że podobnie jest z wiarą. Dzięki niej patrzę na świat z innej perspektywy, z większym pokojem w sercu i ufnością: uczę się odpuszczać sobie i innym ludziom, szukać we wszystkim boskiego wymiaru, dostrzegać dookoła coś więcej niż kupę kamieni. Od kiedy zaczęłam szukać Boga, częściej widzę w ludziach i otaczającym mnie świecie rzeczywistość nieba, czyli piękno, dobro i miłość w drobnych gestach i rzeczach. To są małe cuda codzienności – chociaż każdego dnia może się nam zdarzyć także całkiem spory cud.

Wcześniej nie traktowałam zbyt poważnie historii o cudach, uzdrowieniach i aniołach. Trąciło mi to wszystko średniowieczem. Pamiętam, jak prowadziłam w Telewizji Puls cykl wywiadów z artystami *Puls kultury*. Artyści opowiadali mi w nich o swoich ważnych przeżyciach i inspiracjach. Do jednego z odcinków wydawca zaprosił Zbigniewa Książka, autora tekstu oratorium leśniowskiego *Siedem pieśni Marii*. Pan Zbigniew ze łzami wzruszenia w oczach opowiedział mi niesamowitą historię cudu uzdrowienia syna jego kolegi. W sylwestrową noc zadzwonił do kolegi z życzeniami i dowiedział się, że jest on w klinice, gdzie jego osiemnastoletni syn leży na intensywnej terapii w stanie

krytycznym. Poeta zadzwonił do Leśniowa i poprosił ojców paulinów, opiekunów tamtejszego sanktuarium, o modlitwę. W nocy, kiedy lekarze byli już bezradni, ojcowie odprawili nabożeństwo do Matki Bożej Leśniowskiej. Stan chłopaka zaczął się poprawiać. Lekarze przyznali, że to cud. Pan Zbigniew w dowód wdzięczności obiecał Matce Bożej napisanie oratorium.

Słuchałam tej historii z szacunkiem i dużym zainteresowaniem, bo rzeczywiście była niezwykła i opowiadana z błyskiem w oku, ale kiedy po nagraniu pan Zbigniew zapytał mnie, co o niej myślę, dyplomatycznie zmieniłam temat i uśmiechnęłam się najmilej, jak mogłam, żeby nie wyczytał z mojej twarzy wątpliwości, które właśnie przechodziły mi przez głowę. Niezręczna wymiana spojrzeń, z której – o czym jestem przekonana – wszystko zrozumiał, na szczęście nie trwała zbyt długo. Zresztą jako królowa życia miałam wtedy ciekawsze zajęcia niż zastanawianie się nad podobnymi kwestiami. Cuda czy spotkania z wysłannikami Boga wydawały mi się czymś, co mogło się wydarzyć krakowskiemu artyście w sylwestrową noc, kiedy trzeba się rozgrzewać mocną wkładką do herbaty, ale raczej nie mnie w wielkim mieście. Wtedy, patrząc na wschód słońca w górach, zobaczyłabym raczej kupę kamieni, ładnie oświetloną, ale jednak kupę kamieni – nic poza tym.

Dosłownie kilka dni po tym wywiadzie mnie także zdarzyła się trudna do zrozumienia historia. Mam na myśli rozmowę z panią Aliną Petrową-Wasilewicz, jedną z najbardziej doświadczonych osób w mojej redakcji, jeśli chodzi o staż pracy. Wiedziałam, że jest autorką dość osobliwych dla mnie książek z ojcem Joachimem Badenim, dominikaninem znanym ze swoich mistycznych przeżyć. Wydawało mi się to trochę egzotyczne, chociaż niewątpliwie ciekawe. Pamiętam, że tego dnia spieszyłam się bardzo i chciałam już wyjść z redakcji, kiedy pani Alina poprosiła mnie o chwilę rozmowy. Powiedziała, że kiedy na mnie patrzy, widzi we mnie światło i że się za mnie modli. Wyglądała na wzruszoną, a ja nic a nic nie rozumiałam z tej rozmowy, podziękowałam jednak grzecznie i pognałam do swoich spraw. Trochę mnie to jednak wzruszyło. Było to niewiele przed pamiętnym dla mnie Wielkim Postem, kiedy to Pan Bóg tak konkretnie odpowiedział na moje modlitwy w SPA. Przypomniałam sobie wówczas o pani Alinie i jej modlitwie za mnie, o tych jej słowach o świetle, i pomyślałam o niej z wdzięcznością. Kto wie, może to modlitwy tej kobiety, której istnienie ledwo zauważałam, pociągnęły Tatę za rękaw na tyle mocno, że postanowił mi to światło pokazać w moim życiu? A później to ja zapragnęłam opowiedzieć o tym świetle innym poprzez mój blog. A może to moi dziadkowie w niebie modlą się za mnie, także ci, których nigdy nie poznałam – rodzice mamy? Jak jest, tego dowiem się pewnie po tamtej stronie, ale dziś, kiedy spotykam kogoś tak smutnego, jak byłam ja w tamtych czasach, staram się zmówić za niego chociażby jedno *Zdrowaś, Mario*. Jesteśmy sobie nawzajem potrzebni – właśnie tacy, jacy jesteśmy – i zawsze mamy na siebie wpływ. Możemy kogoś podnieść na duchu, chociażby uśmiechem albo dobrym słowem, albo pchnąć w ciemny dół. Ksiądz Jan Twardowski w jednym z moich ulubionych wierszy, zatytułowanym *Sprawiedliwość*, pisze tak:

Gdyby wszyscy mieli po cztery jabłka
gdyby wszyscy byli silni jak konie
gdyby wszyscy byli jednakowo bezbronni w miłości
gdyby każdy miał to samo
nikt nikomu nie byłby potrzebny.

Dziękuję Ci że sprawiedliwość Twoja jest nierównością
to co mam i to czego nie mam
nawet to czego nie mam komu dać
zawsze jest komuś potrzebne.

To niesamowite, jak spotkania i słowa, których w danej chwili nie rozumiemy, po czasie układają się jak puzzle i wszystkie elementy idealnie do siebie pasują.

Inne spotkanie z wysłanym do mnie specjalnie prorokiem – a raczej prorokinią, bo to również była kobieta – zdarzyło mi się w najbardziej hipsterskim miejscu Warszawy, czyli przy placu Zbawiciela. Było to na samym początku mojego „chodzenia z Bogiem". Moi serdeczni znajomi Gosia i Tomek zaprosili mnie na otwarcie francuskiej naleśnikarni. Tomek jest zapalonym graczem w polo i właśnie jego koleżanka z klubu polo była właścicielką tego miejsca, zjawiło się więc wielu miłośników tego sportu. Wieczór był ciepły i miły, pogoda dopisywała, szampan lał się strumieniami, towarzystwo było w wyśmienitych humorach. Wtedy zobaczyłam po raz pierwszy Kasię. Śliczna, uśmiechnięta, długowłosa blondynka w eleganckich sandałkach wyglądała, jakby całymi dniami zajmowała się rozdawaniem uśmiechów i sączeniem szampana. Biło od niej jakieś światło, ciepło, coś, co sprawiało, że chciałam z nią porozmawiać. Do głowy by mi nie przyszło, że usłyszę od niej piękne słowa o Bogu i o tym, jak Jego działanie zmienia ludzkie serce. A już na pewno nie podejrzewałam, że te słowa, które wtedy brzmiały jak opowieść o kimś zupełnie innym, ale na pewno nie o mnie, spełnią się właśnie w moim życiu.

Kasia okazała się bliską koleżanką Gosi i Tomka. Rozmowa z nią i jej mężem była tak wciągająca, że chociaż impreza dawno się skończyła, my nie mogliśmy się rozstać, niemal jakbyśmy wszyscy byli starymi znajomymi. Zaczęliśmy się częściej spotykać na pysznych kolacjach z dobrym winem i długimi rozmowami. Nie pamiętam dokładnie, jak i kiedy się to stało, że nasza rozmowa z Kasią zeszła na temat Boga. Potem wiele razy spotykałyśmy się, żeby ten temat kontynuować.

Pamiętam, że wiadomość, iż Kasia jest wierząca, zaskoczyła mnie. Powiedziała, że pyta Boga w modlitwie o różne rzeczy, a On jej odpowiada. Wstyd się przyznać, ale nie spodziewałam się po tak eleganckiej dziewczynie tego, że jest osobą żywej wiary. Po prostu oceniłam ją po wyglądzie jako kogoś, kto ma łatwe, beztroskie i wygodne życie, z pewnością pozbawione warstwy duchowej. Kiedy wyznałam jej, że ja także chciałabym w Niego tak na serio uwierzyć, że próbuję i uczę się tego, opowiedziała mi o swojej drodze z Nim, a ja słuchałam jak oczarowana.

Wtedy jeszcze prawie z nikim nie rozmawiałam o mojej tęsknocie za odnalezieniem sensu, spokoju, Boga, o mojej wierze. Trochę się wstydziłam, trochę sama nie wiedziałam, co o tym wszystkim myśleć, a trochę walczyłam z Panem Bogiem, próbując zanegować i racjonalnie wytłumaczyć każdy znak od Niego. Poza tym w moim środowisku nie było wiele wierzących osób, a przynajmniej tak mi się wydawało. Ten temat najczęściej budził kpiny, śmiech, prowokował teksty w stylu: „Wierzę w Boga, ale nie potrzebuję do tego pośredników" i tym podobne mądrości, więc milczałam jak zaklęta, bojąc się narazić na takie reakcje.

W osobie Kasi Pan Bóg postawił mi na drodze kogoś, przed kim w końcu mogłam wylać swoje serce, wszystkie pragnienia, przeczucia, tęsknoty i obawy. Słuchała mnie z uwagą, a na koniec powiedziała słowa, których nigdy nie zapomnę:

> Myślę, że z wiarą jest tak, że na początku idziesz przez piękny, zaczarowany ogród, ale masz przewiązane oczy. Domyślasz się jedynie kolorów kwiatów i ich kształtów, całego tego przepychu, czujesz ich zapach, coraz intensywniejszy, ale jeszcze nie możesz ich zobaczyć. Idziesz po omacku, ocierając się o delikatne płatki. Kiedyś jednak przyjdzie czas, kiedy On odsłoni przed Tobą całe to piękno i zobaczysz je wyraźnie.

Pamiętam, że w oczach stanęły mi łzy wzruszenia, tak bardzo zapragnęłam zobaczyć ten zaczarowany ogród. I tak się stało. Kiedy tylko przestaję się skupiać wyłącznie na sobie i swoim sposobie patrzenia, Pan Bóg codziennie powoli odsłania przede mną całe to piękno, którego dotąd jakoś nie widziałam. W najpiękniejszych chwilach wracają do mnie tamte słowa Kasi.

Pan Bóg odsłania przede mną piękno świata, innych ludzi i moje własne. Uczy prawdziwej miłości, która nie ma nic wspólnego z tanimi miłostkami z serialu *Seks w wielkim mieście*. Z Nim dorastam do bycia lepszym człowiekiem, chociaż codziennie jeszcze zdarza mi się przynajmniej kilka takich chwil, kiedy chcę Mu udowodnić, że sama potrafię znaleźć w tym ogrodzie najsmaczniejsze owoce, że sama wiem, co będzie dla mnie lepsze. To słowo – „lepsze" – jest bardzo znamienne. W wielkim mieście „dobre" już nie wystarcza, zawsze trzeba mieć wszystko „lepsze". Kiedyś ciągle byłam głodna nowych wrażeń, chciałam mieć więcej emocji, więcej miłości, więcej sukcesu, byle głośniej, szybciej i mocniej. Dopiero z Nim uczę się stopniowo doceniać to, co „dobre", zwyczajne: szczerą rozmowę, zwykły uścisk dłoni. Dopiero teraz uczę się iść wolniej, przeżywać wszystko bardziej świadomie, spoglądać szerzej, jakby ktoś rzeczywiście zdjął mi opaskę z oczu.

Przeczytałam kiedyś, że Jego miłosierdzie to dostrzeganie w każdej naszej brzydocie piękna. Takiego spojrzenia uczy mnie Pan Bóg w wielkim mieście, które stało się wielkim zaczarowanym ogrodem, pełnym kwiatów, miłości, radosnych i soczystych kolorów wiosny.

Bóg, który się uśmiecha

Agnieszka Cegielska

prezenterka telewizyjna (Warszawa)

Z Agnieszką Cegielską, prezenterką TVN, umówiłam się w kawiarni Niezłe Ziółko w Warszawie. Miejsce wybrałam ze względu na zainteresowania Agnieszki. Wiem, że jest wielką zwolenniczką zdrowego, zgodnego z naturą stylu życia. Jak mało kto zna się na ziołach i zasadach zdrowego odżywiania. Agnieszka zaskoczyła mnie, wręczając mi na powitanie bukiet konwalii, które kupiła od staruszki na ulicy.

KASIA: Uwielbiam konwalie, to chyba moje ulubione kwiaty. Zaskoczyłaś mnie, dziękuję!

AGNIESZKA: Zaprosiłaś mnie, a to bardzo miły gest, więc też chciałam Ci coś dać – przyniosłam więc dar od Pana Boga, jakim są kwiaty.

Wzruszyła mnie historia o staruszce na ulicy, od której kupiłaś cały pęk konwalii, żeby nie musiała stać w deszczu. Czy zawsze jesteś tak wrażliwa na drugiego człowieka?

Zarówno moi dziadkowie, którzy mnie wychowywali, jak i mama sprawili, że jestem wyczulona na los słabszych, a zwłaszcza ludzi starszych. Oni mają w sobie coś wyjątkowego. Kiedy na nich patrzysz, myślisz sobie: „Tak, ci ludzie mają mądrość życiową", a chyba nie ma nic cenniejszego i piękniejszego od tego rodzaju daru. Żaden klejnot ani luksusowe auto, ani elegancka willa, ani nie wiadomo jaki strój nie da ci tego, co może dać taka mądrość. Ona kryje się w twoich zmarszczkach od uśmiechania się, we wszystkim, co masz wypisane na twarzy, co przeżyłaś... Naprawdę uważam, że życie jest warte świadomego przeżycia, ze wszystkimi swoimi momentami i emocjami, także tymi negatywnymi, które są w nie wpisane po to, abyśmy mogli się rozwijać. Jeśli spotka mnie coś smutnego czy trudnego, to nie skupiam się na tym, żeby tkwić w wywołanych przez to emocjach, tylko siadam i zastanawiam się: czego ma mnie ta sytuacja nauczyć? Zawsze zadaję sobie to samo pytanie i poświęcam czas na próby znalezienia na nie odpowiedzi. Kiedy już ją odnajdę – jest mi łatwiej zaakceptować to, co się stało. Wtedy pozbywam się tych trudnych emocji. Odbieram lekcję i idę dalej.

Skąd u ciebie taka mądrość i dojrzałość w traktowaniu niepowodzeń? Czy wiara ma z tym coś wspólnego?

Dla mnie życie to jest ciągły rozwój, dokonujący się każdego dnia, przy każdym spotkaniu z drugim człowiekiem, każdym zdarzeniu. Jestem otwarta na zmiany, na naukę. Duchowość to dla mnie po prostu droga do stawania się lepszym człowiekiem. Tak pojmuję wiarę. Moi rodzice bardzo intensywnie pracowali, więc z siostrą spędziłyśmy dzieciństwo u dziadków w Malborku, w ogrodzie na skarpie nad Nogatem. Często wracam do tego czasu i tych beztroskich chwil. Zapamiętałam z nich wolność i piękno natury. Miłość do natury, ogrodu i ziół oraz przekonanie, że natura najlepiej leczy, również zostały mi z dawnych lat. To były czasy, kiedy na przeziębienie babcia robiła nam kanapkę z czosnkiem, kazała pić szklankę mleka z miodem albo stawiała bańki. Nasze dzieciństwo nie odbyło się bez chorób, na przykład grypy, ale jednak panaceum na te wszystkie dziecięce przeziębienia babcia znajdowała w ogrodzie. Innej możliwości nie było. Dziś od razu biegniemy do apteki.

Dziś chyba na wszystko chcemy szybko dostać tabletkę. Sama się na tym łapię.

Przez każdą chorobę, podobnie jak przez każdą inną trudność, próbujemy jak najszybciej przebiec, nie szukamy tak naprawdę jej przyczyny, nie zastanawiamy się, czego jest sygnałem. Tak jak powiedziałaś, na wszystko mamy tabletkę. Często traktujemy chorobę jak wroga, coś złego. Tymczasem jeżeli chorujemy, to ta choroba nie jest naszym wrogiem. Jest przyjacielem, który się nami opiekuje i właśnie daje nam znać, żebyśmy się zatrzymali, pomyśleli o tym, co się dzieje. Grypa, na przykład, to często wołanie organizmu o odpoczynek.

Może źle się odżywiałaś, może żyłaś w zbyt wielkim stresie, może nie było w twoim życiu równowagi? W takich sytuacjach pojawia się choroba. Przyczyną większości chorób jest przecież stres lub zła dieta. Próba zlekceważenia tych sygnałów jest trochę nie *fair* wobec naszego ciała, które jest świątynią, bo w nim mieszka dusza.
Dużo czasu spędziłam za granicą, w tym dwa lata w Azji, która mnie nauczyła holistycznego podejścia do życia. Mam do niego ogromny szacunek, wierzę, że jesteśmy całością. Stąd też moja decyzja o wyborze studiów podyplomowych, których jestem absolwentką: *coaching* zdrowia i zdrowego stylu życia z rozszerzonymi zagadnieniami dotyczącymi żywienia.

Nie lubimy bólu, nie lubimy starości, wygładzamy zmarszczki. Jak ty podchodzisz do współczesnego perfekcjonizmu, do tej mody na bycie idealnym – na przykład w zakresie wyglądu?

Moim zdaniem takie podejście to oszukiwanie samego siebie, ale to jest moje zdanie, którego nie chcę nikomu narzucać. Mogę się nim jedynie podzielić. Nie chcę niczyjego życia oceniać, wolę doceniać. Każdy ma swoją drogę do przejścia. Nie powiem pani, która chce sobie wstrzyknąć jad kiełbasiany, żeby tego nie robiła, bo nie chciałabym, żeby ta pani mówiła mi: „Uważam, że powinnaś to zrobić, bo botoks pomaga na zmarszczki". Lubię swoje zmarszczki. To są moje przeżycia wymalowane na twarzy. Uwielbiam zmarszczki na twarzach mężczyzn, te od uśmiechu. Zawsze powtarzam, że to są najseksowniejsze zmarszczki, bo mężczyzna, który ma poczucie humoru, jest po prostu najfajniejszym, jakiego można spotkać i iść z nim przez życie. Z ludźmi pogodnymi i radosnymi zawsze lepiej się żyje. Jeżeli podejmujemy jakąś decyzję, to jest to nasza decyzja i to my ponosimy jej konsekwencje. Bardzo nie lubię, kiedy o życiu kobiet chcą decydować mężczyźni. Ani ci związani z polityką, ani ci związani z Kościołem. Nie mogę się na to zgodzić.

Wyznaję zasadę: jeżeli chcesz kogoś przekonać do swojej racji, nie próbuj tego robić siłą, zrób to miłością. A ja często nie czuję u osób, które tak głośno wykrzykują swoje racje dotyczące praw kobiet, żeby te kobiety otaczały miłością. Chciałabym widzieć dialog miłości, a nie agresji.

Kto cię wychowywał w takiej pięknej, pełnej szacunku wierze?

Zdecydowanie to dziadkowie dali mi takie podstawy wiary. Później śpiewałam też w chórze kościelnym, jeździłam na rekolekcje, przed maturą pojechałam na pielgrzymkę do Częstochowy. Ten czas wspominam fantastycznie. Dziś jestem kilkanaście lat w małżeństwie, zostałam mamą Frania, jestem starsza, więc więcej rzeczy widzę i rozumiem i trudno mi się z niektórymi sytuacjami pogodzić. Modlitwa i kontakt z Bogiem są dla mnie oczywiście ważne. Jedyne, czego bym pragnęła, to żeby w kościele przy ołtarzu stawali księża z powołania. Aby byli apostołami miłości, pojednania, dialogu.

Czym jest dla ciebie modlitwa?

Najpiękniejszą modlitwą i medytacją jest dla mnie słuchanie ciszy. Moja modlitwa to wsłuchiwanie się w siebie, takie pobycie z Bogiem i z samą sobą. Nie ukrywam, że najłatwiej jest mi modlić się, medytując w ciszy. Codziennie jesteśmy otoczeni licznymi bodźcami, nawet tu, kiedy rozmawiamy, trudno nam się skupić, bo w tym wielkim mieście niełatwo o ciszę. Jeśli idę gdzieś z intencją pomodlenia się i mam do wyboru duże, hałaśliwe skupisko ludzi albo ustronne, ciche miejsce, to zawsze wybiorę ciszę. Są ludzie, którzy odreagowują stresy, idąc na siłownię, i są tacy, którzy medytują w ciszy – i ja należę do tych drugich. Chociaż rozumiem też i szanuję potrzebę wspólnej modlitwy w kościele. W grupie wyzwala się inna energia i to też jest piękne. Mnie jednak modlitwa lepiej wychodzi w ciszy, w pustej świątyni.

O co najczęściej się modlisz?

Rano proszę o kolejny dobry dzień, żeby wszystko się dobrze ułożyło i żebyśmy spotkali na swojej drodze dobrych ludzi, a wieczorem dziękuję. Nawet dziś rano, wychodząc z domu, cieszyłam się i mówiłam do mojego męża, że to będzie na pewno cudowny dzień, bo mam tyle fantastycznych spotkań od samego rana i spotkam wielu cudownych ludzi. On spojrzał na mnie rozbawiony i zażartował, że to dlatego, że mam wolny piątek, jestem taka radosna. Ale ja naprawdę za każdym razem, myśląc o dzisiejszym dniu, zaplanowanych spotkaniach z Tobą i innymi ludźmi, uśmiechałam się, a potem jeszcze o tym mówiłam. Rzadko się zdarza, że od rana do wieczora masz spotkania z osobami, z którymi możesz porozmawiać na tak ważne dla ciebie tematy, wiedząc przy tym, że dla nich też są ważne. Wieczorem zawsze dziękuję, bo uważam, że obok miłości wdzięczność jest najpiękniejszym uczuciem.

Za co jesteś wdzięczna najczęściej?

Za każdy dzień przeżyty w zdrowiu, spokoju i miłości z najbliższymi, bo tak naprawdę każdy z nas najbardziej pragnie kochać i być kochanym. To miłość i spokój dają nam największą siłę...

Wspomniałaś, że twoje ciało jest świątynią duszy. Jak o tę świątynię dbasz?

Ciało jest nam dane tylko na jakiś czas. Co mogę zrobić, to dbać o nie jak najpiękniej, środkami naturalnymi, nie chemicznymi. W XXI wieku to nie jest łatwe, ale jest możliwe. O duszę też dbam, chociaż zupełnie inaczej. Dbam o nią na przykład w ten sposób, że staram się zawsze przekierowywać swoje myśli w pozytywną stronę, transformować je w coś dobrego. Nawet jeżeli odczuwamy lęk, pamiętajmy, że ma on również pozytywne działanie – nie skoczymy na przykład z dziesiątego piętra, bo będziemy się tego bać. Pamiętajmy jednak, że lęk jest tylko i wyłącznie wytworem naszej psychiki. Jeśli niepotrzebnie i bezsensownie pojawia się coś, co ma znamiona lęku, to ja zaraz myślę o czymś pozytywnym. Zwyczajnie zamieniam te szufladki w głowie.

Jaki fragment Pisma Świętego jest dla ciebie najważniejszy?

„A Słowo stało się ciałem i zamieszkało między nami". Wyznaję zasadę: jeśli masz powiedzieć o drugim człowieku coś złego, zastanów się dwa razy; jeśli chcesz powiedzieć coś dobrego, to możesz to nawet wykrzyczeć tak, aby usłyszał cały świat. Staram się zawsze pamiętać, że zarówno nasze myśli, jak i słowa mają wielką siłę...

Dlaczego te słowa są dla ciebie takie ważne?

Bo mają energię, moc sprawczą. Jedzenie jest energią i słowa są energią. Najlepiej to obrazuje sytuacja, kiedy spotykasz w swoim życiu ludzi, na których samo wspomnienie się uśmiechasz, z którymi możesz spędzać czas i wiesz, że godzina wam nie wystarczy. Po takim spotkaniu masz wrażenie, że fruniesz, ta dobra energia jakby dodawała ci skrzydeł. Idziesz i się uśmiechasz. Bywają też ludzie, nawet przypadkowo spotkani, którzy potrafią tę energię nam odebrać. Po takim spotkaniu czujemy się zmęczeni.

Jak reagujesz na negatywne słowa pod twoim adresem, kiedy ktoś, na przykład, jest dla ciebie niemiły w urzędzie albo nieuprzejmie się do ciebie odnosi w pracy – o ile miewasz takie sytuacje?

Na co dzień nie spotykam się z wieloma takimi sytuacjami, ale gdy zaglądniesz do internetu, to nawet pod adresem świętego Jana Pawła II znajdziesz bardzo nieprzyjemne komentarze. W świecie wirtualnym jest sporo osób mających dużą potrzebę wyrażania swoich złych opinii. Ale zawsze sobie myślę, że może byli niekochani albo mieli inne trudne przeżycia. Ciężko jednak rozmawiać z kimś, kto nie patrzy ci w oczy, bo tak naprawdę nie wiesz, kto tam stoi po drugiej stronie.

W zeszłym tygodniu miałam taką sytuację na parkingu. Pan ochroniarz ewidentnie miał zły dzień i nie chciał mnie wpuścić na parking, a ja się spieszyłam na spotkanie i prosiłam najgoręcej, jak mogłam, żeby mnie wpuścił. Na parkingu były wolne miejsca, chciałam wjechać i uczciwie zapłacić, ale widać było, że pan miał potrzebę uwolnienia swoich negatywnych emocji. Ostatecznie mnie wpuścił, ale czułam już złość. Możemy dawać sobie prawo do takiej zdrowej złości. Pomyślałam, że nie zasłużyłam sobie na takie traktowanie, przecież tylko próbowałam wjechać na parking. Wracając po spotkaniu, uświadomiłam sobie, że muszę się z nim spotkać jeszcze raz, twarzą w twarz, bo przecież muszę mu zapłacić. Zastanawiałam się, co mogę zrobić z moimi emocjami i jak mogę je przemienić, żeby nam obojgu zrobiło się przyjemniej. Podeszłam do tej budki z biletem w dłoni i uśmiechnęłam się od ucha do ucha, a pan ochroniarz zaczął mi się przyglądać mniej więcej tak, jak czasami na filmach ludzie przyglądają się kosmitom. Popatrzył, popatrzył i w pewnym momencie też się delikatnie uśmiechnął, a ja mówię na to: „Matko Boska", i chyba wszystkich świętych wezwałam. On nieco przestraszony spytał: „Co się stało?", a ja na to: „Ależ pan pięknie wygląda, kiedy się pan uśmiecha!". Ucieszył się, uśmiechnął się do mnie szerzej i mówi: „Pani też". A ja mu na to: „Każdy wygląda pięknie, kiedy się uśmiecha. To jest najpiękniejszy makijaż na świecie!". Kolega tego pana, który przyszedł na zmianę, dodał jeszcze: „Ale ty masz szczęście, że ta pani ci coś takiego miłego powiedziała!". Pomyślałam, że to żywy dowód na to, iż można pojawiające się złe emocje przekierować w dobrą stronę. Rozstaliśmy się w radości, z uśmiechem na ustach, życząc sobie nawzajem miłego dnia. Całe zło się rozmyło, rozpuściło w eterze.

Nie wiem, co się tego dnia wydarzyło w jego życiu: może nie lubi tej pracy, a może coś złego się dzieje w jego domu. Coś się stało, skoro wysyła ludziom takie negatywne emocje. Pomyślałam sobie, że tym, co mogę dla niego zrobić, jest ofiarowanie mu dobrych emocji, z którymi oboje poczujemy się lepiej. Warto więc ugryźć się w język, zanim odpowiemy zaczepką na zaczepkę. Dobro jest fajniejsze.

Rozmarzyłam się. Świat byłby piękniejszy, gdybyśmy tak umieli wszyscy... Tylko skąd brać siłę do takiego postępowania, kiedy przydarza się nam taka sytuacja, a pierwszy odruch jest inny niż uśmiech?

Rozpocznijmy od siebie. Bądź zmianą, którą sama chcesz widzieć w świecie. Nie oczekuj tej zmiany od świata. Pierwsza daj uśmiech – i zobaczysz, co się będzie działo. Zobacz, jak się zmieni twoje otoczenie. Być może trzy osoby nie zareagują, a dopiero czwarta odda ci ten uśmiech. Ktoś kiedyś powiedział: „Jeśli masz zrobić w życiu coś wartościowego, żeby pomóc zmienić myślenie czy postępowanie chociaż jednej osobie, to naprawdę warto to zrobić".

Warto. Tylko trzeba też chyba przy tym dbać o swoje granice.

Granice zawsze trzeba stawiać. Ja swoich granic bardzo pilnuję. Nie mogę wszystkim pomóc, nie mogę wszystkich obdarzyć uśmiechem, nie mogę oszukiwać samej siebie, że moje baterie działają wyłącznie na słońce. Ja też potrzebuję ładowania moich baterii w kontakcie z dobrymi ludźmi, z rodziną i z naturą. Jeśli nie zadbam o siebie, nie będę miała czego z siebie dać. Moja rodzina to moja siła, czuję za to ogromną wdzięczność i dzięki temu mogę się tą siłą dzielić.
Jeżeli pomagam na przykład fundacji Szkoła Otwartych Serc z mojego rodzinnego Malborka, którą się opiekuję, to w ten sposób wyrażam moją wdzięczność za szczęśliwą rodzinę, którą mam. Fundacja ta opiekuje się niepełnosprawnymi dziećmi. Inaczej wygląda sytuacja takich dzieci w dużych miastach, a inaczej wyglądałaby – bez pomocy fundacji – w takim mieście jak Malbork, gdzie często mamy rezygnują z pracy, żeby się nimi opiekować. Wszystkie mamy, które

mają nawet zdrowe dziecko, wiedzą, ile czasu zabiera jego wychowanie. Staram się zawsze pamiętać o słowach lekarza, który poradził mi po odebraniu porodu mojego synka: „Niezależnie od tego, jak mocno pokocha pani swoje dziecko, proszę pamiętać, żeby dwie godziny dziennie spędzać poza domem i zrobić wtedy coś dla siebie, bo inaczej pani zwariuje. Jeśli będzie pani wychodziła na te dwie godziny, to będzie pani lepszą mamą, lepszą żoną i lepiej pani będzie traktować samą siebie". Taka „higiena pracy" i umiejętność stawiania granic przez matki są bardzo potrzebne, ale w przypadku dzieci niepełnosprawnych jest to szczególnie trudne.

Twoja wrażliwość na potrzeby osób niepełnosprawnych jest nieprzypadkowa. Dlaczego ten temat jest ci tak bliski?

Moja mama jest osobą niepełnosprawną. Spędziłam z nią wiele czasu w szpitalach i na rehabilitacji, więc znam te problemy. Niepełnosprawność dzieci jest zaś tematem, który szczególnie przykuwa moją uwagę. Zawsze powtarzam, że tyle w życiu mamy, ile z siebie damy.

Czy takie sytuacje jak niepełnosprawność twojej mamy albo dzieci z waszej fundacji nie budzą w tobie buntu wobec Boga?

Myślę, że każde cierpienie i każdą śmierć jest trudno przyjąć, a jeszcze trudniej wytłumaczyć. Pytanie o sens cierpienia niezawinionego – a takim jest cierpienie dziecka – towarzyszy ludziom od zawsze. Ale wracając do tego, od czego zaczęłyśmy naszą rozmowę: każdą sytuację w życiu traktuję jak lekcję, podczas której mam się czegoś cennego nauczyć. Wszystko się dzieje po coś, a jakie my nauki z tego wyciągniemy, to zależy od nas. Rozumiem, że ludzie czują w takich momentach ból i bezradność. Obserwuję takie reakcje rodziców w naszej fundacji i szczerze im współczuję. Z jakiegoś powodu częściej to mężczyźni nie wytrzymują w sytuacji, kiedy mają niepełnosprawne dziecko, i odchodzą, zakładając inne rodziny. Matka raczej tego nie zrobi. Byłabym daleka od oceny, daję każdemu prawo do przeżycia własnych emocji, bo to oni sami muszą się z nimi uporać. Nikt z nas nie wie, jakie uczucia by w nim się pojawiły, gdyby doświadczył czegoś takiego. Nie wolno nam oceniać ani ingerować. Możemy natomiast otoczyć tych ludzi miłością. Dla mnie mamy dzieci niepełnosprawnych to bohaterki dnia codziennego. Kiedy po całym dniu pojawia się w mojej głowie myśl: „Jestem zmęczona" i mam ochotę się nad sobą chwilkę użalać, to zaraz przychodzi myśl druga: „O nie, nie dawaj sobie tak łatwo prawa do narzekania, bo masz zdrową i szczęśliwą rodzinę".

Czy swojego synka, siedmioletniego Frania, wychowujesz w wierze katolickiej?

Niczego mu nie zakazuję i nie nakazuję. Chcę, żeby sam rozumiał i sam doświadczył. Ostatnio mnie zaskoczył, bo powiedział: „Mamo, chciałbym chodzić na religię". Ja mu na to: „Wcześniej wolałeś w tym czasie piłkę nożną. Co się zmieniło?". A Franio: „Chcę iść na religię, bo tam podobno mówią o Panu Bogu, a On jest przecież moim przyjacielem". To są piękne momenty. Nigdy mu przecież nie mówiłam: „Chodź do kościoła" albo: „Nie chodź do kościoła". Był w kościele, był na religii i sam chce tam wrócić. Wydałam na świat człowieka, którego kocham ponad wszystko i to, co mogę dla niego zrobić, to nie wkładać go w żadne schematy. To jest mądry mały człowiek, który ma prawo do swojej wolności. Na przykład nie je mięsa, to jest jego wybór, bo uważa, że zwierzęta są do kochania i przytulania, a nie do jedzenia. Powtarzam mu jednak, że nie może oceniać ludzi, którzy chcą jeść mięso, że zawsze musimy uszanować wybory innych. Babcia nauczyła go najpiękniejszej modlitwy, która jest bliska również mojemu sercu: „Aniele Boży, stróżu mój". Uważam, że to wyjątkowe słowa. W ogóle wierzę w opiekę aniołów. Jedna z moich ulubionych książek to *Anioły w moim życiu*.

W jakiej sytuacji sama doświadczyłaś opieki Anioła Stróża?

Nie starczyłoby czasu, żeby o tym opowiedzieć, bo miałam wielokrotnie takie sytuacje, chociażby na drodze albo w momentach, kiedy włącza mi się lęk o Frania, o to, czy wszystko z nim w porządku. Zawsze wtedy sobie powtarzam, że opiekują się nim anioły, i to mnie uspokaja. Anioły opiekują się mną i moją rodziną. Cieszę się, kiedy mogę poprosić je o pomoc, a jeszcze bardziej się cieszę, kiedy mogę im podziękować.

Kiedy na ciebie patrzę, nie mogę się oprzeć wrażeniu, że sama jesteś takim aniołem.

(*śmiech*) To, że wierzę w opiekę aniołów, nie zmienia faktu, że z całą pewnością jestem istotą ziemską.

Przywołując twoje spotkanie z panem ochroniarzem z parkingu, można powiedzieć, że my też możemy być takimi aniołami dla innych ludzi na co dzień.

Zdecydowanie tak – i powiem ci, że cieszę się na każdy dzień, kiedy mogę spotkać drugiego człowieka i wnieść coś dobrego w jego życie, chociażby zwykły uśmiech. Nie mówię tylko o dużych rzeczach. Kiedy robisz dobry uczynek drugiemu człowiekowi, to dajesz mu przecież energię, która wraca później do ciebie – bądź więc zdrowym egoistą! Najbardziej się cieszę z takich spotkań, jak ostatnio na stacji benzynowej. Pan, który pomagał mi nalać benzynę, nagle powiedział: „Pani Agnieszko, ja się zawsze cieszę, widząc panią na antenie TVN, bo wiem, że to będzie dobry dzień". Odpowiedziałam: „Wie pan, to jest jeden z najpiękniejszych komplementów, jakie usłyszałam w kontekście swojej pracy". Byłam chyba bardziej wzruszona niż podczas odbierania Telekamery. Jeżeli naprawdę tak jest, że ten pan, kiedy zobaczy mnie rano, ma lepszy dzień – to takie słowa działają na mnie wyjątkowo motywująco.

Czyli jesteś dla widzów takim słońcem?

Zawsze mówię, że słońce jest tam, gdzie chcemy je zobaczyć. Wymyśliłam to zdanie, żeby mieć jak odpowiadać na miliony pytań o pogodę, jakie słyszę. Reakcje są różne. Ostatnio jeden pan się oburzył: „Ależ, co pani mówi, pani Agnieszko, przecież pada od wielu dni!". Odpowiedziałam: „Wie pan co, obyśmy mieli w życiu tylko takie problemy jak deszcz padający na głowę". „No, ale gdzie pani widzi to słońce?" A ja mu na to: „Proszę pana, moje słońce czeka na mnie w domu". Piętnaście minut później pukam do własnych drzwi, a słońce, czyli mój synek, mi otwiera. To my jesteśmy architektami każdego naszego dnia.

Czy dla męża też jesteś jak słońce?

Z moim mężem w tym roku obchodziliśmy trzynastą rocznicę ślubu. Kiedy zaczynamy się sprzeczać, zawsze powtarzam: „Słuchaj, do dziesiątej rocznicy ślubu mówiłam ci, że mogłeś gorzej trafić. Po dziesiątej rocznicy ślubu zapewniam cię, że lepiej już nie trafisz!".
Sam ślub wspominam z wielkim wzruszeniem. Potrzebowałam go, ale rozumiem też ludzi, którzy chcą żyć inaczej. Koniec końców ten przysłowiowy papierek rzeczywiście niczego za nas nie załatwi, nie zmieni. Ludzie dziś dosyć szybko podejmują decyzję o małżeństwie, a jeszcze szybciej o rozstaniu. Moja świętej pamięci babcia zawsze mówiła: „Dziecko, nie jest sztuką się rozstać, sztuką jest iść przez życie razem…".

Kim jest dla ciebie Bóg w wielkim mieście i gdzie można Go spotkać?

Wszędzie można Go spotkać. Ja Go czasami spotykam, kiedy stojąc w korku, znajduję chwilę dla siebie, żeby głęboko odetchnąć i pomedytować. To jest ten moment pobycia z samą sobą. Dla mnie kontakt z Bogiem to także kontakt ze sobą – po prostu spotkanie. Nie można pokochać nikogo, jeśli nie kocha się najpierw świadomie siebie. A my dziś myślimy, że ciało sobie, a Bóg sobie – i w tym przesyconym bodźcami świecie mamy problem, żeby pobyć sami ze sobą i wsłuchać się w ciszę. Co robimy? Pędzimy od rana w głośnym mieście, włączamy radio, włączamy telewizor, jakbyśmy chcieli zagłuszyć ciszę i to, co On nam podpowiada.

Trudno nie pędzić, kiedy gonią nas wymagania i kredyty, a świat nam mówi, że tylko tak coś osiągniemy. Mamy za dużo obowiązków...

Zaraz, to świat ma decydować o tym, co ja czuję? To świat ma nam mówić, jak mamy przeżyć nasze życie? Świat za mnie życia nie przeżyje. Droga do odkrycia samego siebie nie jest łatwa. To jest prawdziwa wyprawa na Mount Everest. Ale każdy musi tę drogę przebyć sam, sam się wdrapać. Czasami boli głowa, czasami brakuje tlenu, czasami popłyną łzy – ale łzy mogą być oczyszczające, więc dawajmy sobie na nie przyzwolenie. Myślę jednak, że najważniejsze w tym wszystkim jest to, abyśmy czuli się gotowi na to spotkanie z sobą i z Panem Bogiem.

Wiara to dla mnie wolność. To wsłuchanie się w siebie, dojrzewanie w mądrości. Wiara to siła, żeby stawać się lepszym człowiekiem, choć każdy z nas ma prawo przeżywać to po swojemu. Nie można komuś powiedzieć: „Teraz pan skoczy na główkę i stanie się osobą uduchowioną". Nikt z nas nie lubi słowa „powinieneś", i nie pomożesz komuś, kto nie prosi cię o pomoc. To byłaby zmarnowana energia. Możesz pomóc tylko komuś, kto chce tej pomocy. I ludzie chcą pomagać, choć nie wiedzą jak. Każdy w swoim życiu w innym momencie budzi się do wiary.

Dziękuję za rozmowę. Było mi bardzo miło i myślę, że ja też będę miała dzięki tobie dobry dzień.

Dziękuję.

SMS-y z nieba

Proście, a będzie wam dane; szukajcie, a znajdziecie;
kołaczcie, a otworzą wam. Albowiem każdy,
kto prosi, otrzymuje; kto szuka, znajduje; a kołaczącemu
otworzą. Gdy którego z was syn prosi o chleb, czy jest
taki, który poda mu kamień? Albo gdy prosi o rybę,
czy poda mu węża? Jeśli więc wy, choć źli jesteście,
umiecie dawać dobre dary swoim dzieciom,
o ileż bardziej Ojciec wasz, który jest w niebie,
da to, co dobre, tym, którzy Go proszą.
(Łk 11, 9–13)

THING
called
LOVE

Był taki jeden jesienny wieczór, kiedy miałam złamane serce i czułam się najbrzydszą dziewczyną świata, tak brzydką i przegraną, że nie chciałam ani nikomu się pokazywać, ani z nikim rozmawiać. Postanowiłam pójść w jedyne miejsce, gdzie nikt nie będzie mnie zagadywał, osądzał, litował się i pytał, dlaczego jestem smutna, w miejsce, gdzie zawsze dostawałam pokój serca, umocnienie i nadzieję: na adorację Najświętszego Sakramentu. Był akurat pierwszy czwartek miesiąca, dzień, w którym u dominikanów na Służewie odbywa się wieczór uwielbienia. Młodzi ludzie gromadzą się przed Najświętszym Sakramentem, wspólnie dziękując Mu, uwielbiając Go i prosząc o prowadzenie.

Zawsze uważałam to za fenomen i ogromną tajemnicę, że ten mały opłatek to naprawdę On, a nie tylko jakiś znak. A skoro to naprawdę jest On, to na takie uwielbienie idzie się jak na spotkanie twarzą w twarz z samym Jezusem. W ten jesienny wieczór poszłam na adorację jak po ostatnią deskę ratunku, z jedną tylko prośbą: „Boże, powiedz mi, czy ja jestem piękna. Podnieś mnie i umocnij. Pokaż mi, jak Ty na mnie patrzysz. Co wtedy widzisz?". Usiadłam gdzieś w ostatniej ławce, naciągnęłam kaptur dużej bluzy. Nie chciałam, żeby ktokolwiek mnie widział. Nie chciałam nikomu tłumaczyć, czemu mam opuchnięte oczy. Jak na złość zauważyłam jakąś znajomą twarz. To była Teresa, znajoma, z którą zamieniłam może trzy zdania w życiu. Teresa to piękna i radosna dziewczyna, taki słowiczek, ale wtedy nie miałam ochoty na rozmowę z nikim. Adoracja była pełna skupienia. Prowadzący uwielbienie ojciec Krzysztof Michałowski, dominikanin, czytał słowo Boże. Pamiętam również takie słowa:

> Ja, Pan Bóg wasz, jestem z wami
> i chcę, żebyście zawsze o tym pamiętali w swoim sercu.

Nie zwracajcie uwagi na wasze troski.
Ja jestem z wami.

Gdy będziecie ze Mną, wasz duch się rozraduje.
Gdy będziecie ze Mną, wasz duch będzie lekki.
Patrzcie cały czas na Mnie.
Amen.

Powtarzałam tylko moją prośbę do Boga: żeby mi pokazał, jak On na mnie patrzy, i dał mi siłę.

Kiedy adoracja się skończyła, Teresa, którą starałam się raczej zgubić w tłumie, nagle wyrosła jak spod ziemi i zapytała, czy mam wolne dwa dni w najbliższym czasie, bo chciałaby mnie zabrać w jedno miejsce – a dokładnie do prawdziwego pałacu. Wytłumaczyła, że z zawodu jest architektem krajobrazu i pracuje między innymi dla pewnego ośrodka SPA położonego w przypałacowym parku. Od czasu do czasu może przywieźć ze sobą gościa i chciałaby zaprosić właśnie mnie.

Muszę dodać, że Teresa pracuje dla tego ośrodka od lat, a zabrała tam tylko najbliższe osoby, dosłownie dwa razy. Zaintrygowało mnie, dlaczego dziewczyna, której właściwie nie znam, postanowiła zaprosić mnie na wyjazd do SPA w charakterze wyjątkowego gościa. Na to odpowiedziała: „Kiedy się dziś modliłam, usłyszałam taki głos w sercu, że mam do ciebie podejść i powiedzieć, że jesteś prawdziwą księżniczką i zasługujesz na wszystko, co najpiękniejsze. Chciałam ci powiedzieć, że niezależnie od tego, jak bardzo ktoś cię zranił, powinnaś zawsze czuć się tak wyjątkowa jak prawdziwa księżniczka. A żebyś sobie o tym przypomniała, chcę cię zabrać do pałacu".

Ugięły się pode mną nogi. O taką odpowiedź nawet nie śmiałabym prosić.

Jakby tego było mało, w domu czekała kolejna niespodzianka. Na skrzynkę mailową mojego bloga ktoś wysłał mi fragmenty z Pisma Świętego. Wszystkie zaczynały się od słów: jesteś piękna, jesteś wyjątkowa, nie zapomnę o tobie. Wszystkie mówiły o wyjątkowej godności córki Bożej. Jeden z nich szczególnie zapadł mi w serce:

> Będziesz prześliczną koroną w rękach Pana,
> królewskim diademem w dłoni twego Boga.
> (Iz 62, 3)

Kilka dni później spędziłyśmy z Teresą trzy dni w Pałacu Odrowążów w Chlewiskach. Dostałam pokój w stylu komnaty królewskiej z widokiem na pałacowy park, a dokładnie alejkę starych modrzewi, mogłam do woli korzystać ze smakołyków kuchni (nawet menu było wegańskie, czyli takie, jak lubię), relaksu w SPA, najlepsze zaś było to, że tuż za ścianą miałam kapliczkę Matki Bożej. Tak to Bóg utulił moje zbolałe serce, pocieszył, uleczył i tchnął we mnie przekonanie o godności, pięknie i sile kobiecości, która w Nim ma niewyczerpalne źródło, a przede wszystkim o tym, że On jest blisko, naprawdę przejmuje się moimi sprawami i nie pozwoli mi się załamać.

Najlepszym drogowskazem i SMS-em z nieba okazało się jednak Jego Słowo. Namówiona przez ojca Adama Szustaka, że „bez tego ani rusz" i muszę nie tylko otwierać, ale jeszcze czytać codziennie chociażby mały fragment Pisma Świętego, z ciekawości postanowiłam spróbować. Ojciec poradził mi, żeby czytać po prostu kolejne Ewangelie, fragment po fragmencie, i skupić swoje myśli na Jezusie w trakcie czytania. Jak już wspomniałam, z początku nie bardzo mi to szło, ale ponieważ potraktowałam to jak ćwiczenie i wierzyłam, że ma mnie to jakoś poprowadzić i uzdrowić, twardo siadałam z Pismem Świętym prawie codziennie.

Im bardziej starałam się otwierać na Słowo Boga w moim życiu, tym bardziej On mówił do mnie poprzez ludzi. Zaskakuje mnie za każdym razem subtelność, z jaką to robi, i nieprzewidywalność Jego łaski. Po prostu nie znałam dnia ani godziny. Nigdy nie wiadomo, czy osoba, której pomagamy, tak naprawdę nie pomoże bardziej nam. Tak było z pewną dziewczyną, którą poznałam w klubie *fitness*.

Wydawała mi się osobą trochę zagubioną z pięknym sercem, takim wrażliwcem. Na pozór twarda babka o wysportowanej sylwetce, w kolorowym stroju do ćwiczeń, a w środku poraniona dziewczyna o bardzo trudnej historii, mająca za sobą przeżycia, jakie nie powinny nigdy spotkać żadnego dziecka, nawet w najgorszym horrorze. Nie wiadomo nawet jak, zaczęłyśmy dużo rozmawiać i pewnego razu zabrałam ją ze sobą na mszę.

Delikatnie mówiąc, Ania nie była wtedy w najlepszym stanie emocjonalnym. Pamiętam, że prawie co noc pisała do mnie, że nie może zasnąć, bo stają jej przed oczami makabryczne sceny z dzieciństwa. Ta msza i wszystko, co się później wydarzyło, zmieniło Anię, która też zaczęła „chodzić z Bogiem". Jak ją to „chodzenie" zmieniło? Przede wszystkim po latach koszmarów zaczęła w końcu spokojnie spać, a co najważniejsze – wybaczyła tym, którzy ją zranili, zaczęła się uśmiechać i z nadzieją patrzeć w przyszłość.

Mimo że sama przeżywałam właśnie ten uzdrawiający dotyk Pana Boga, nie mogłam się nadziwić, jak bardzo widocznie i mocno działał On w życiu Ani. Jeszcze większe było moje zdumienie, kiedy Ania zaczęła mi przesyłać fragmenty Pisma Świętego, które były dokładną odpowiedzią na moją aktualną modlitwę. Działało to dosłownie jak SMS-y z nieba. Modliłam się o coś, nie mówiąc nikomu, a tu nagle Ania wysyła mi cytat z Pisma Świętego, niezależnie od pory dnia i nocy. Zaznaczam, że modliłam się naprawdę w ciszy własnego serca, nie dzieląc się tym z nikim, dlatego tak konkretne, namacalne działanie Ducha Świętego przez Anię robiło na mnie ogromne wrażenie.

Pewnego wieczoru, na przykład, zdarzyła się taka sytuacja. Byłam podenerwowana i zniechęcona, bo wokół mnie nawarstwiło się wiele problemów. Jest północ, modlę się więc do Niego słowami: „Boże, jestem słaba, ale Ty w swoim słowie obiecałeś: »Nie złamie trzciny nadłamanej, nie zagasi knotka o nikłym płomyku« (Iz 42, 3). Daj, proszę, znać, że nie utonę w tej mojej nędzy, że Ty mnie nie zatopisz". Dochodzi godzina pierwsza w nocy i nagle dostaję SMS-a od Ani, w którym pisze, że modliła się dziś za mnie przed snem i w głowie pojawił się jej obraz, którego nie rozumie: fale na morzu, a na falach unoszący się korek, którego nie mogą zatopić. W niecałą godzinę od mojej prośby, żeby Bóg obiecał mi, że mnie nie zatopi, przychodzi taki SMS. Przypadek? Można uznać, że przypadek. Ja wierzę, że Pan Bóg mówi do mnie przez dziewczynę, której kiedyś podałam rękę. Teraz On przez nią po stokroć bardziej ratuje mnie.

Oczywiście bywały też takie dni, kiedy moja modlitwa pozostawała bez echa. Nic wyjątkowego się nie działo. Jedyną odpowiedzią była cisza i poczucie pustki. Wtedy krzyczałam Mu prosto w twarz o tym, co mnie uwiera. Groziłam Mu, ciągnęłam za rękaw, przypominając, że jestem Jego córką, i oświadczając, że nie poradzę sobie bez Jego pomocy. Starałam się też ufać, że On jest przy mnie, mimo że akurat ani tego nie czuję, ani nie doświadczam w żaden specjalny sposób, ani nie trafiają do mnie żadne szczególne słowa. Tyle już razy doświadczyłam Jego ratunku, że zaczęłam przeczuwać, iż nawet cisza jest zamierzona – więc i cisza może być Jego odpowiedzią.

Bóg, który wytycza dobre trasy

Maciej Musiał

aktor (Warszawa)

Z aktorem Maćkiem Musiałem umówiłam się na wywiad w kawiarni w centrum Warszawy. Na spotkanie przyszedł prosto z treningu na ściance – uśmiechnięty, pozytywnie nastawiony, pełen wrażeń. Mimo że jest jednym z najzdolniejszych aktorów młodego pokolenia i odniósł ogromny sukces, w kontakcie bezpośrednim próżno szukać u niego oznak tak zwanego „gwiazdorzenia". Zachowuje się w sposób przyjazny, uprzejmy i szarmancki. Urzekają mnie jego spokój – właściwy ludziom, którzy nie próbują nikogo udawać – pogoda ducha i otwartość, z jaką opowiada mi o swoim doświadczeniu Boga w wielkim mieście.

KASIA: Kim jest dla ciebie Bóg w wielkim mieście?

MACIEJ: Samo słowo „Bóg" to antonim słowa „miasto". Bóg w wielkim mieście to spokój w czymś, w czym nie ma spokoju, oddech w bezdechu, przystanek w szaleńczym biegu. *Pit-stop* w tym maratonie, podczas którego możesz zaczerpnąć od Niego sił i ruszyć dalej. To wytchnienie.

Czy łatwo jest ci mówić otwarcie o wierze w wielkim mieście, na imprezie ze znajomymi, w mediach?

Wiara daje mi siłę, spokój, oczyszczenie, jest azylem, do którego mogę zawsze wrócić bez względu na to, jak się pogubię. Natomiast media mają to do siebie, że lubią wybierać pewne smaczki i je podsycać, żeby były soczyste. Kiedy ktoś mnie pyta o wiarę, to mówię otwarcie, że jestem katolikiem, bo uważam, że każdy ma prawo do własnych przekonań. Media jednak zrobiły ze mnie niemal pierwszego kleryka *show-biznesu*, co nie jest prawdą, bo jestem młodym człowiekiem, który błądzi i robi mnóstwo głupich rzeczy. Takie prawo młodości. Na pewno nie jestem święty.

Czy ten wizerunek medialny, o którym mówisz, nie ciąży ci trochę?

Od osoby wierzącej wymaga się po prostu nieco więcej. To jest odpowiedzialność. Ale przecież w wierze nie wszystko jest czarno-białe. Być katolikiem to nie znaczy siedzieć non stop w kościele, to także umieć cieszyć się życiem. Tymczasem komu nie zdarzyło się dostać reprymendy od starszej pani za picie piwa w parku?

Ja usłyszałam złośliwy komentarz za przetarte spodnie. A dla mnie Bóg jest Bogiem wszystkich, także tych w przetartych dżinsach.

Właśnie. Spójrz na przykład na żywoty świętych. Każdy z nich też miał swoją drogę, nie zawsze idealną. Ale, oczywiście, jeśli pytasz mnie o to, co chcę przekazywać jako osoba publiczna, to odpowiadam: chcę inspirować do mądrych i dobrych rzeczy.

Czym jest dla ciebie wiara na co dzień?

Jak już żywo doświadczysz Pana Boga, to wiara po prostu w tobie jest, jest taką czerwoną lampką, która się często zapala i każe wrócić na właściwe tory. Lubię myśleć, że z Panem Bogiem jest trochę jak z GPS-em. My cały czas skręcamy nie w tę stronę, w którą trzeba, a On w sekundę to przelicza i rysuje nową trasę, więc zawsze masz możliwość dojechania do właściwego celu. Droga może być oczywiście dłuższa, trasa bardziej kręta, ale w końcu z Nim się nie zgubisz.

Czyli On oświetla drogę? Co jest dla ciebie tym celem w życiu, do którego chcesz dojechać?

Ciężko mi powiedzieć, co jest głównym celem... Na pewno chciałbym jechać z pasją, a po dotarciu na miejsce móc wysiąść z auta, usiąść na ławce i uśmiechnąć się – wiedząc, że zabrałem kilka osób „na stopa", pomogłem im dotrzeć do celu, że nikogo nie skrzywdziłem i że generalnie to była fajna podróż.

Jak znaleźć te Boże wskazówki na co dzień? Skąd wiesz, którędy On cię prowadzi?

To jest pytanie, które pojawia się od ponad dwóch tysięcy lat. Już Sokrates mówił o *daimonionie*, wewnętrznym głosie. My mamy te wskazówki za pośrednictwem Kościoła, w postaci różnych zasad i reguł, które nas do niczego nie zmuszają, ale są znakami stojącymi przy drodze.

Czy wiara to uniwersalne reguły, czy raczej osobista relacja z Bogiem?

To jedno i drugie. W codziennych rzeczach to są zasady, a przy podejmowaniu większych wyborów liczy się relacja. Widzę po niektórych ludziach, że ta relacja z Panem Bogiem może być niesamowita.

Na swoje dwudzieste pierwsze urodziny chciałem zrobić coś wyjątkowego. Imprez trochę już przeżyłem, więc tym razem postanowiłem wyjechać, zostawić wszystko: laptopa i telefon, i pojechałem na cztery dni do klasztoru. To było coś wspaniałego. Pchany ciekawością i potrzebą odcięcia się od wszystkiego, stwierdziłem, że to zrobię. Wstawałem o piątej trzydzieści, modliłem się od rana z ojcami, akurat były pierwsze ciepłe dni, więc pracowałem w ogrodzie, poznałem super ludzi, dla których podstawą jest braterstwo. Obserwowałem, ile prostej radości jest w ich codzienności, ale też jak fantastyczny kontakt można mieć z Bogiem.

Czy ten wyjazd czegoś cię nauczył?

Spojrzałem na wiarę z innej strony. Zrozumiałem, co oznacza żywa wiara: że masz dawać dobro i radość innym ludziom. Nie ma tu miejsca na gnębienie innych z powodu ich słabości i grzechów ani na wywyższanie się. Nie ma też miejsca na gnębienie samego siebie. Dzięki temu, że masz relację z Panem Bogiem, patrzysz inaczej na drugiego człowieka. Wyraźnie to zobaczyłem, obserwując tych zakonników, ich wzajemne wsparcie, radość, życzliwość i chęć pomocy. Złości mnie, kiedy czasem w kościele księża gadają głupoty, strasząc przesadnie piekłem. Lęk może stać się inspiracją do takiej religijności, która pozwoli go opanować, ale zamiast prowadzić do wolności i rozwoju, zaowocuje poniżaniem przez człowieka samego siebie. Tam, w klasztorze, spotkałem się z czystą dobrocią, czystą miłością, która jest podstawą budowania silnej i zdrowej więzi, silnej i zdrowej wspólnoty.

Czy jesteśmy powołani do kochania naprawdę każdego?

Moim zdaniem celem rozwoju człowieka jest właśnie miłość. W ujęciu chrześcijańskim człowiek istnieje po to, by miłować, i spełnia się dopiero wtedy, gdy miłuje. Gdy spytano Jezusa o najważniejsze przykazanie, od razu powiedział o przykazaniu miłości. Wydaje mi się, że prawdziwy rozwój wewnętrzny prowadzi do coraz większej miłości do drugiego człowieka, a prawdziwa miłość – do rozwoju. Tworzy się koło. Im mocniej żyjemy dla kogoś, tym szybciej dojrzewamy sami. Drogę do szczęścia odkrywamy niespodziewanie, zapominając o sobie.

Co zrobić, żeby naprawdę uwierzyć?

Wiara to zawsze łaska. To nie jest tylko nasz akt woli, ale łaska Boga. Możemy tę relację z Nim pogłębiać codziennie, na przykład modląc się w ciszy w domu albo w pędzie wielkiego miasta, niekoniecznie od razu w kościele.

Jako aktor pracujesz codziennie ze słowem i z emocjami. Jak byś opisał miłość Boga? Jaka to jest emocja?

To przede wszystkim czysta miłość i radość. Bóg przytula cię jak troskliwy ojciec, a ty wiesz, że chce dla ciebie najlepiej.

Wspomniałeś wcześniej, że oprócz miłości Bóg jest też siłą. Siłą do czego?

Mnie Bóg daje siłę do życia dobrze z ludźmi, do przebaczania, do bycia lepszym człowiekiem. Daje tęsknotę za piękniejszym życiem, ze świadomością swoich słabości i błędów.

Które przykazanie jest dla ciebie najważniejsze?

Zdecydowanie „miłuj bliźniego swego jak siebie samego". Usłyszałem kiedyś u dominikanów na Służewie, że trzeba patrzeć zawsze w stronę światła, bo gdzie patrzysz, tam idziesz. Jeśli będziemy ciągle patrzeć w ziemię i zamartwiać się własnymi potknięciami, to będziemy stali w miejscu.

A co, jeśli ktoś rzuca ci kłody pod nogi? Skąd wtedy brać siłę do bycia wyrozumiałym?

Uważniej przyjrzałbym się drugiemu człowiekowi. Dziś, na przykład, byłem na ściance wspinaczkowej i w klubie w recepcji stał bardzo niesympatyczny gość. W takich momentach staram się nie denerwować, tylko spróbować zrozumieć tę osobę. Nigdy nie wiadomo, co ktoś akurat przechodzi, w jakim momencie życia się znajduje.

O co się modlisz? O co prosisz? Czy wiara i marzenia się łączą?

Oddaję Bogu swoje marzenia, mówię Mu o nich. Wyniosłem to z domu. Dla mnie to jest oczywiste. Tak zostałem wychowany, że z Nim rozmawiam o moich sprawach.

Czy modlisz się o to, żeby się zakochać?

To zależy od tego, w jakim momencie życia jestem. Jest sezon na miłość i sezon na jej brak.

A teraz? Na co jest sezon?

Na wiosnę (*śmiech*).

Czy to ważne, żeby dziewczyna była wierząca?

Wiele rzeczy się liczy, ale kto tak naprawdę wie, dlaczego w kimś się zakochujemy? To działają cząsteczki chemiczne, nad którymi nie mamy do końca kontroli.

Co mówisz osobom niewierzącym, które pytają cię o wiarę?

Że niezależnie od tego, w co wierzą, Pan Bóg je mocno kocha.

Jak znaleźć Boga w wielkim mieście?

Bóg to Tata, który chce, żebyśmy przy Nim wzrastali. Dla mnie Bóg jest obecny wszędzie, przypominam sobie o tym małymi gestami. Na przykład codziennie staram się wykonać znak krzyża, kiedy przechodzę obok kościoła. Kiedy byłem dzieciakiem, wstydziłem się tego znaku przed kolegami. Dziś dorosłem i nie wstydzę się ani Boga, ani tego, kim jestem. Mieszkam w Warszawie, gdzie na każdym rogu jest kościół, do którego mogę wejść. Mam swoje ulubione kościoły i msze. Zawsze po treningu, czyli kilka razy w tygodniu (trenuję boks i chodzę na siłownię), staram się wpaść do kościoła, żeby się pomodlić.

O czym rozmawiasz z Nim sam na sam?

Proszę Go, żeby prowadził mnie dobrą drogą, żebym był dobrym przyjacielem, synem, człowiekiem, żebym podążał za właściwymi ludźmi i był dobrym wzorem dla innych. Proszę o siłę, spokój, odwagę i męstwo.

Bóg zawsze za moimi plecami

Marika
Marta Kosakowska

piosenkarka (Warszawa)

Myślałam, że tylko ja jedna mam takie doświadczenie, kiedy ze zdziwieniem odkryłam, że takich osób jest w wielkim mieście więcej. Marikę, czyli Martę Kosakowską, od lat znałam ze sceny muzycznej. W moich oczach była szaloną, kolorowo ubraną dziewczyną z warkoczykami, stylizującą się na mieszkankę Karaibów. Poznałam po prostu Martę z Łomży: miłą, wrażliwą, o pięknym wnętrzu. Kilka lat wcześniej, z lekką nutką zazdrości, podziwiałam jej wystylizowane zdjęcia w odważnych sukniach wieczorowych. Nie przypuszczałam, że ta wesoła osoba, prowadząca największe programy rozrywkowe i śpiewająca zmysłowe piosenki o miłości, ma za sobą chwile załamania. Przyszedł moment, w którym było jej tak ciężko, że – jak sama mówi – zawyła o pomoc. Ten moment całkowicie zmienił jej życie.

Z Martą umówiłyśmy się na rozmowę w knajpce Marsz na Kawę w Warszawie, niedaleko miejsca, w którym mieszka. Przyszła promienna i uśmiechnięta, ubrana na biało. Zupełnie odmieniona.

KASIA: Kiedy kobieta zmienia fryzurę, to z reguły chodzi o coś więcej niż tylko o włosy. Na pierwszy rzut oka widać, że promieniejesz. Ubierasz się ostatnio tylko na biało. Skąd taka zmiana?

MARTA: (*śmiech*) Tak to z nami dziewczynami jest. Radykalne zmiany w warstwie emocjonalno-duchowej zazwyczaj znajdują potwierdzenie we fryzurze. To jest widoczny efekt moich przeżyć duchowych. Jestem w trakcie burzliwych przemian. Czuję, jak to wszystko aż bulgocze pod powierzchnią.

To muszą być dobre zmiany, skoro tak wyładniałaś.

Są dobre, bo można powiedzieć, że odkryłam na nowo Boga. Mówię to świadomie, mimo że pochodzę z wierzącej rodziny katolickiej. Zostałam wychowana w wierze i poczuciu powinności wobec Kościoła. Jednak jako dziecko i przez większość dorosłego życia miałam obraz Boga jako odległego Pana, sędziego, który „za dobre wynagradza, a za złe karze". Takie nastawienie nie buduje relacji, bliskości. Wywołuje wrażenie, że coś Mu jesteś winna, że jak nie odmówisz modlitwy, to On się gniewa, że On tych modlitw potrzebuje. Nagła wiadomość, która doprowadziła do mojego nawrócenia, mówiła o tym, że wcale tak nie jest, że Bóg nie jest sędzią, ale kimś naprawdę bliskim. Uderzyła mnie ta wiadomość. Jemu wcale nie chodzi o to, żebym była Jego sługą. Pozbycie się tego błędnego założenia najpierw otworzyło mnie na relację przyjacielską z Bogiem, a później na dziecięco-rodzicielską, taką jak między dzieckiem a troskliwym tatą.

Jak się buduje relację z Bogiem na co dzień? Jak ty to robisz?

Przede wszystkim daję sobie przyzwolenie na to, że to jest proces, i to być może taki, który będzie trwał do końca życia. Słucham sporo konferencji na ten temat. Ostatnio uderzyła mnie myśl, że dla zbudowania więzi z Bogiem istotna jest relacja z ojcem, tym ziemskim ojcem, po prostu naszym tatą. Relacja z tatą ma wpływ na wszystkie życiowe wybory, na przykład wybór męża, i na nasze więzi z innymi. Mam z tym problem, bo mój tata na fali emigracji lat osiemdziesiątych wyjechał za chlebem do Stanów Zjednoczonych. Wziął odpowiedzialność finansową za rodzinę, ale nie było go piętnaście lat. Przyjeżdżał tylko z krótkimi wizytami, więc moja relacja z nim, podobnie jak ta dziecięca relacja z Bogiem, opierała się na szacunku do kogoś, kogo się rzadko widuje, kogo powinno się kochać, ale jest to trudne, jeśli nie jesteśmy blisko, nie znamy się, nie zmagamy wspólnie z codziennymi sprawami. Czułam, że powinnam kochać tatę, chcę go kochać, ale kompletnie go nie znam. Dopiero teraz zaczynam poznawać mojego ojca i to ma znaczenie także dla mojego rozwoju duchowego. Staram się zrozumieć mojego tatę. Staram się też dowiedzieć, jakim Tatą jest mój Bóg. Dopiero teraz mogę w końcu zacząć żyć z jednym i drugim.

Jak wyglądał ten moment, kiedy doświadczyłaś istnienia Boga?

Przez kilka lat żyłam z myślą, że oczywiście istnieje świat zwierząt, roślin i cały nieogarniony kosmos złożony z układów gorących bądź lodowatych planet, ale jednak my, ludzie, jesteśmy tu sami. Lektura różnych książek utwierdzała mnie w tym przekonaniu. Myślałam, że ludzie wymyślili sobie Boga, żeby nie zwariować i móc uporządkować swoje życie. Żeby nadać sens śmiertelności i cierpieniu. Ale po pewnym czasie, mimo sukcesów zawodowych, zaczął we mnie narastać niepokój. Trudno było mi zagłuszyć pytanie o sens, o coś więcej, co nadałoby jakiekolwiek znaczenie naszej pracy, pragnieniom, życiu. Doszłam do wniosku, że wszyscy ludzie żyją tak samo: rodzimy się, uczymy i rozwijamy, w końcu stajemy się niby-samodzielni i nagle, kiedy chcemy wierzyć, że o czymś decydujemy, okazuje się, że jesteśmy bezsilni. Że rozpaczliwie usiłujemy zdobyć kontrolę nad swoim życiem, samym sobą, nad innymi ludźmi, a w rzeczywistości wszystko nam się wymyka. To nie my decydujemy, czy przeżyjemy kolejny dzień, godzinę, kwadrans!

Kiedy poczułaś się bezsilna?

Momentem porażki był dla mnie rozwód. Relacja, w którą bardzo wierzyłam i inwestowałam całą siłę, i co do której miałam poczucie, że wszystko jest „zabezpieczone" przez sakrament małżeństwa, rozpadła się. To było ogromne rozczarowanie. Rozgniewałam się na Boga, na Kościół. Zasady, które mi wpojono, nie zadziałały, chociaż ich przestrzegałam. Wtedy, w gniewie, zamknęłam serce i „okopałam się". Pomyślałam, że religia to wymysł. Albo Boga nie ma, albo się mną nie interesuje. Mimo tego gniewu nie umiałam jednak żyć bez jakiegoś sensu tłumaczącego, co ja tu w ogóle robię i po co to robię. Wreszcie zawyłam o pomoc…

Co się musiało wydarzyć, że nazywasz to wyciem? Jak wyglądała ta chwila?

Tego wieczoru wróciłam do hotelu po dużej gali muzycznej, którą prowadziłam. To była impreza masowa. Fala ludzi blokowała trasę z garderób na parking. Długo i natarczywie żądano zdjęć i autografów. Kiedy podziękowałam i poprosiłam, żeby pozwolono mi dojść do samochodu i iść już spać, ktoś złapał mnie za rękę i szarpnął z pretensją, że przecież chodzi tylko o zdjęcie. Po godzinie jakoś udało mi się wylądować w pokoju hotelowym, ale ciągle byłam zdenerwowana, czułam to szarpanie za ręce i ubranie. Pamiętam, że leżałam w łóżku, mocno biło mi serce, w głowie dzwoniły poirytowane głosy ludzi, którzy chcieli zdjęcie z panią z telewizji. Gonitwa myśli, trudność ze złapaniem oddechu, coś w rodzaju ataku paniki. Poczułam, że jestem w pułapce i nie mogę uciec od tego lęku, od myśli kotłujących się jak rój os w mojej głowie, że to mój mózg funduje mi torturę, a ja nie mogę wyjść z siebie. Trudno mi teraz o tym wszystkim mówić, bo bardzo kocham życie, ale w tamtym momencie odpowiedzią była tylko jedna myśl: skończyć z tym cierpieniem. Wziąć rozbieg i wyskoczyć przez okno. To było przerażające. Wystraszyłam się tej myśli. Zaczęłam płakać.

Co cię powstrzymało?

Uratowało mnie *Ojcze nasz*. Automatycznie zaczęłam wołać do Niego słowami tej modlitwy w nadziei, że On, jeśli JEST, usłyszy mnie. I usłyszał. Moje ostatnie wspomnienie tej nocy to niemal wykrzykiwane słowa modlitw *Ojcze nasz* i *Zdrowaś, Mario*, odmawianych w kółko, żeby zagłuszyć zamęt w głowie i kołatanie serca. Następne, co pamiętam, to moment, w którym otwieram oczy, jest już dzień, a ja przeżyłam właśnie najgorszą noc w życiu. Noc, w czasie której zakwestionowałam swoje życie! Myślę, że to był mój mały-wielki cud. I prezent od mamy, babci, dziadka... wszystkich, którzy się za mnie modlili i mnie tych modlitw nauczyli. Wskazali mi tym samym furtkę awaryjną, wyjście bezpieczeństwa, szybki skrót, dali mi koło ratunkowe, pozwalające przeżyć tę noc. Modlitwa uratowała mi życie. Rano podziękowałam na kolanach za to, że przeżyłam. Wtedy przyszło nawrócenie i zrozumienie wobec ludzi, którzy popełniają samobójstwo. Zawsze trochę nimi gardziłam. Nie mogłam zrozumieć, jak można targnąć się na własne życie. Dziś rozumiem te osoby. W życiu przytrafiają się czarne noce i ratunkiem może być tylko Ktoś, kto jest tego życia Źródłem. My je tylko dostajemy w dzierżawę. A taka czarna noc może nas przygiąć do ziemi. Z zewnątrz można być nawet bardzo wesołą osobą, odnoszącą sukcesy, jak na przykład Robin Williams...

...albo jak wtedy ty. Nie znałam cię jeszcze, ale pamiętam ogromne billboardy z dziewczyną z warkoczykami w eleganckiej sukience, zawsze czarującą, uśmiechniętą, pełną wdzięku.

A tu nagle coś na mnie spadło i przygniotło tak, że zaświtała mi myśl, aby wybrać śmierć. To nie było tak, że narastała we mnie taka chęć. Nigdy wcześniej nie przyszło mi to do głowy. Ostatnią rzeczą, jakiej bym chciała, to przestać żyć. A jednak coś takiego mi się przydarzyło i zupełnie zmieniło sposób patrzenia na wszystko.

Jak wygląda dziś twoje życie z Bogiem?

„Módl się tak, jakby wszystko zależało od Boga, a działaj tak, jakby zależało od ciebie". Tak próbuję robić. Wiem już jednak, że moja siła nie jest we mnie. Ona płynie z tego, że należę do Boga. Przede wszystkim staram się żyć uczciwie. W chwilach wyborów odnoszę się do Jego słów. Myślę o Nim. Czasem te wybory są naprawdę trudne. Nie jest łatwo nadstawiać drugi policzek, wybaczać, mieć serce i cierpliwość do ludzi, którzy działają nam na nerwy. Poza tym szukam z Nim kontaktu w muzyce. Nagrałam nową płytę pod tytułem

Marta Kosakowska. Chociaż nie pada tam słowo „Jezus", są to głównie modlitwy. Pytania i słowa uwielbienia. Tak, to ja szukam kontaktu z Nim. Bo On przecież zawsze chce mieć kontakt ze mną, a ja się odsuwam i ciągle zapominam, że mam Go tuż za plecami. Mając takiego kompana, nie mam się czego bać.

W piosence pod tytułem *Tabletki* z twojej najnowszej płyty śpiewasz: „Kocham i nie muszę się tego bać". Czego się bałaś wcześniej?

Nagości i prawdy. Prawdziwa miłość to pokazanie swoich słabych stron. To takie rozebranie się przed kimś do naga. A kiedy się boisz, podejmujesz decyzje dyktowane strachem – i one nie mogą być dobre. Ja nie muszę się bać, bo nie jestem już sama, chociaż zdarza mi się jeszcze o tym zapomnieć, bo ciągle jestem egoistką. Ciągle myślę o sobie, ciągle próbuję sobie sama poradzić z życiem. A przecież On JEST. Jest ze mną. Ta nowa płyta jest naszym wspólnym dziełem. Włożyłam w nią całe serce i oszczędności. Zaryzykowałam i odsłoniłam się. Tam już nie ma zawsze wesołej dziewczyny w warkoczach. Tam jestem tylko ja, Marta-Metr-Sześćdziesiąt-Pięć, i mam gigantyczną tremę. Nie wiem, jak słuchacze to przyjmą, ale wiem, że nie jestem sama – ta świadomość wszystko zmienia i koi niepokój.

Krążek jest już w rankingach najlepiej sprzedających się płyt w Empiku, chociaż w sklepach będzie dopiero za kilka dni. To chyba niezły początek?

Z jednej strony tak, ale z drugiej strony na ostatnim koncercie jeszcze „starej Mariki" z dotychczasowym repertuarem było mniej ludzi niż zwykle. To jest dla mnie próba. Na tej nowej płycie śpiewam: „Wygrzeb mnie znowu ze śmietnika dna, kiedy na nogach już nie mogę stać. Rozbierz, umyj, nakarm. Tyle szłam...". Przecież to jest wołanie do Niego. Marika była zawsze silna, wesoła, a teraz wyje do Boga, czasem ledwo żywa. Jak można mnie taką podziwiać? Mimo wszystko czułam, że muszę to nagrać. Część mnie boi się, że stracę mój bezpieczny wizerunek superbabki i kolorowego ptaka, ale druga część mówi: „Odważ się, bo jak tego nie zrobisz, to to będzie jak kulka chleba, która stoi w gardle". Moja przyjaciółka Dora mawia: „Wiesz, co jest w życiu najważniejsze? Najważniejsze w życiu to być sobą. No, chyba że można być Batmanem, to wtedy trzeba być Batmanem".

O czym marzy ta nowa Marika-Marta? O sukcesie nowej płyty, kontraktach? O co się modlisz?

O zdrowie dla mojej rodziny, o wiarę, o pokorę. Przede wszystkim proszę jednak o to, żebym Go nie odstępowała na krok. Płyta jest ważna, ale w porównaniu z tym pragnieniem jest sprawą drugorzędną. Bo jeśli On będzie ze mną, to wszystko będzie dobrze.

Stereotypy

Bóg nie patrzy na to, na co patrzy człowiek.
Człowiek patrzy na to, co jest przed oczyma,
ale Pan patrzy na serce.
(1 Sm 16, 7)

Wielkie miasto to wielkie imprezy, chociaż niekoniecznie te wielkie są akurat najlepsze. Po uroczystych premierach, eleganckich galach, koncertach i bankietach odbywają się spotkania w mniejszym gronie, bez tego całego szumu, blasku aparatów i tak zwanej napinki. Kluczem do udanego wieczoru jest dobre towarzystwo. Na brak takiego nigdy nie mogłam narzekać.

W imprezach najbardziej lubiłam te, które nie mają z góry ustalonego scenariusza. Na przykład spotykamy się ze znajomymi na kieliszek prosecco w Na Lato na Powiślu, czyli ulubionym miejscu spotkań „warszawki", a potem idziemy w miasto, czyli od klubu do klubu – gdzie nas fantazja poniesie. Najlepsze w imprezach są wspólne poranki: spontaniczne śniadania jedzone za wcześnie, rozmowy o życiu i podziwianie wschodu słońca. Pamiętam czasy, kiedy w miejscu dzisiejszego Stadionu Narodowego był jeszcze Stadion Dziesięciolecia. Wtedy kończyło się taki całonocny maraton klubowy na przykład tajską zupą *pho* w jednej z malutkich budek na stadionie, wśród sprzedawców rozstawiających stragany, którzy właśnie zaczynali swój dzień. Kiedyś po zjedzeniu takiej zupy jeden z moich kolegów w przypływie fantazji tak chciał zaimponować dziewczynom, że wrócił z pobliskiej budki z prezentem w dłoni: kupił nam koszulki nocne w panterkę. Przymierzałam swoją panterkę na czarną sukienkę, którą miałam na sobie, stojąc boso, bo w szpilkach od dawna już nie mogłam wytrzymać. Wracając w kierunku centrum, cały most przeszłam już z butami w dłoni. Później, stojąc nad Wisłą, oglądaliśmy wschód słońca nad Warszawą.

Jeszcze weselej jest latem, kiedy wszystko przenosi się w kierunku Sopotu. Letnie imprezy festiwalowe w Trójmieście kończą się zwykle kąpielą w morzu nad ranem i oczywiście wspólnym śniadaniem, na przykład w sopockiej śniadaniowni Sanatorium. Najczęściej wszystko odbywa się miło i przyjemnie. Jednak była jedna impreza, która wyjątkowo wymknęła się spod kontroli.

Jakoś tak się złożyło, że byłam akurat jedyną kobietą w towarzystwie, a z osób znajomych był tylko jeden mój kolega. Pozostali to znajomi znajomych. Umówiliśmy się U Kucharzy przy Monciaku na kolację z butelką dobrego wina, a później mieliśmy iść do jakiegoś klubu. Wszystko przebiegało w miarę kulturalnie, dopóki nie dołączył do nas pewien bardzo znany aktor, który odczuwał tego wieczoru wyjątkową potrzebę bycia w centrum uwagi, niczym kogut w stadzie. Ponieważ nie przepadałam za tym stylem bycia, trochę go unikałam. To najwyraźniej nie spodobało się znanemu aktorowi, który za wszelką cenę starał się zwrócić na siebie uwagę kwiecistymi anegdotami, głośnym zamawianiem najdroższych trunków i ciąganiem nas w miejsca, gdzie „tylko on wejdzie" i „on ma specjalny stolik". Wędrując tak od klubu do klubu, dotarliśmy do lokalu, w którym poczułam się bardzo nieswojo. Prawie nagie, odurzone alkoholem i innymi używkami młodziutkie dziewczyny w skąpych bikini siedziały na kolanach dużo starszych mężczyzn z bardzo drogimi zegarkami na rękach. Słychać było wschodni akcent. Na widok naszego przewodnika menadżer lokalu aż podskoczył z przejęcia i osobiście przyniósł nam do stolika butelkę drogiego szampana, tłumacząc skwapliwie, że to od firmy. Stwierdziłam, że to już dla mnie za dużo i pora się ulotnić, kiedy nasz aktor, jakby czytając w moich myślach, znalazł się tuż przy mnie, jak na mój gust zdecydowanie za blisko, i szepnął mi do ucha: „Nie podoba ci się? Ciebie naprawdę trudno zadowolić. Ale mam coś, co z pewnością ci się spodoba!". I zanim zdążyłam zaprotestować, skinął na menadżera, wziął mnie za rękę i wyprowadził do pomieszczenia obok. „Teraz siadaj i patrz, jak można się dobrze bawić" – powiedział, a zza kurtyny wyłoniła się młodziutka dziewczyna o długich rudych włosach, w samych stringach, i zaczęła przed nami tańczyć. „Wychodzę – powiedziałam zdruzgotana sytuacją – wcale mnie to nie bawi. Żal mi tej dziewczyny". Zostawiłam mojego zaskoczonego króla życia samego i wróciłam do reszty, żeby się pożegnać. „Zaraz idziemy wszyscy – usłyszałam – poczekaj, nie wyjdziesz stąd przecież sama". Usiadłam zrezygnowana, zastanawiając się, co ja tu w ogóle robię i dlaczego wcześniej nie wyszłam, kiedy niespodziewanie dziewczyna o rudych włosach wyrosła mi zza pleców i usiadła przy mnie. Była niewiele bardziej ubrana niż przed chwilą. „Ty jesteś jakaś inna" – powiedziała, przypatrując mi się pięknymi, mądrymi oczami. Nie wytrzymałam i wypaliłam do niej: „Co ty tu robisz? Dlaczego taka młoda i śliczna dziewczyna jest w takim miejscu? Nie mogłabyś inaczej zarabiać na życie, naprawdę?". Ruda posmutniała. Wolno, trochę niechętnie opowiedziała mi swoją historię wielkiej miłości, której owocem był synek. Niestety, jej książę z bajki, na początku hojny i troskliwy, szybko zaczął ją bić i zrobił z jej życia piekło. Wkrótce została sama z dzieckiem. W tym samym czasie jej mama ciężko zachorowała. Nagle musiała utrzymać małego i mamę. Nie była przygotowana do żadnego zawodu, nie miała pomysłu na życie. Koleżanka opowiedziała jej o tym miejscu. Tu szybko zarobiła na wszystko. Mama nie pyta, czym dziewczyna się zajmuje, skąd mają pieniądze i drogie leki. „Naprawdę nie masz ani jednego innego talentu, którym mogłabyś zarabiać?" – spytałam, zasłuchana w tę smutną historię. „Umiem śpiewać. Zawsze marzyłam, żeby zostać piosenkarką". Przerwał nam menadżer. Wyraźnie zniecierpliwiony naszą przedłużającą się rozmową, odciągnął dziewczynę na bok. Zdążyłam dyskretnie podać jej na karteczce swój numer telefonu: „Zadzwoń, jak będziesz chciała spróbować ze śpiewaniem. Wymyślimy coś. Uciekaj stąd". Nic lepszego nie przyszło mi w tamtym momencie do głowy.

Kilka godzin później napisała mi SMS-a, że dziękuje i że chciałaby mieć taką siostrę jak ja. Kiedy stamtąd wyszłam, czułam się ociężała i jakby oblepiona. Nie cieszył mnie ani wschód słońca nad morzem, ani świeże powietrze. Usiadłam na murku i patrzyłam na idących do kościoła na pierwszą niedzielną mszę elegancko ubranych starszych ludzi. Starszy mężczyzna prowadził pod rękę żonę, jakby była jego najdroższym skarbem. Spoglądałam na nich, ale myślami byłam przy Rudej. Nie mogłam przestać myśleć, co by było, gdybym to ja zakochała się w niewłaściwym mężczyźnie, miała dziecko na utrzymaniu i koleżankę z półświatka, a ona ojca, który pilnował, żeby do osiemnastego roku życia koledzy nie przesiadywali w jej pokoju po dwudziestej drugiej, czy brata Jacka, który na widok zaryczanej siostry od trzech dni siedzącej w piżamie w łóżku mówił: „Przestań, siostra, tego kwiatu to pół światu. On był i tak za niski dla ciebie". Czy naprawdę tak bardzo się różnimy, poza tym, że ja dostałam miłość i wsparcie rodziny, a ona miała po prostu kiepski start? Myśli przelatywały mi przez głowę, kiedy w końcu poczułam się bardzo zmęczona i poszłam się położyć. Więcej nigdy o Rudej nie słyszałam. Wierzę, że kiedyś spotkam ją śpiewającą na scenie w jakimś dobrym klubie, że dobry Bóg ześle jej kogoś, kto wyciągnie ją z tego okropnego miejsca i pokaże jej prawdziwe piękno. Wierzę, że tego wieczoru miałam tam być może tylko po to, żeby powiedzieć jej, jaka jest wartościowa i piękna. Komunię świętą przyjęłam tej niedzieli w jej intencji.

Wielkie miasto to też takie imprezy, na których nie wypada nie być, zwłaszcza jeśli dotyczą ludzi dla ciebie ważnych. Na przykład czterdziestka mojego kolegi w jednym z warszawskich klubów, przygotowywana starannie od wielu miesięcy. Przypadła akurat w Wielkim Poście, kiedy staram się trzymać z daleka od hucznych imprez i klubów. Zawsze przed postem, dokładnie we wtorek poprzedzający

Środę Popielcową, robimy sobie ze znajomymi huczne pożegnanie z imprezami. Tego roku też tak było. Wracając w tę wtorkową noc taksówką do domu, zapytałam taksówkarza, czy jest duży ruch, skoro są ostatki. Odwrócił się, przyjrzał mi się uważnie i zapytał: „Pani też nie jest stąd?". Zapytałam, dlaczego tak myśli. Odpowiedział: „Kiedyś ludzie obchodzili ostatki, teraz codziennie piją tak samo, bo rytm wyznaczają imprezy firmowe, a nie święta. W wielkim mieście wszystko, co było kiedyś normalne, jest dziwne".

Niedługo później ja także jechałam na imprezę w środku Wielkiego Postu. Obiecałam dawno temu, że będę, dlatego też postanowiłam pojawić się chociaż na chwilkę, złożyć jubilatowi życzenia i wspólnie z innymi gośćmi sprawić, żeby ten dzień był dla niego wyjątkowy. Wpadłam na imprezę prosto z pracy, a ponieważ nagranie tego dnia wyjątkowo się przedłużyło, byłam już mocno spóźniona. Postanowiłam wmieszać się szybko w tłum, żeby ukryć spóźnienie. Na szczęście udało mi się jeszcze załapać na część oficjalną: tort, życzenia i podziękowania. Po tym miłym akcencie towarzystwo podzieliło się na mniejsze grupki. Panowała przyjemna, niezobowiązująca atmosfera. Rozsiadłam się wygodnie i chłonęłam ją. Wiele osób z zebranego towarzystwa już znałam, a z większością dawno się nie widzieliśmy, więc z przyjemnością słuchałam, co u nich nowego. Z niektórymi gośćmi widziałam się po raz pierwszy. Z jednym z nich rozmawiało mi się wyjątkowo dobrze.

Wesoły, błyskotliwy chłopak po trzydziestce, świetnie tańczył i dużo żartował. Typowa dusza towarzystwa, taki wodzirej. Zaczepiał mnie wesoło. Po chwili spytał, czym się zajmuję zawodowo. Udzielił mi się ten nastrój przekomarzania, zaproponowałam więc zabawę w zgadywanie: mieliśmy nawzajem odgadnąć, czym się na co dzień zajmujemy i kim w ogóle jesteśmy. To najwyraźniej spodobało się mojemu rozmówcy. Przyglądał mi się zawadiacko, lustrując niczym detektyw każdy szczegół mojej stylizacji: małą czarną sukienkę od Ani Kuczyńskiej, czarne zamszowe kozaki, kolorowe bransoletki i czerwone paznokcie w odcieniu malinowym. Po uważnym przeanalizowaniu całego stroju orzekł z przekonaniem, że pracuję w branży modowej, bo jestem – jak to ujął – „dobrze i oryginalnie ubrana". Postanowiłam nie ułatwiać mu zadania i pewnie ta wesoła zgadywanka trwałaby dalej, gdyby nie to, że zaproponował mi drinka, którego nie zamierzałam wypić. W Wielkim Poście po prostu staram się nie pić alkoholu. Wyjaśnianie tego było jednak ostatnią rzeczą, na którą miałam ochotę. Grzecznie więc podziękowałam, tłumacząc zdawkowo, że przyjechałam autem. Taka odpowiedź go nie zadowoliła. Przekonywał, że auto można zostawić. To, że jutro idę do pracy, też nie było dla niego wystarczająco dobrym argumentem. Dopytywał i dopytywał, aż w końcu wyjawiłam prawdziwy powód: „Nie napiję się z tobą, bo staram się nie pić alkoholu w Wielkim Poście". Jego reakcja nie była dla mnie dużym zaskoczeniem. Taki wyraz twarzy widziałam już u kilku osób, głównie na imprezach, kiedy podczas rozmowy ktoś nagle wtrącał teatralnym szeptem: „Bo wiesz, Kasia jest baaardzo wierząca", przeciągając na „baaaaaardzo", i towarzystwo przyglądało mi się, niemal jakby ujrzało przybysza z kosmosu. Nie wiem czemu, ale zawsze wtedy przypominała mi się bajka o Shreku, który próbuje się uśmiechnąć do grupki napotkanych przypadkowo wieśniaków, a oni na ten widok uciekają z przerażenia. Teraz też było widać, że takiej odpowiedzi mój rozmówca się nie spodziewał. Zobaczyłam znajomy wzrok jak ze *Shreka*.

Tradycyjnie zaczęły się pytania, po co mi to, oraz dzielenie się poglądami na temat księży, co to „mogliby się wziąć do roboty" i tym podobne. Tradycyjnie też ja starałam się, jak zawsze w podobnym momencie, wykrzesać z siebie odrobinę cierpliwości i jakieś odpowiednie

słowa, bo nawet rozumiałam jego punkt widzenia. Powiedziałam jednak, że jeśli ktoś nigdy nie doświadczył całego piękna, jakie kryje się w Kościele, ale go krytykuje, to tak jakby narzekał na film, że jest zły, zanim go zobaczy, tylko dlatego, że wszyscy tak mówią. Gdy mój nowy kolega upewnił się, że mówię serio, zaczął najpierw niby niewinnie żartować, że nie sądzę chyba, aby „mojego Boga" obchodziło, co ja piję, a czego nie. Starałam się odpowiadać spokojnie na kolejne zaczepki, ale był coraz agresywniejszy w słowach. Po chwili nie byłam już „modnie ubraną sympatyczną koleżanką", lecz – jak wysyczał – „ograniczoną osobą, która na własne życzenie się unieszczęśliwia". Kiedy z wyraźną pogardą w oczach stwierdził, że jest mu mnie żal, i próbował mnie obrazić, wzruszyłam tylko ramionami i postanowiłam omijać go do końca imprezy. Nie zaproponował mi już drinka ani kawy, ani nawet przeprosin. Zastanawiam się, jaką musiał mieć minę, kiedy się później dowiedział, że dziewczyna, która wyglądała w jego oczach na „kogoś ze świata mody", nie tylko jest wierząca, lecz jeszcze prowadzi blog *Bóg w wielkim mieście*...

Takich sytuacji chciałam uniknąć, dlatego właśnie – między innymi – z realizacją pomysłu założenia bloga, który od dawna nosiłam w sercu, zwlekałam dobrych kilka miesięcy. Wiedziałam, że mówienie na głos o wierze w Boga w wielkim mieście będzie miało swoją cenę, że znajdą się tacy, którzy będą to wyśmiewać – i tak też się stało. Jednym z pierwszych momentów, kiedy zorientowałam się, że jestem już postrzegana jako katolicka blogerka, była impreza ze znajomymi w Planie B przy placu Zbawiciela. Tego wieczoru wyszliśmy właściwie „tylko na godzinkę" spotkać się, porozmawiać i pośmiać. Piliśmy jakieś drinki i trochę tańczyliśmy, kiedy zauważyłam na sobie uważne spojrzenie. Nieznajomy podszedł do mnie i z lekko kpiącą nutą powiedział: „Poznaję cię. Czy blogerce katolickiej wypada TAK tańczyć?". Roześmiałam się, bo tańczyłam dokładnie tak samo jak cały klub, kołysząc się w rytm muzyki z pozostałymi. „Nie. My, wierzący, spędzamy sobotnie wieczory w mieście, leżąc na grochu twarzą do ziemi w workach pokutnych" – odparłam. Innym razem na blogu ktoś skomentował: „Co to za pomysł, żeby z takimi czerwonymi pazurami fotografować się z różańcem?". Zdarzały się takie absurdalne zaczepki. Więcej jednak było głosów w stylu: „Ja też czuję się samotna w korporacji z moją wiarą, fajnie, że tak normalnie piszesz o tym, jak jest". Inni pytali, czy nie zwolnią mnie za to z pracy. W końcu TVN to podobno taka „antykościelna stacja".

Reakcja mojego otoczenia zawodowego kompletnie mnie zaskoczyła, i to zdecydowanie pozytywnie. Zresztą to koledzy z programu *Dzień Dobry TVN*, którego jestem dziennikarką, pierwsi zachęcali mnie do pisania bloga o ludziach, którzy szukają Boga. Magda, jedna z wydawców programu, ciągle namawiała: „Zacznij w końcu pisać!", i tak długo nie odpuszczała z pytaniami, kiedy to w końcu zrobię, aż przyszedł dzień, kiedy dojrzałam do tej decyzji i powiedziałam jej, że zrobię to, tylko niech przestanie już pytać. Do przeprowadzenia pierwszego wywiadu na temat ludzi szukających Boga zachęcił mnie Bartek Węglarczyk. W mojej uchodzącej za niekatolicką redakcji pomysł przyjęto z życzliwością, otwartością i szacunkiem. Doszło do tego, że moje wywiady z gwiazdami poświęcone Panu Bogu zaczęły się ukazywać w najlepszym czasie antenowym i cieszyć dużym zainteresowaniem widzów. Odzew był wzruszający i z przejęciem słuchałam, jak bardzo przesłanie o Panu Bogu, który działa tu i teraz, trafia do serc widzów. Wydawcy sami proponowali: sprawdź jeszcze tę gwiazdę, porozmawiaj z tamtą – on podobno się nawrócił albo ona jest wierząca.

Wygląda więc na to, że Pan Bóg wybrał sobie na współczesnych apostołów dziennikarzy programu porannego, i to właśnie w takiej, a nie innej telewizji. Jestem wdzięczna moim szefom i kolegom, że byli tak bardzo otwarci i wspierający. Ze wzruszeniem obserwowałam, jak Pan Bóg działał w miejscach, o których mówi się, że Go w nich wcale nie ma.

W wielkim mieście chętnie przypinamy sobie łatki, odgradzamy się od siebie wzajemnie osądzaniem, przekonaniem, że coś o kimś wiemy, bo przecież widzimy, jaki jest: pijak, złodziej, karierowicz, katol, beton, moher, gej, ćpun, dziwka… I wszystko jasne, kto jest kim. Tymczasem dla Niego każdy jest ukochanym dzieckiem. Dla Niego nie ma przegranych. Dla Niego nie ma granic, murów – to my sami je stawiamy. Oceniamy, jesteśmy pełni niepotrzebnych uprzedzeń. O tym, że tak jest, miałam się przekonać wiele razy. Ja też dostałam łatkę. Nagle zdałam sobie sprawę, że dziennikarka stacji uchodzącej za niekatolicką ma logo „NIEWIERZĄCA" wypisane na twarzy niemal tak wyraźnie, jakby to był tatuaż na czole. Zaczęły się zaczepki w stylu: „Jak śmiesz pracować w TVN-ie i pisać o Bogu!", i inne sytuacje, w których czułam się znów jak ten Shrek straszący wieśniaków.

Pamiętam jedno z pierwszych spotkań z czytelnikami podczas targów książki katolickiej, na którym miałam opowiedzieć o moim doświadczeniu Pana Boga i pisaniu bloga. Czekam cała przejęta na pytania z sali. Nagle wstaje jakiś starszy pan i zaczyna mnie strofować, że nie wypada, aby ktoś ubrany tak jak ja wypowiadał się na tematy wiary. Ze zdziwieniem przyjrzałam się swojemu strojowi. Typowy dziennikarski *outfit*: marynarka i dżinsy. Panu chodziło o dżinsy, bo trochę przetarte. Nie tak, żeby było widać pół uda, ale jednak. Odpowiedziałam, że mój blog powstał właśnie po to, żeby powiedzieć ludziom – głównie młodym, w dżinsach – że Pan Bóg jest też dla nich. Dodałam, że gdyby On przyszedł teraz na ziemię, to moim zdaniem nosiłby dżinsy. Ktoś z tłumu wstał: „Ja też noszę dżinsy i się tego nie wstydzę". W tych okolicznościach, roztrząsając niuanse mojego ubioru, kiedy kolejne minuty rozprawialiśmy o wyższości spodni „materiałowych" nad dżinsami, pomyślałam sobie, że chyba o coś innego chodziło mi w tym blogu.

Wspominam to teraz jako anegdotę, ale wtedy, na tej scenie, wcale nie było mi do śmiechu. Tamte sytuacje, spotkanie z Rudą w klubie, reakcja przystojniaka z urodzin kolegi w Wielkim Poście – wszystko to nauczyło mnie, że naprawdę nie wolno nikogo oceniać po pozorach. Myślimy, że coś o kimś wiemy, bo nosi jakieś logo albo jest źle ubrany, albo stoi nie po tej stronie, co my. Możemy się jednak bardzo pomylić. Pamiętam, jak jedna z moich kochanych przyjaciółek, której nie podejrzewałam o szczególnie głęboką relację z Bogiem, zaskoczyła mnie kiedyś prośbą o wspólną modlitwę w pewnej intencji. Modlitwa miała trwać miesiąc. Modliłyśmy się tak przez miesiąc, codziennie rano wysyłając sobie SMS-y z przypomnieniami. Wszystko jest dobrze, skoro On nas słyszy – przekonywała mnie osoba, którą – jak sądziłam – to raczej ja mogłabym nawracać. W pięknej czarnej sukience od Ani Kuczyńskiej czy w zwykłych, ulubionych, trochę przetartych dżinsach, w tej telewizji czy w innej, wszędzie jestem przecież tą samą Kasią i moje serce, moja wiara i modlitwa nie zmieniają się w zależności od tego, jak jestem ubrana albo gdzie się modlę: w drodze do redakcji czy na kolanach w kościele. A Ruda z klubu go-go? Czym tak naprawdę się różnimy – z wyjątkiem tego, jakich ludzi spotkałyśmy na naszej drodze?

Dla Boga nie ma przecież znaczenia, gdzie pracujemy albo co mamy na sobie. On patrzy na serce i widzi wszystko, naprawdę wszystko. To my lubimy przyklejać łatki, dzielić na „tych z prawa" i „tych z lewa", choć przecież wszyscy jesteśmy dziećmi tego samego Boga. Ja sama oceniam bez przerwy. Często unoszę się jak paw i brakuje mi pokory. Na przykład bardzo mnie zawsze denerwowało, kiedy komuś w kościele dzwonił telefon – do momentu, aż mi też zadzwonił, i to w najmniej odpowiednim momencie. Nikt obok nawet się nie skrzywił, choć trwało wieki, zanim znalazłam telefon w torebce. Następnym razem, kiedy komuś obok się to zdarzyło, byłam już bardziej wyrozumiała.

Im więcej sztucznych podziałów dostrzegałam wokół siebie, tym bardziej szukałam w mojej pracy – w tematach, którymi się zajmowałam, w ludzkich historiach – pokoju, jedności, zrozumienia, dobrego przykładu, światła. Tak powstał cykl *Kobieta w religiach świata*, w którym kobiety różnych wyznań i religii opowiadały mi, czym jest dla nich wiara na co dzień. I znowu widzowie pokochali te historie. Spotkania z moimi bohaterkami były dla mnie niesamowitą przygodą. Odwiedzałam z kamerą miejsca kultu wszystkich najważniejszych religii, nie kryjąc się wcale z tym, w jakiego Boga ja wierzę, i wszyscy rozmawialiśmy z szacunkiem, a często w serdecznej, ciepłej atmosferze, bez podziałów, kłótni i tak powszechnej w życiu publicznym agresji.

Osobą, która nie zważała na żadne etykietki, śmiała się z nich i była dla mnie wzorem ewangelicznej miłości – takiej postawy, aby każdego traktować w ten sam sposób: z szacunkiem, pokorą i miłością – był ksiądz Jan Kaczkowski. Poznałam go, odbierając pewnego dnia telefon z zapytaniem, czy nie poprowadziłabym koncertu zespołu Luxtorpeda w hospicjum w Pucku. Koncert rockowy w hospicjum? „To musi być jakiś żart" – pomyślałam, ale zgodziłam się. I właśnie tak poznałam księdza Jana.

Podziwiałam go. Łamał wszelkie konwenanse i śmiał się ze wszystkich podziałów. Nie godził się na poniżanie nikogo. Nigdy nie odmówił mi wywiadu, chociaż łatwo znalazłby wymówkę, związaną choćby ze stanem zdrowia – chorował przecież na raka. Mimo to zawsze miał dla mnie czas, kiedy prosiłam na przykład o komentarz na jakiś temat. Uważał, że z każdym trzeba rozmawiać. Nie zakładał z góry, że chcę mu zrobić krzywdę, bo jestem z TVN-u. Otwarty, serdeczny, chętnie komentował różne wydarzenia i problemy, podkreślając zawsze najważniejsze dla niego kwestie związane z wiarą, z Eucharystią. Tylko z tego nie żartował. Poza tym bardzo lubił się śmiać. Na widok sióstr zakonnych, zdezorientowanych widocznym na moim mikrofonie logo stacji, mówił z właściwą sobie ironią: „Przyjechała dziennikarka z telewizji szatana. Nie mają chyba siostry nic przeciwko?" – i puszczał do mnie porozumiewawcze oko.

Ksiądz Jan pokazywał mi, że szacunek i tolerancja należą się każdemu, niezależnie od sytuacji i pozycji. Kiedyś udało mi się go zaprosić na obiad do włoskiej restauracji w Warszawie. Chciałam w ten sposób podziękować za podjęcie mnie kolacją w domu rodzinnym księdza w Sopocie po wspomnianym koncercie. Zostałam tam ugoszczona po królewsku, więc bardzo mi zależało, żeby się odpowiednio zrewanżować. Starannie wybrałam restaurację. Ksiądz Jan miał problemy ze wzrokiem i kiedy zamawiał obiad, trzymał twarz pochyloną tuż nad stolikiem, niemal całkowicie zanurzoną w karcie. Czytał menu dosłownie z nosem przy stole. Stojąca obok nas młoda kelnerka patrzyła na to z wyraźnym zniecierpliwieniem. Po chwili ksiądz próbował złożyć zamówienie. Zanim zorientowałam się, co się dzieje, kelnerka cedziła teatralnie przez zęby, że nie słyszy i nie rozumie. Tonem, jakby zwracała uwagę niegrzecznemu dziecku w szkole, kazała sobie głośniej powtórzyć zamówienie. Zagotowało się we mnie. Zwróciłam jej uwagę. Nie poskutkowało. Z jeszcze większą ostentacją przekonywała, że nie może przyjąć zamówienia, bo „nie słyszy, co ten pan chce". Ze wstydu za jej zachowanie miałam ochotę zapaść się pod ziemię. Nie wierzyłam, że to się dzieje naprawdę. Ksiądz, jeszcze przed chwilą wesoły, teraz jakby ucichł. Patrzył przed siebie i nic nie mówił. Nie okazał wzburzenia, nie padło słowo skargi ani żadna cięta riposta, choć przecież zawsze wiedział, co powiedzieć. Próbowałam go przepraszać, przekonując, że zaraz zmienimy miejsce i żeby nie brał tego do siebie. On mnie tylko uspokajał: „Nie ma co się denerwować, Kasiu. Nie trzeba. Nic takiego się nie stało". Do dziś nie daje mi spokoju, dlaczego się nie bronił, nie próbował się odgryźć. Może zapytam go o to, kiedy się spotkamy w niebie. Jestem przekonana, że modli się tam nie tylko za swoich bliskich, których tak bardzo kochał, ale też za wszystkich bez wyjątku, niezależnie od tego, po której stronie ktoś stoi. I za tamtą kelnerkę też.

> Bóg nas miłuje takimi, jakimi jesteśmy, i żaden grzech, wada czy błąd nie sprawi, by zmienił swoje zdanie. Dla Jezusa – pokazuje to Ewangelia – nikt nie jest gorszy i daleki, nie ma człowieka bez znaczenia, ale wszyscy jesteśmy umiłowani i ważni. Ty jesteś ważny! A Bóg liczy na ciebie z powodu tego, kim jesteś, a nie z powodu tego, co masz. W Jego oczach nic nie znaczy, jak jesteś ubrany czy jakiego używasz telefonu komórkowego; dla Niego nie jest ważne, czy podążasz za modą – liczysz się ty. W Jego oczach jesteś wartościowy, a twoja wartość jest bezcenna.
>
> Papież Franciszek, Światowe Dni Młodzieży, Kraków

Bóg, przy którym dorastam

Krzysztof Skórzyński

reporter, dziennikarz (Warszawa)

Z Krzysztofem Skórzyńskim, dziennikarzem Faktów *spotkałam się w Zielnik Cafe, czyli w ogródku restauracji Zielnik w Parku Dreszera na warszawskim Mokotowie. Na co dzień przebywa w samym centrum najważniejszych wydarzeń politycznych i społecznych w kraju i relacjonuje je, pracując na najwyższych obrotach, ale mimo to nie widać po nim stresu ani zmęczenia. Przeciwnie. Na spotkanie przyszedł w świetnym humorze: uśmiechnięty, pogodny, życzliwy. Z pasją opowiadał o rodzinnych planach na popołudnie, bo dni wolne od pracy takie jak ten zawsze spędza z żoną i dziećmi.*

KASIA: Był jakiś przełomowy moment w twoim życiu, od którego zacząłeś wierzyć w Boga?

KRZYSZTOF: Jestem nudnym katolikiem, nie przeżyłem nigdy czegoś takiego, co byłoby wielkim oświeceniem, wielkim nawróceniem. Duch Święty na mnie nie zstąpił, kiedy klęczałem w kaplicy jasnogórskiej, światło na mnie nie spadło. Zawsze byłem wychowywany w Kościele.

Kto zaszczepił ci wiarę?

Rodzice. Moja mama pochodzi z Podlasia, z bardzo wierzącego domu, gdzie wiara była ludyczna, kościoły ludyczne. Tata znowu pochodzi z miejskiej rodziny. Moi rodzice poznali się w Kościele, bo oboje należeli do wspólnoty, jeszcze w latach siedemdziesiątych, potem w osiemdziesiątych. Ja w jakimś sensie poszedłem tą drogą. W roku 1990 pierwszy raz wybrałem się na pielgrzymkę do Częstochowy. Na mojej chyba dwunastej pielgrzymce poznałem moją żonę, która też chodziła na te pielgrzymki. Potem chodziliśmy na nie razem, a teraz czekamy, aż nasze dzieci urosną i będziemy mogli znowu wrócić do tego zwyczaju.

Pierwsza randka była też na pielgrzymce?

Nie, nie. Pierwsza randka była tuż po pielgrzymce (*śmiech*).

Jakie masz skojarzenia, kiedy myślisz: Bóg w wielkim mieście?

Bóg w wielkim mieście jest gdzieś bardzo głęboko ukryty. Te wielkie miasta często się Go trochę wstydzą. Dużo łatwiej jest przeżywać i pielęgnować swoją wiarę w małej miejscowości niż w dużej, gdzie świat zewnętrzny wywiera na ciebie jakąś presję.

Miałem niedawno taką sytuację, że byliśmy z Anią poza Warszawą w grupie dalszych znajomych. W sobotę mieliśmy imprezę. Wieczorem mówimy, że się zwijamy, bo rano trzeba iść do kościoła. Zdziwienie tych ludzi było nie do opisania. Zaczęli przekonywać: „Jak to: rano trzeba iść do kościoła? Stary, nie trzeba iść do kościoła wcale!". Miałem wrażenie, że część tych ludzi też wyląduje w kościele następnego dnia, że też pójdą, tylko nie chcą o tym powiedzieć.

Doskonale znam takie reakcje. Dlaczego twoim zdaniem wstyd przyznać się, że idziesz na mszę?

To bardzo indywidualne. Grzechem byłoby generalizowanie. Często jednak, niestety, Kościół kojarzy się ludziom z czymś, co jest bardzo nienowoczesne, takie zabobonne. Dlatego nawet jeśli chodzą do kościoła, to wstydzą się o tym mówić. Wiesz, ja mam zawsze problem, gdzie jest ta granica: dokąd jest świadczenie o swojej wierze, a odkąd zaczyna się manifestacja wiary. Manifestacja nie jest dobra, wiara nie może być na pokaz, ponadto manifestowanie wiąże się z presją. Nie lubię wywierać presji na ludzi. Pana Boga powinien każdy wybierać po swojemu.

A ty sam wstydzisz się wiary?

Nie, ja nie. Staram się tylko nie manifestować jej w sposób, który raniłby innych. A to, wbrew pozorom, bardzo łatwe. U mnie w pracy na przykład wszyscy doskonale wiedzą, że jestem blisko związany z Kościołem, podobnie wszyscy znajomi. To wystarczy. Nie chcę, by ktoś kiedykolwiek pomyślał, że uważam go za gorszego, bo nie chodzi do kościoła.

Wiesz, jestem średnio związany z wielkomiejskim środowiskiem. Jeśli już trzymamy się tytułu twojego bloga, to ja w tym wielkim mieście żyję trochę z boku. Nigdy nie należałem do tak zwanej „warszawki". A poza tym u mnie wiara jest bardzo świadoma. Wyrosłem w niej, pielęgnuję ją, dzieci również staram się trzymać bardzo blisko Kościoła.

Nie obawiasz się, że staną się „kościółkowe"?

Między wiarą a dewocją jest cienka granica, nie chcę, żeby zdewociały, ale chcę, żeby to mocno przeżywały. Antek ma siedem lat, więc za rok będę go prowadził, tak jak tata mnie prowadził, by został ministrantem. Wydaje mi się to ważną częścią mojego życia. Dlatego powiedziałem ci na początku, że nie przeżyłem niczego, co byłoby czymś takim jak rozstąpienie chmur, promień z nieba, gołębica, moment, od którego jestem nawrócony, chodzę do kościoła, klęczę przed Najświętszym Sakramentem. Nie, u mnie to było inaczej... Kurczę, może trzy razy w życiu nie byłem w niedzielę w kościele: kiedy byłem chory. To jest na takiej zasadzie.

A nie miałeś nigdy żadnych wątpliwości dotyczących wiary?

Miałem. Nawet przedwczoraj, wczoraj, dzisiaj. Codziennie się pojawiają, to jasne. I to najczęściej w kościele, żeby było śmiesznie. Osiem na dziesięć homilii, których słucham, jest tak piekielnie nudnych, że zazwyczaj myślami jestem kompletnie gdzie indziej.

Do dominikanów przyjdź, tam zawsze mówią jakoś tak, że trafia do człowieka.

Chodzę czasami do kościoła Dominikanów na Służewie, ale to jest bardzo daleko. U siebie w parafii mamy super księdza, chodzę z dzieciakami, więc to też jest inaczej. Dopóki chodziliśmy sami z żoną, wybieraliśmy sobie kościoły. Dzisiaj idziemy do tego, w którym dzieci wytrwają do końca (*śmiech*). Siłą rzeczy te homilie, kiedy ksiądz rozmawia z dziećmi, to są chwile, kiedy uciekam myślami, jestem sam ze sobą. I zazwyczaj wtedy mam najwięcej wątpliwości: czy Bóg jest, czy Boga nie ma, kto to jest ten Duch Święty, a może Go nie ma, czy to wszystko nie jest aby przereklamowane...

Usłyszałam kiedyś takie zdanie, że codziennie budzimy się ateistami i mamy cały dzień, żeby sobie udowodnić, że Bóg jest... Ja to przerabiam ciągle, na okrągło.

Czasem mnie nachodzą takie myśli: może chrześcijaństwo to jest taka sekta, której się udało? Cofam się dwa tysiące lat i myślę: było ich dwunastu, poszli sobie w świat, no, może dziesięciu poszło, ten zaczął nauczać tu, tamten tam, trafili na podatny grunt, zaczęło się to wszystko rozwijać, a my dzisiaj, dwa tysiące lat później, żyjemy w takiej ułudzie, że Bóg istnieje. Ale wydaje mi się, że dopóki człowiek ma wątpliwości, to stara się myśleć o tej swojej wierze, więc wątpliwości mają swoją dobrą stronę.

Co robisz z takimi wątpliwościami? Rozmawiasz z kimś?

Jest taka pieśń Akwinaty: „Co dla zmysłów niepojęte, niech dopełni wiara w nas". Jeśli czegoś nie jestem w stanie pojąć, to sobie myślę: „Dobra, jeśli to jest dla zmysłów niepojęte, to wchodzi wiara". Bardzo często ludzie przeciwstawiają wiarę wiedzy, zwróć na to uwagę. W encyklice *Fides et ratio* (Wiara i rozum) papież stara się udowodnić, że wiara nie jest odseparowana od rozumu. Po to jest nauka, która się nazywa teologią, po to są nauki o Kościele, żeby wiele rzeczy pojmować rozumem. A gdzie wiedza się kończy, zaczyna się wiara.

I to działa? Przychodzi wiara, że to całe nasze chrześcijaństwo to coś innego niż sekta?

Wtedy sobie przypominam o kobiecie, która miała nie urodzić dziecka, bo była bezpłodna albo miała ciążę pozamaciczną, a rodzi szczęśliwie zdrowe dzieci, bo się modliła. Albo historię jakiegoś totalnego nawrócenia. Albo słyszę o jakiejś historii demonicznej, z pogranicza nauki o egzorcyzmach. I to wszystko wiem od ludzi bardzo mi bliskich. Kiedy mnie opadają wątpliwości, to nagle pojawia się parę takich historii wokół mnie. A ja naprawdę stąpam twardo po ziemi.

Czyli wygląda na to, że mimo zdroworozsądkowego podejścia jednak otrzymujesz znaki?

Tak. Na to wygląda. Rozumiesz, jest taki *message*: „Stary, OK, powątpiłeś sobie, to teraz masz, udowadniamy". I u mnie to tak działa. Pamiętam, co powiedział mój znajomy ksiądz: „Prawdziwa wiara kończy się, kiedy w stu procentach uwierzysz, to znaczy kiedy już przestajesz zadawać sobie pytania. A dopóki zadajesz pytania, to cię też zmusza, żeby o tę wiarę dbać, żeby ją pielęgnować".

Czyli to dobrze, jeśli się ma wątpliwości?

Moim zdaniem super. Miałem momenty, kiedy sobie zarzucałem: „Kurde, człowieku, nie powinieneś wątpić, bo to grzech, trzeba się z tego wyspowiadać". I kiedyś próbowałem, a ksiądz mnie wyśmiał. Powiedział: „Słuchaj, stary, ja się przedwczoraj zastanawiałem, czy Bóg istnieje. Mało tego, siedzę w tym konfesjonale, jesteś czterdziestym ósmym moim penitentem, jestem tak znudzony, że się w pale nie mieści, przed chwilą była tu jedna babcia, którą znam, bo co drugi dzień przychodzi do spowiedzi, i spowiadała się z tego, że posłodziła herbatę czterema łyżkami cukru i trochę przesadziła, bo w Afryce głodują, więc nie powinna czterema łyżkami – a ja sobie myślę o swojej wierze i mówię: stary, ja też mam wątpliwości". Więc nie jest tak źle.

Skoro jest tyle niewiadomych, tyle pytań, to co jest najważniejsze? Gdybyś miał uchwycić Boga i zamknąć w butelce, co by się w tej butelce znalazło?

Myślę, że relacje z ludźmi. Gdybym miał znaleźć Boga, szukałbym Go w relacjach. Nie chcę popaść w żaden patos, nie znoszę w ogóle patosu, ale wydaje mi się, że Boga najłatwiej znaleźć w relacjach z ludźmi – bliskimi albo takimi, którzy ciebie potrzebują. Tam Go możesz uchwycić w sposób materialny.

Bywam totalnie skłócony z moją żoną, ale zawsze się godzimy, bo w tym wszystkim pojawia się Pan Bóg. Potem patrzę na żonę i myślę sobie: „Kurde, dziewczyno, spędziłem z tobą dziesięć lat, znamy się dwanaście, z jakiegoś powodu jesteśmy razem, z jakiegoś powodu spotkaliśmy się, bilans naszego wspólnego życia jest absolutnie na plus" – i tu właśnie widzę tego Boga. To przykład jeden z wielu. Wydaje mi się, że rozmawiając tutaj, też jesteśmy w stanie uchwycić Pana Boga. Kiedy siedzimy w parku i rozmawiamy o Nim, to ten park jest inny, niż gdybyśmy rozmawiali o dupie Maryny. Wiesz, co mam na myśli?

To więcej Go w tych relacjach czy raczej w tym parku?

To trochę jak mierzenie cukru w cukrze. Ja uważam, że najłatwiej uchwycić Pana Boga w relacjach z ludźmi. A potem łatwiej je pielęgnować, naprawiać, kiedy dostrzeżemy w nich Boga.

Masz na myśli siłę sakramentu?

O nie, poczekaj, nie chcę się w tym momencie odwoływać do przykładu małżeńskiego, broń Boże. Mówię o wielu innych relacjach. Powiem ci, że jak u mnie w pracy jest strasznie źle, już ledwo żyję, ledwo stoję, nie wychodzę z tej roboty, jestem zmęczony psychicznie, to wtedy uciekam w modlitwę albo w myślenie o Panu Bogu – zwykłe myślenie, nie w koronkę, nie w różaniec, bo w tym jest najlepsza moja żona – i to mija. Humor mi się zdecydowanie poprawia, łatwiej mi wstać do roboty, mija mi też zmęczenie.

Wystarczy zwykła myśl?

Tak. Czasem mam wrażenie, że wykorzystuję Pana Boga w sytuacjach, kiedy jest mi źle. Trochę o Nim zapominam, kiedy jest wszystko dobrze. Powiem brutalnie: najłatwiej uchwycić Pana Boga w sytuacji, kiedy jest ci źle, i nie odkryję tutaj Ameryki.

Dominikanin ojciec Krzysztof Pałys powiedział mi, że kiedy ogarnia nas ciemność, wystarczy tylko patrzeć w kierunku światła.

Wiesz, ja tak mam.

To sprawdzony sposób na kryzysy wiary?

Wiara jest sprawą tak bardzo indywidualną, że szukanie jakichś uniwersalnych recept jest drogą donikąd.

W jakich jeszcze momentach wiara jest dla ciebie nie znakiem zapytania, lecz konkretną siłą?

Ostatnio brałem udział w debacie poświęconej pytaniu: czy łatwo jest katolikom w mediach? Był taki moment, że pomodliłem się: „Panie Boże, daj mi Ducha Świętego, jakąś szybką dobrą odpowiedź". I odpowiedziałem w ten sposób: „Wydaje mi się, że nam jest ciężej, bo mamy dużo więcej punktów odniesienia. Nie chcę powiedzieć, że ludziom niewierzącym jest łatwo, bo nie wiem. Nie będę się tutaj mądrzył, nie chcę nikogo obrazić. Mam jednak wrażenie, że ludzie, którzy wyznają jakiś tam kanon wartości katolickich, chrześcijańskich, mają dużo więcej skrupułów, żeby osądzać, na przykład wskazać winnego, żeby tabloidyzować przekaz. Ja mam tak zawsze: kurczę, może w tej sprawie on jest winien, ale generalnie jest dobrym człowiekiem. Jeśli nie masz tych wszystkich obciążeń – w cudzysłowie – związanych z wiarą, moralnością, twoim sumieniem, to jest ci łatwiej. A jeśli je masz, to trudniej ci przekroczyć pewne granice i dużo bardziej się męczysz".

Bywa, że się tą wiarą zasłaniamy, uciekamy od siebie i prawdziwego życia?

Regularnie próbujemy.

Jak tego uniknąć?

Trzeba żyć pragmatycznie, nie można odseparowywać wiary od swojej codzienności. Niebezpieczne jest, kiedy ludzie wierzący zaczynają wszystko tłumaczyć wiarą. Trzeba się starać przezwyciężyć każdy problem wiarą – a nie usprawiedliwiać go nią. Znam ludzi, którzy nie rozwiązują swoich problemów, tylko siadają *vis-à-vis* i mówią: Jezus nas kocha, nie płacz, kochanie, Jezus jest z nami, pomodlimy się… I te problemy istnieją gdzieś dalej. Bóg dał człowiekowi wolną wolę, On nie będzie za nas załatwiał wszystkich naszych spraw. OK, możemy zapukać do drzwi, możemy poprosić o pomoc, ale problemy są od tego, żeby je rozwiązywać.

Jaki jest twój sposób na to, żeby nie wpaść w taką pustą, martwą wiarę, która byłaby tylko przykrywką?

Praca. Praca nad samym sobą, nie tylko modlitwa. Siostry klauzurowe są od tego, żeby się za nas tylko i wyłącznie modlić i sadzić warzywka. My jesteśmy od tego, żeby także działać. Znam parę związków, które się rozwaliły tylko dlatego, że jedna strona uznała, iż nie będzie rozwiązywać problemów, tylko za każdym razem, gdy coś się działo, latała do kościoła. Latała do kościoła, klękała i się modliła. Nie starała się diagnozować tego, co jest nie tak, co należy poprawić, co można zrobić. Bóg – moim zdaniem – chce, żebyśmy dorastali w wierze, a nie w niej wegetowali.

Ksiądz Jan Kaczkowski mówił o tym kiedyś z przymrużeniem oka. Swoją drogą – ciekawy facet. Bardzo konserwatywny, zwolennik trydenckiego rytu mszy świętej, a jednocześnie superotwarty gość. On wyśmiewał, w cudzysłowie, „latanie do kościółka" z każdym najmniejszym problemem. Ja nie mam nic przeciwko temu, też latam do tego kościółka z najmniejszym problemem, tylko przy okazji staram się te problemy rozwiązywać.

Czyli: „Módl się tak, jakby wszystko zależało od Boga, a pracuj tak, jakby zależało od ciebie"?

Tak. I to jest esencja wolnej woli.

Wszystko najłatwiej zwalić na Boga… Wspomniałeś, że Bóg jest również w tym parku. Jak to rozumiesz?

Zwyczajnie. On jest wszędzie, także z nami tu, w tym parku, teraz, w tej zbliżającej się burzy. Wystarczy, że sobie o tym przypomnę, i ten park nie jest już tym samym parkiem. Jest przepełniony Jego obecnością.

Bóg, który kibicuje naszym talentom

Anna Kalczyńska-Maciejowska

prezenterka, dziennikarka (Warszawa)

Z Anią Kalczyńską-Maciejowską umówiłam się w studiu Dzień Dobry TVN. *Tutaj spędza pięć poranków w tygodniu, prowadząc program na żywo w duecie z Andrzejem Sołtysikiem. Po programie Ania omawia z grupką wydawców scenariusz kolejnego wydania, a dziś, zanim pobiegnie do trojga dzieci i z profesjonalnej dziennikarki przeistoczy się w troskliwą mamę, obiecała mi rozmowę o Bogu w jej życiu – chociaż, jak sama przyznaje, takich wywiadów nie udziela często.*

KASIA: Będę z tobą szczera. Mam takie doświadczenie jako dziennikarka, że nie każda wierząca osoba chce dziś otwarcie mówić o swojej wierze. Ty w przestrzeni publicznej odważnie mówisz o swoich poglądach. Nie wolisz czasami dla świętego spokoju pomilczeć?

ANIA: Każdemu wydaje się dziś, że panuje nad swoim życiem i nad tym, co go spotyka. Mamy złudne poczucie, że wszystko zależy od nas. Dla osób wierzących oczywiste jest, że tak nie jest i powinniśmy zachować pokorę wobec tego, co dzieje się wkoło nas. Paradoksalnie to właśnie pokora powoduje, że mogę, a nawet powinnam, odważnie wypowiadać się na temat tego, w co wierzę i co myślę. Staram się walczyć o swoją przestrzeń, gdzie mogę wypowiadać sądy i dzielić się swoim rozumieniem świata, jednocześnie nie narzucając go innym. Każdy z nas sam decyduje, jak chce przeżyć życie, i ja też mam prawo do tego, żeby bronić swoich wartości. Uważam, że wartości chrześcijańskie są tak samo ważne, jak każde inne. Staram się nie kategoryzować ludzi według ich poglądów, jak to robią niektórzy wobec mnie – tylko dlatego, że jestem osobą wierzącą. Przypina się mi łatkę fundamentalistki, co jest bardzo niesprawiedliwe. Mam pełne prawo mówić o wartościach, które wydają mi się uniwersalne.

Jak ta otwartość przyjmowana jest przez twoje środowisko? Czy odczuwasz jakąś szczególną ciekawość związaną z twoją wiarą?

Przez te wszystkie lata, kiedy tu pracuję, chyba tylko raz spotkałam się z sytuacją, że ktoś z moich współpracowników zainteresował się moimi poglądami. Chodziło o sprawy związane z aborcją, o których zabrałam głos. W „naTemat" pojawił się wówczas artykuł o dziennikarkach, które odważnie wypowiadają się na temat ochrony życia. Nie wypieram się swoich poglądów, ale też nie uważam się za *fighterkę*, bo to, że ja w coś wierzę, nie uprawnia mnie do narzucania komukolwiek moich poglądów.

Wartości chrześcijańskie to dobre wartości, które mogą pomóc światu. Ja się nimi kieruję i według mnie najlepiej by było, gdybyśmy wszyscy chcieli żyć zgodnie z takim kodeksem. Tak jednak nie jest. Świat nie jest czarno-biały. My, chrześcijanie, możemy się starać dawać dobry przykład, ale też bez przesady – nie można przemawiać z poziomu wysokiego „C". Jesteśmy w końcu tylko grzesznikami, więc nie zapominajmy, żeby wypowiadać się z pokorą.

Które z tych wartości są dla ciebie najważniejsze? Czym jest dla ciebie wiara na co dzień?

Moja wiara przede wszystkim uczy mnie tego, żeby kochać i szanować bliźniego. To są tak naprawdę podstawy.

W tym przykazaniu wiele się mieści. Choćby wskazówki, jak patrzeć na innych ludzi, na przykład na tych, którzy nie kierują się tymi wartościami, co ja. Muszę do nich podejść z szacunkiem. W prowadzonym przeze mnie programie często goszczę ludzi, którzy prezentują poglądy diametralnie inne od moich.

Ale najlepiej mogę tę wiarę w praktyce pokazać w relacjach z dziećmi, kiedy jestem zmęczona i nie mam już siły, a dzieci są niegrzeczne i manifestują swoje fochy, albo inaczej – „wykuwają swój charakter". Staram się w takich chwilach być cierpliwa, choć jest to trudne.

To jest właśnie przejaw mojego chrześcijaństwa, czyli miłości połączonej z szacunkiem do drugiej osoby, która ma swój integralny świat. To podejście przekłada się też na moje małżeństwo, przyjaźnie i inne relacje. Nazwałabym to po prostu staraniem się, by być dobrym człowiekiem. Ja w ogóle szanuję ludzi. Może dlatego nie rozumiem chamstwa, którego tak dużo w tym naszym świecie.

Nie uważasz, że ten „nasz świat" medialny lubi jednak kontrowersje i – nazwijmy to tak – mocne wypowiedzi?

(*śmiech*) Ale mnie też się zdarza coś kontrowersyjnego powiedzieć. Jestem przecież królową wpadek! Jestem osobą żywiołową i wesołą i czasami zwyczajnie coś chlapnę, ale nie jest to obliczone na skandal, na to, że to się okaże chwytliwe, a program się wtedy lepiej sprzeda.

Jeżeli chodzi o przyznawanie się do wiary, to mam wrażenie, że to specjalnie chwytliwe nie jest. Bycie osobą wierzącą odbierane jest jako bycie osobą... niepostępową.

...niepostępową, pasywną, wycofaną, anachroniczną. Tak jest. Dlatego potrzeba osób, które potrafią o wierze mówić z charyzmą – jak na przykład Kamil Stoch, Robert Friedrich „Litza" czy Szymon Hołownia. Trzeba walczyć z tak zwanym „obciachem".

Czy wiara przekłada się na kanony piękna, kobiecości? Czy ma wpływ na to, jak wyglądasz?

Osoby wierzące, które znam, są piękne przez wrażliwość i siłę. Polega to na tym, że są jakby dotknięte jakimś większym spokojem. Oczywiście nie ma to większego wpływu na to, jak wyglądamy. Zresztą Pan Bóg kocha tak samo tych pięknych i niepięknych, tych z większą i mniejszą gracją.

Ale w telewizji piękno duchowe chyba nie wystarczy. Czy w jakiś szczególny sposób dbasz o swój wygląd? Zrobiłabyś sobie, na przykład, operację plastyczną?

Dbam o siebie i chcę wyglądać atrakcyjnie, dokładnie tak samo, jak każda inna kobieta, ale nie poddaję się temu szaleństwu.
Są na przykład aktorki, które korygują sobie nos. Jeśli to ma im pomóc w zdobywaniu ról, to może warto. My w telewizji, na szczęście, nie musimy być żadnymi miss. Oczywiście kamera kocha ładne twarze, ale główną wartością w tej pracy jest wyrazista osobowość. Ona jest ważniejsza.

A jak ma się wiara do sukcesu, także komercyjnego? Czy to się dla ciebie w jakiś sposób łączy?

Pan Bóg kibicuje naszym talentom. Dał je nam po to, żebyśmy je rozwijali. Nierozwijanie ich jest wręcz grzechem. Dlaczego dobry katolik nie miałby pomnażać pieniędzy? Inna sprawa to ich wykorzystywanie i – szerzej – wykorzystywanie każdego sukcesu.

A w miłości i małżeństwie – wiara pomaga czy ogranicza?

Bardzo pomaga. Dopiero sakrament małżeństwa sprawił, że poczułam się ze swoim mężem kompletną całością, jednością. Oczywiście wiele rzeczy łączy ludzi, na przykład kredyty, ale mimo wszystko w tym pełnym pokus świecie zawarcie małżeństwa łączy w sposób szczególny. Kiedy zbliża się okres świąt i wszyscy po spowiedzi siadamy do stołu wielkanocnego, ten sakrament daje nam radość, która wypełnia nasze serca, dumę, że nam się to udaje, i wyjątkowe błogosławieństwo.

To czemu naokoło widzimy tyle zdrad i tyle rozwodów?

Mam takie przekonanie, że temat rzekomej wszechobecnej zdrady jest przereklamowany. Wcale nie jestem przekonana, czy ludzie naprawdę tak często się dziś zdradzają, jak to się mówi. Pracuję w telewizji dwanaście lat i widzę, że wcale nie jest pod tym względem tak źle. Ludzie, którzy są naokoło mnie, myślą, czują i zakładają rodziny, w których dbają o siebie wzajemnie. Oczywiście zdarzają się wyjątki.

Czy uczysz wiary swoje dzieci, czy zostawiasz im wolność wyboru? Często słyszę dziś takie zdanie: „Gdy dziecko dorośnie, samo wybierze, w co chce wierzyć". Jak ty do tego podchodzisz?

Zostałam wychowana w wierze i chcę tę wiarę przekazać moim dzieciom. My wierzymy. Różnie nam wychodzi, ale się staramy. Muszę przyznać, że moje dzieci nie przepadają za chodzeniem do kościoła, ale modlimy się razem co wieczór. Nie rozumieją jeszcze wszystkiego, pytają na przykład: „Wczoraj nie pomodliłem się do Aniołka, a jednak Bozia dała mi dobre sny i dobrze spałem. Jak to możliwe?". Całe to odkrywanie świata Pana Boga jest jeszcze przed nami. Będziemy to robić stopniowo. Oczywiście moje dzieci będą miały własne życie i nie wiem, którą drogą pójdą, ale chciałabym dać im ten fundament. Dobrze jest rozmawiać z Bogiem i móc polecić komuś swoje problemy.

O co i gdzie modlisz się najczęściej?

Modlę się dziękczynnie. Dziękuję przede wszystkim za zdrowie rodziny, męża i za moje dzieci. Jeśli chodzi o miejsca, mam sentyment do kościoła Sióstr Wizytek. Tam braliśmy ślub i tam chodzimy w święta.

Jako dziennikarka śledzisz to, co dzieje się na świecie. Dlaczego, twoim zdaniem, tak mało słyszy się w Polsce o tym, co się dzieje na przykład w Syrii – o zagładzie chrześcijan.

To, co dzieje się dziś w Syrii, Nigerii i Egipcie, to Holocaust. Giną zarówno Kurdowie, czyli muzułmanie, jak i chrześcijanie. Obawiam się, że media nie są tym zainteresowane, bo pozornie jest to odległy świat, nie nasz. Prawda o konfliktach religijnych na świecie jest dziś taka, że niektórzy radykalni bojownicy, jak członkowie Boko Haram, zasłaniają się religią, ale w rzeczywistości walczą o władzę. Gdyby nie było wiary, zasłanialiby się czymś innym. To, co dzieje się choćby w Afryce, rodzi strach i zmienia nasze postrzeganie islamu. Jak długo mamy przytakiwać, że to religia miłości i pokoju, skoro w jej imieniu giną straszliwą śmiercią nasi bracia w wierze?

Czy religia może być tematem żartów? Czy są granice wolności słowa?

Po tym, co stało się ostatnio w redakcji „Charlie Hebdo", rozmawiałam z wieloma Francuzami, którzy są gotowi poświęcić wszystko za wolność słowa. Osobiście uważam, że są granice, których nie powinniśmy przekraczać. Obrażanie religii nie przynosi nic dobrego. Jeżeli drwisz z kogoś z powodu tego, w co on wierzy, jaka w tym wartość? To niczego nie buduje, a jedynie niszczy. Ja nie kpię z niczyjej religii i chciałabym, żeby szanowano też moją wiarę.

Co jest najważniejsze w życiu z Bogiem w wielkim mieście?

Żeby nie użyć szumnego zwrotu „miłość bliźniego", powiem, że przede wszystkim życzliwość, czyli patrzenie na innych ludzi dobrym okiem. Żebyśmy nie zazdrościli, nie obrażali, nie oceniali z wyższością. Wiara to także odwaga w podejmowaniu wyzwań. Jeśli trzeba zawalczyć, to walczmy, ale według zasad *fair play*, żebyśmy sami do siebie mieli szacunek.

Dzięki wierze jestem osobą szczęśliwą i spokojną. Wiem, skąd pochodzę i dokąd kiedyś trafię, mam drogowskazy w postaci przykazań, które są po prostu dobre, które gwarantują mi spokój. Dla mnie to recepta na szczęście i fajne, dobre życie.

Małe gesty

Wy jesteście solą dla ziemi. Lecz jeśli sól utraci swój smak, czymże ją posolić? Na nic się już nie przyda, chyba na wyrzucenie i podeptanie przez ludzi. Wy jesteście światłem świata. Nie może się ukryć miasto położone na górze. Nie zapala się też światła i nie stawia pod korcem, ale na świeczniku, aby świeciło wszystkim, którzy są w domu. Tak niech świeci wasze światło przed ludźmi, aby widzieli wasze dobre uczynki i chwalili Ojca waszego, który jest w niebie.

(Mt 5, 13–16)

W wielkim mieście są miejsca, gdzie na co dzień nikt się nie zapuszcza, a gdzie też żyją ludzie. To kanały grzewcze, śmietniki i inne zakamarki, w których mieszkają bezdomni. Bezdomni są tak nieodłącznym elementem krajobrazu miasta, że prawie się ich nie zauważa. Latem śpią na ławkach w parku, zimą próbują się ogrzać na dworcach lub w tramwajach, wywołując wyraźne niezadowolenie podróżnych, bo przecież nie pachną kwiatami. Często mi się zdarza, że na ulicy ktoś podchodzi do mnie i prosi o pomoc – i jeśli tylko mogę, z wielką radością jej udzielam, chociaż mam świadomość, że nie zawsze trafia ona w uczciwe ręce.

Pewnego roku zima była naprawdę mroźna. Szłam przez centrum Warszawy opatulona puchową kurtką i ogromnym szalem, kiedy zaczepił mnie młody chłopak. Miał na sobie lichą kurtkę i cały się trząsł. Płaczliwym tonem zapytał, czy kupię mu obiad w barze mlecznym za rogiem. Odpowiedziałam, że oczywiście. Ruszyliśmy razem do tego baru, a tu on znów pyta, czy kupię też dla sześciorga głodnego rodzeństwa i dla mamy, bo jego tata umarł dwa tygodnie temu i nie mają co jeść. Przerażona tym rozmiarem nieszczęścia mówię, że naturalnie, kupię dla wszystkich, i próbuję się dowiedzieć, co jeszcze mogę zrobić: pytam go o pracę, opowiadam o instytucjach, które pomagają. Po chwili chłopak upewnia się, czy mam przy sobie gotówkę, bo w tym barze mlecznym rzekomo nie można płacić kartą. „Trochę dziwne jak na centrum Warszawy" – myślę sobie. Nie mam przy sobie gotówki, więc idziemy do bankomatu. Z bankomatu prowadzi mnie do tramwaju, chociaż bar miał być za rogiem. Nagle mówi, że w tym barze nie można też kupić nic na wynos, więc prosi, żebym dała mu gotówkę, a on już sobie sam wszystko kupi. Już prawie sięgam do portfela, kiedy przypominam sobie pana o kulach, któremu kupiłam kiedyś obiad dwie ulice dalej i dałam pieniądze na leki. Obiad wylądował w śmietniku, a jego samego spotkałam następnego dnia beztrosko maszerującego z kawą i gazetą. Tym razem zamierzam być ostrożniejsza. Proszę więc chłopaka o nazwisko, numer telefonu, adres, co go wyraźnie denerwuje. Nalega, żebym mu dała pieniądze. Ja nie ustępuję. Kiedy próbuję znaleźć kartkę papieru, żeby napisał mi na niej swoje dane, chłopak nie wytrzymuje. Dosłownie pluje mi w twarz, wyzywa i obrzuca przekleństwami. Miły, grzeczny chłopczyk zniknął, a przede mną stanął nagle ktoś bardzo agresywny. Z nienawiścią życzy mi wszystkiego najgorszego i szybko odchodzi. Spóźniona i rozdygotana docieram na umówione spotkanie i kiedy opowiadam tę historię, jedna z kobiet z niedowierzaniem odwraca się na krześle, mówiąc, że prawie rok temu, w tym samym miejscu miała identyczne zajście, też z chłopakiem, któremu tydzień czy dwa tygodnie wcześniej zmarł tata i zostawił go z sześciorgiem rodzeństwa. Scenariusz dalszych wypadków podobny, tyle że na nią nie pluł, a pod koniec to ona krzyczała na niego. Potwierdziły się więc moje przypuszczenia, że to naciągacz. Najprawdopodobniej dzieciak nieźle wdepnął w narkotyki i taki sobie znalazł sposób na życie.

Byłam bardzo rozżalona i obiecałam sobie większą asertywność, co w praktyce oznacza obojętność, w kwestii pomagania. Wytrzymałam aż do wieczora, kiedy to trafiłam w internecie na zdjęcia skromnej przyczepy campingowej, w której na mrozie mieszka bezdomna kobieta z synem. Obok zdjęcia był apel o pomoc napisany przez Piotra – chłopaka, który codziennie mija tę przyczepę w drodze do pracy.

„Co za dzień" – pomyślałam sobie, starając się zatrzeć w głowie nieprzyjemne wrażenia po porannym spotkaniu z żebrzącym chłopakiem. „Musicie od siebie wymagać, nawet kiedy inni od was nie wymagają" – te słowa Jana Pawła II, które wracają do mnie często w momentach, kiedy chcę sobie odpuścić, przypomniały mi się jeszcze raz. Zawahałam się przez chwilę, ale w końcu napisałam do owego Piotra, że chcę pomóc, i zostawiłam swój numer telefonu. Piotr niemal od razu oddzwonił i długo rozmawialiśmy o tym, co można by zrobić. Odzew na jego prośbę przerósł jego najśmielsze oczekiwania. Ludzie z całej Polski oferowali mailowo przeróżną pomoc. W niecałą dobę po umieszczeniu zdjęcia na portalu społecznościowym bezdomna kobieta z synem spali już w ciepłym łóżku w specjalnie wynajętym dla nich pokoju, pierwszy raz od miesięcy mogli też wziąć ciepły prysznic. Zainteresowała się nimi fundacja pomagająca bezdomnym. Dostali szansę na całkiem inne życie. Kiedy przyjechałam z kamerą, dalsze apelowanie o pomoc właściwie nie było już potrzebne. Wspólnie mogliśmy cieszyć się tym, jak dzięki wrażliwości jednego chłopaka i jednemu zdjęciu udało się uruchomić prawdziwą lawinę dobra. Ta lawina poruszyła także moje serce i ja też postanowiłam być uważniejsza, częściej przezwyciężać własną obojętność.

Okazja pojawiła się już następnego dnia. Tak się składa, że z moich okien na Mokotowie widzę śmietnik, a dokładnie „szlak", który codziennie o świcie przemierzają bezdomni z wózkami w nadziei na znalezienie puszek, makulatury albo jedzenia. Od dawna patrzyłam na to ze ściśniętym sercem i poczuciem niemocy, parząc sobie co rano pachnącą kawę. Przecież nic się nie da z tym zrobić – tłumaczyłam się za każdym razem sama przed sobą. I rzeczywiście nie bardzo wiedziałam, co mogłabym zrobić.

Po przygodzie z bezdomnymi z przyczepy coś we mnie jednak pękło. Stojąc w oknie i patrząc na tych bezdomnych, pomyślałam: koniec tego stania i patrzenia ze współczuciem. Podjęłam tę decyzję, odgrzewając krem pomidorowy. Nagle mnie olśniło, że ugotowałam za dużo, a przecież mogę się podzielić. Nalałam zupę do kubków i wyszłam pod śmietnik. Zaskoczenia na twarzach tych ludzi nie da się opisać. Pan Włodek przyjął kubek z wdzięcznością. Jedząc, opowiedział mi o swojej zmarłej żonie, za którą bardzo tęsknił. Mówił, jaka była piękna i jak pysznie dla niego gotowała. Na jego brudnej i zmarzniętej twarzy pojawił się uśmiech, jakby zakochany nastolatek opowiadał o pierwszej randce. Dopóki żyła, jakoś sobie radzili. Po jej śmierci trafił na ulicę. Żyje tam od trzech lat. Ma teraz sześćdziesiąt dwa lata. Twierdził, że nie jest tak źle, da się wytrzymać, tylko że za nią tęskni. Tamtym kubkiem zupy nie zmieniłam jego życia ani pewnie nie uciszyłam tej tęsknoty, ale może choć na kwadrans pozwoliłam mu się rozgrzać i poczuć, że komuś jeszcze na nim zależy.

Innym razem poznałam Piotra Radonia, chłopaka bez kończyn, o którym dzięki zdjęciu Jakuba Szymczuka usłyszała cała Polska. To zdjęcie zobaczyłam gdzieś w samochodzie, w drodze z nagrania, przeglądając Facebooka. Nagle wśród idealnie pięknych i wesołych twarzy z podpisami: „Jest super", „Świetnie się bawimy" i tego typu wyskoczyło mi zdjęcie chłopaka bez rąk i nóg, którego trzyma jego tata, stojąc na ulicy. Tata jest jakby jego nogami i rękami. Chłopak ma twarz zmęczoną i smutną, ale patrzy z nadzieją. Przed nimi karton: „Zbieramy na wózek". Zdjęcie zrobił zwykłym telefonem komórkowym chłopak, który jest świetnym fotografem, nagrodzonym za zdjęcia z Majdanu – Jakub Szymczuk. Tak się składa, że tego samego dnia, kiedy zobaczyłam to zdjęcie, byłam zaproszona na imprezę urodzinową do Villi Matrix na Mokotowie, a tam zupełnie przypadkowo poznałam Kubę. Był poruszony odzewem na swój post ze zdjęciem Piotra. Zrobiłam reportaż o całej akcji. Zdjęcie, które Kuba zrobił w biegu, było tak wymowne, że spowodowało wśród Polaków pospolite ruszenie. Dosłownie w dwa dni zebrano pieniądze na wózek i protezy dla Piotra, pojawiła się nawet szansa na zmianę mieszkania. Historia Piotra znalazła się we wszystkich serwisach informacyjnych. Razem z Kubą pojechaliśmy odwiedzić go w szpitalu. Trafił tam, ponieważ zaziębił się od stania na ulicy. Piotrek promieniał. Mówił, że to najpiękniejszy dzień w jego życiu. Opowiadał, że dostanie protezy, że będzie chodził, czytał maile od ludzi ze słowami wsparcia, śmiał się w głos. Niestety w jego stanie nawet przeziębienie było śmiertelnie groźne. Następnego dnia dowiedziałam się od Kuby, że Piotrek umarł. Wyłączyłam wszystkie telefony i długo chodziłam po parku. „Mam nadzieję, że spełniłeś swoje marzenie i tam, w niebie, spacerujesz teraz do woli. Do zobaczenia w niebie, kolego!". Piotr umarł szczęśliwy, z poczuciem, że jest kochany. Odszedł w najlepszym dniu swojego życia.

Wielkie miasto, choć daje dużo możliwości i dostęp do wielu pięknych rzeczy, bywa też oceanem obojętności. Ten „ocean" czasami wręcz nas zalewa. Rozglądasz się dookoła, szukając jakichś dobrych, bliskich oczu, ale widzisz tylko ludzi schowanych za maskami i wysokimi murami. A status na Facebooku głosi: „W doskonałym nastroju". Ewentualnie: *Love my live, Love my job*. Ta obojętność sprawia, że miasto staje się wielką pustynią, na której liczy się najmniejszy nawet gest życzliwości. Ten gest naprawdę potrafi zmienić czyjeś życie. O „globalizacji obojętności" mówi często papież Franciszek, prosząc o jej przezwyciężenie. Najbardziej namacalna jest chyba w korporacjach. Nieraz dziwiło mnie, jaka przerażająca cisza może panować w biurze pełnym ludzi albo w banku czy poczekalni u lekarza. Bywa, że przerwie tę ciszę na przykład czyjeś kichnięcie. Powiedzenie: „Na zdrowie" staje się wtedy niemalże aktem heroizmu. Ciekawe, że częściej zdobywają się na tę odwagę starsi ludzie. Podobnie jest ze słowami: „przepraszam", „dziękuję", z gestem krzyża przed jedzeniem lub przed rozpoczęciem podróży pociągiem czy lotu.

Pamiętam pewien lot do Paryża, na urodziny mojej kochanej kuzynki Julii. Wpadłam na lotnisko spóźniona, jak zwykle w pędzie, prosząc Maryję o dobrą podróż. Na dzień dobry zostałam poinformowana, że zaszła pomyłka i sprzedano za dużo biletów. Zaproponowano mi więc zmianę miejsca na klasę biznes. Uśmiechnęłam się w myślach i podziękowałam za opiekę. Postanowiłam zmówić dziesiątek różańca przed lotem i niczym się nie martwić. Starałam się modlić możliwie dyskretnie, ale elegancki pan z fotela za mną zauważył to i postukał mnie po ramieniu. „Ja też mam różaniec i się nie wstydzę" – powiedział niemal konspiracyjnym szeptem sympatyczny elegant, pokazując mi zaciśnięty w dłoni mocno nadgryziony zębem czasu drewniany różaniec. „Była już pani w miejscu, w którym Maryja objawiła się świętej Katarzynie?" Byłam w Paryżu wiele razy, ale tam nigdy nie dotarłam. Z ciekawością wysłuchałam więc opowieści sąsiada, który okazał się na tyle uprzejmy i miły, że mimo moich zapewnień, iż sobie poradzę, odwiózł mnie pod same drzwi, wybierając przy tym najpiękniejszą trasę widokową po Paryżu. Takie to miłe spotkanie zaczęło się od prostego gestu. Następnego dnia, oczywiście, pojechałam z kuzynką odwiedzić to miejsce i był to dla nas obu bardzo piękny i wzruszający dzień. Sanktuarium Cudownego Medalika to malutki, tonący w bieli i błękicie kościółek przy Rue du Bac, do którego wchodzi się przez zacieniony dziedziniec. Kościół wydaje się oazą spokoju w środku jednego z najbardziej turystycznych miast świata i stolicy mody. Podczas kiedy przed słynną katedrą Notre Dame właściwie bez przerwy przechadzają się wycieczki głośnych turystów z aparatami, tutaj panuje atmosfera modlitwy i skupienia. Kiedy weszłyśmy z Julią do sanktuarium, w środku było prawie pusto. Gdzieniegdzie w ławkach w skupieniu modlili się ludzie. Cisza i skromność – to mnie chyba najbardziej zaskoczyło. Spodziewałam się raczej czegoś w stylu paryskim. To w końcu jedno z najbardziej znanych sanktuariów maryjnych na świecie, miejsce, z którego pochodzi słynny Cudowny Medalik upamiętniający objawienia Matki Bożej zakonnicy, świętej Katarzynie Labouré. Tymczasem jest ono niewielkie. Moją uwagę przykuła rzeźba przedstawiająca Maryję stojącą na globie i depczącą węża. Dokładnie taki sam wizerunek znam z Cudownego Medalika. Marzyłam o takim medaliku i kiedyś nieoczekiwanie podarowała mi go mama Rozalii Mancewicz, z którą przeprowadzałam wywiad. Odtąd się z nim nie rozstaję. Przypomina mi, że zawsze mogę się zwrócić do Maryi o pomoc, opiekę i radę.

Na sklepieniu prezbiterium widnieją słowa modlitwy, której Maryja nauczyła świętą Katarzynę: „O Maryjo bez grzechu poczęta, módl się za nami, którzy się do Ciebie uciekamy". Zwiedzałyśmy to miejsce niemal bezszelestnie, nieco onieśmielone tą ciszą i atmosferą modlitwy, kiedy na dziedzińcu dostrzegłyśmy grupkę czarnoskórych zakonnic w jasnych habitach modlących się w kółku z parą młodych ludzi. Podeszłyśmy bliżej i zanim się zorientowałyśmy, modliłyśmy się razem z nimi. Nie rozumiałam ani słowa z tej modlitwy, ale w sercu pojawił się ogromny pokój, jakby zalała mnie fala ciepłego oceanu. Kiedy otworzyłam oczy, zorientowałam się, że moja Julia ma na policzkach łzy. Ja też nie wiedzieć czemu płakałam. Na samo wspomnienie tego, jak dobre i piękne było to uczucie, ściska mnie w gardle i pojawia się tęsknota, żeby doświadczyć tego uczucia jeszcze raz.

Z prostego gestu może się zrodzić wielka przyjaźń. Tak było ze mną i z moim sąsiadem z naprzeciwka, panem Stanisławem. Był wysokim, szczupłym starszym panem. Sznyt oficerski, nienaganne maniery, meloman, dżentelmen w każdym calu. Swoim jednym ocalałym w Powstaniu Warszawskim okiem pochłaniał dobrą literaturę. Czytał pasjami, w każdej wolnej chwili, ciągle ciekaw nowości. Wyśmienicie też gotował.

Poznałam go przed klatką schodową domu na Mokotowie, do którego się wprowadziłam, kiedy ledwo trzymając się na nogach, próbował donieść do domu siatkę pełną jabłek. Siatka pękła, a jabłka potoczyły się prosto pod moje nogi. Pozbierałam je więc i pomogłam mu je zanieść, a on w ramach rewanżu zaprosił mnie na filiżankę kawy. Podawał ją zawsze w porcelanowej filiżance, z małą srebrną łyżeczką i kropelką koniaku. Zaproponowałam, że będę dla niego zamawiać zakupy w internecie, żeby nie musiał dźwigać. W ten sposób zaczęła się nasza sąsiedzka przyjaźń.

Zaczęliśmy odwiedzać się regularnie, porównując na ekranie mojego maca ceny cebuli, jogurtów czy innych artykułów spożywczych. Tym spotkaniom zawsze towarzyszyły pasjonujące opowieści o zmarłej żonie, którą bardzo kochał, i Powstaniu Warszawskim, na wspomnienie którego miał łzy w oczach, oraz – obowiązkowo – dobra kawa. Czasami słuchaliśmy w milczeniu naszego ulubionego radia RMF Classic, a zwłaszcza *Listy przebojów muzyki filmowej*. Kiedy do kin wszedł dokument o Powstaniu, zaprosiłam go na seans. Nie było osoby, która by się nie obejrzała, kiedy szliśmy przez Galerię Mokotów: on, kuśtykając, w marynarce, i ja w eleganckiej sukience. Przez cały seans ciągnął mnie za rękaw, nachylał się do ucha i komentował: to było inaczej, tamto też, a to tak, dokładnie tak wyglądało. W trakcie seansu położył mi na kolanach zawiniątko: „Wziąłem pani ulubione cukierki". Po kinie zaprosił mnie na rurkę z kremem. Nieraz żartował, że na świecie musi panować kryzys męskości, skoro dziewczyna taka jak ja spędza czas ze starszym panem. Przypominał mi mojego dziadka, za którym bardzo tęsknię, mimo że nie żyje już od ponad dziesięciu lat.

Rodziców mamy nigdy nie poznałam, ponieważ zmarli, zanim się urodziłam. Można za to powiedzieć, że u rodziców taty spędziliśmy

wraz z bratem większość dzieciństwa. Uwielbiałam jeździć do nich w odwiedziny. Dziadek Jan był stolarzem i ciężko pracował. Tata z bratem przejęli po nim rzemiosło i prowadzą teraz w Kruszwicy nad Gopłem rodzinną firmę stolarską, pracując z takim samym oddaniem i pasją jak on. Dziadek był czarującym mężczyzną. Zawsze nienagannie elegancki, bardzo przystojny, z poczuciem humoru. Kochał babcię i jej przepyszną kuchnię, którą rozpieszczała nas wszystkich. Babcia Gertruda też była niezwykle elegancka. Uwielbiałam dotykać materiału jej eleganckich sukienek i patrzeć, jak czesze włosy przed lustrem. Była piękna i wytworna niemal jak królowa.

Pamiętam beztroskie chwile w domu babci i dziadka przy rynku w Kruszwicy, ich mieszkanie na poddaszu – z kredensem, zegarem z kukułką i ogromnym obrazem przedstawiającym Jezusa w łodzi na jeziorze. Babcię gotującą w kuchni przysmaki, opowiadającą bajki na dobranoc i uczącą mnie modlitwy do Anioła Stróża. Dziadka grającego na akordeonie podczas rodzinnych spotkań, pełnych gwaru, przekomarzań i zabaw z kuzynostwem. W tamtych czasach w sklepach było niewiele, każdy w szkole miał takie same niebieskie zeszyty i takie same przybory. Pewnego razu siostra mamy Teresa przysłała mi z Francji plecak z Różową Panterą wypełniony po brzegi kolorowymi przyborami szkolnymi. Cała szkoła zeszła się podziwiać te skarby. Szybko mi je ukradziono, ale i tak nie zapomnę momentu, w którym po raz pierwszy użyłam kolorowych farbek. Namalowałam wschód słońca nad morzem, a żadne dziecko w szkole nie miało nieba w tak bajkowych kolorach jak ja. Mimo braków na półkach dzieciństwo mieliśmy dostatnie. Dziadek przywoził ze wsi kury i kaczki, które były prawdziwym rarytasem. Specjalnie dla wnuków przynosił też w zielonym termosie lody śmietankowe, a do tego paczkę wafelków i specjalną łyżkę do robienia kulek. To były chwile prawdziwego szczęścia. Babcia, oprócz tego, że uczyła mnie modlitw i opowiadała o „Bozi", lubiła zabierać mnie do kościoła. Pamiętam jej ciepłe brązowe oczy patrzące z czułością znad kołnierza eleganckiego płaszcza z liskiem, kiedy sprawdzała, czy dam radę wystać do końca mszy. Dumna i wyprostowana stałam obok niej. Kiedy przyniosłam ze szkoły pierwszą piątkę za opowiadanie i opinię pani nauczycielki, że „dziecko ma zdolności do pisania", babcia przyniosła niebieski zeszyt w linie i poprosiła, żebym napisała jakieś opowiadanie dla niej. Pisałam więc wiersze, opowiadania, historyjki, a słowa wylewały się same, jakbym miała w ręku zaczarowany ołówek. Pisałam tak i czytałam dziadkom, a oni słuchali zachwyceni, bili brawo i prosili o jeszcze. Pisałam zatem więcej, a szkoła zaczęła wysyłać moje prace na konkursy, które wygrywałam, zgarniając kolejne nagrody, na przykład rower Romet. W czasach, kiedy wszystkie dzieci jeździły na starych składakach, ja dostałam taki rower – w dodatku odebrałam go na scenie teatralnej w samej Bydgoszczy! Dziadek z babcią, słuchając tych moich historii z niebieskiego zeszytu, orzekli: „Ty kiedyś napiszesz książkę. Będziesz pisarką", a ja śmiałam się: „Napiszę i wam ją zadedykuję". Później, kiedy babcia nagle od nas odeszła, dziadek wielokrotnie przypominał mi o tym, kiedy wpadałam do niego z wizytą „jak po ogień", dosłownie na pół dnia, żeby pójść z nim razem w procesji w Boże Ciało. „Piszesz już coś?" – pytał. „Kiedy napiszesz tę książkę?" A ja obiecywałam, że jak tylko będę miała trochę luźniej w pracy, to napiszę, przyjadę na dłużej, spiszę też jego historię, wspólnie urządzimy rodzinne archiwum, pójdziemy na spacer, on nauczy mnie robić wino i hodować róże, tak żeby kwitły… Nie zdążyłam.

Ostatni raz widziałam go w dniu jego osiemdziesiątych urodzin. Zeszliśmy do ogrodu, żeby zrobić sobie zdjęcie. To był czerwiec. Czereśnia w naszym ogrodzie zakwitła białymi kwiatami. On stał pachnący, elegancko wyprostowany, w szykownym niebieskim garniturze.

Objął mnie mocno i spojrzał na mnie z dumą jak na najcenniejszy skarb. Brat, który nas fotografował, zarządził: „Uśmiech!". Spojrzałam na dziadka i przeszedł mnie dziwny zimny dreszcz, jakby naszło mnie jakieś złe przeczucie, które starałam się szybko zatrzeć, pędząc do Warszawy z butelką wina z wiśni zrobionego przez dziadka. „Przecież wszystko jest w porządku. Dziadek jest zdrowy, jeździ rowerem w rajdach dookoła Gopła, świetnie się czuje" – tłumaczyłam sobie. Kiedy trzy dni później dostałam wiadomość, że miał wylew, i pędziłam jak najszybciej trasą na Poznań do domu, dziadka już z nami nie było. W jego mieszkaniu nikt nie przywitał mnie w progu mocnym uściskiem, jak to bywało, za to wszędzie w wazonach stały urodzinowe kwiaty, w tym bukiet z osiemdziesięciu róż, które tymczasem rozwinęły swoje pąki. Zaskoczyło mnie, że bukiety mogą być trwalsze niż ludzkie życie. W nocy, kiedy zmęczona płaczem zasnęłam, przyśnił mi się dziadek idący z babcią przez uliczkę pełną kwitnących dzikich róż. Oboje byli młodzi i piękni, przytulali się i uśmiechali. Dziadek we śnie pogładził mnie po policzku i prosił, żebym nie płakała, bo zawsze już będą z nami, tylko inaczej. Zapewniał, że jest im tam dobrze. Kiedy wróciłam z pogrzebu do Warszawy i weszłam do swojego mieszkania, w pierwszej chwili aż się przestraszyłam. Wszystkie fiołki na moim parapecie, które od dawna stały pokurczone i przysychały, wybuchły fioletowym kwieciem, jakby ktoś pod moją nieobecność podmienił doniczki. Nogi się pode mną ugięły. Oparłam się o ścianę i stałam tak, patrząc na ten cud, jakbym nagle zobaczyła tęczę po burzy. Miałeś rację, dziadku. Życie nie kończy się tutaj. To spojrzenie dziadka z ogrodu pełne dumy i bezgranicznej miłości towarzyszy mi zawsze. Wierzę, że dziadkowie – ci, których poznałam, jak również ci, których poznam dopiero po tamtej stronie – modlą się za mnie w niebie.

To samo opowiadałam panu Stanisławowi: że po śmierci spotka swoją żonę, za którą tak tęsknił. Uśmiechał się, twierdząc, że zawsze jest z nim. Kiedy byłam na wakacjach nad Bałtykiem, pan Stanisław nagle miał udar. Gdy po powrocie zapukałam, żeby zapytać, czy niczego mu nie brakuje, drzwi otworzyła mi opiekunka. Wnuka, o którym wiedziałam, że jest dokładnie w moim wieku i mieszka w Warszawie, nie spotkałam u pana Stanisława nigdy, nawet kiedy jego dziadek był sparaliżowany i przykuty do łóżka. Powoli starszy pan tracił mowę. Później jeszcze przez kilka miesięcy odwiedzałam go, ale już tylko ja mówiłam. Opiekunka parzyła mi kawę, a ja siadałam przy łóżku. Przełączałam radio z hałaśliwych przebojów na jego ulubioną stację, ściszałam telewizor, czytałam fragment książki, opowiadałam mu o pięknych miejscach, jakie ostatnio widziałam, o Bogu, który na Niego czeka, o wiośnie, która przyjdzie, a wtedy on wydobrzeje. Patrzył na mnie z nadzieją, że wiem, co mówię, ale zaraz potem kręcił przecząco głową i odwracał wzrok, który powoli robił się coraz bardziej mglisty. Ostatni raz widziałam go w walentynki. Wpadłam z bukietem kolorowych tulipanów, żeby mu było przyjemniej, a on na mój widok odwrócił głowę, jakby się wstydził swojej bezbronności i kalectwa. Pogłaskałam go delikatnie po dłoni. Wiedziałam, że to jest pożegnanie. Któregoś dnia w drzwiach stanął jego syn, wręczając mi rodzinną książkę kucharską pana Stanisława. „Tata chciałby, żeby ją pani miała" – powiedział. Ciągle łapię się na tym, że kiedy wracam z pracy, mimowolnie zerkam w jego okno i sprawdzam, czy nie pali się tam światło.

Tęsknota za tymi, którzy odeszli, wyjechali, są daleko, z którymi nasze drogi się rozeszły, pustka i samotność pozostałe po tych ludziach – to kolejny wymiar życia w wielkim mieście. Ludzie schowani za ekranami komputerów, za profilami na portalach społecznościowych, na których prezentują się jako szczęśliwi i piękni, ludzie, którzy nie mają z kim zjeść niedzielnego obiadu, często płaczą w poduszkę z samotności, choć w ciągu dnia udają, że dają radę. Są też tacy, którzy stracili dosłownie wszystko i wszystkich, którym życie nagle się zawaliło. Ktoś wyjechał do pracy za granicę i zamiast wrócić z pieniędzmi na lepsze życie dla rodziny, ułożył tam sobie życie na nowo. Ktoś dostał awans i w nowym miejscu pracy poznał kochankę. Ktoś wyszedł z domu dosłownie na moment, a już nie wrócił.

Proste gesty: uśmiech, zdjęcie, podanie kubka zupy, pozbieranie jabłek, które się rozsypały po chodniku, powodują lawinę dobra. Zamykanie się w sobie i odpowiadanie złem na zło, krzywdą na krzywdę, agresją na ból niczego dobrego nie buduje. Stawia tylko mury, za którymi dusimy się w samotności i strachu. Od ojca Michała Adamskiego, dominikanina, usłyszałam kiedyś, że życie świętego Piotra i Judasza to dwie historie o tym, jak można poradzić sobie z rozczarowaniem i bólem. Każdy z nich poniósł jakąś porażkę, bo obaj zdradzili swoje ideały i swojego przyjaciela, ale jeden poszedł z tym bólem do Boga i został wielkim człowiekiem, a drugi zamknął się z nim w sobie i skończył, wieszając się na drzewie. Zamykanie się w sobic z własnym bólem do niczego dobrego nie prowadzi.

Ratunkiem na tej miejskiej pustyni samotności jest dobry Bóg, który daje nam siebie. Skoro nasz Ojciec jest dla nas miłosierny, my możemy nieść Jego miłosierdzie dalej. To ogromny przywilej i odpowiedzialność. Prostymi gestami miłości możemy przezwyciężać obojętność. Możemy zanosić nadzieję na pustynię samotności i odrzucenia. To dopiero jest misja! Przecież wszyscy jesteśmy do tego zdolni, bo wszyscy możemy czerpać z miłości Boga, a więc możemy kochać mocniej, niż nam się wydaje, więcej wybaczać i bardziej troszczyć się o siebie. W końcu wszyscy jesteśmy z nieba.

„Błogosławieni miłosierni, albowiem oni miłosierdzia dostąpią". Te słowa zaczerpnięte z ośmiu błogosławieństw stały się refrenem hymnu Światowych Dni Młodzieży, który śpiewali w Krakowie młodzi ludzie z całego świata. Stojąc w tłumie młodych na mszy świętej z papieżem Franciszkiem w Brzegach, tak zwanej mszy posłania, obiecałam sobie w duchu zapamiętać na zawsze te słowa papieża i przemienić je w czyn:

> Nie bójcie się powiedzieć Mu „tak" z całym entuzjazmem serca, odpowiedzieć Mu wielkodusznie, pójść za Nim! Nie dajcie sobie znieczulić duszy, ale dążcie do pięknej miłości, która wymaga również wyrzeczenia i mocnego „nie" dopingowi sukcesu za wszelką cenę i narkotykowi myślenia tylko o sobie i swojej wygodzie.
>
> Mogą wam stawiać przeszkody, usiłując was przekonać, że Bóg jest daleki, surowy i niezbyt czuły, dobry dla dobrych, a zły wobec złych. Tymczasem nasz Ojciec „sprawia, że słońce Jego wschodzi nad złymi i nad dobrymi" (Mt 5, 45), i zachęca nas do prawdziwej odwagi: byśmy byli silniejsi od zła, kochając wszystkich, nawet nieprzyjaciół. Mogą się z was śmiać, bo wierzycie w łagodną i pokorną moc miłosierdzia. Nie bójcie się, ale pomyślcie o słowach [będących mottem] tych dni: „Błogosławieni miłosierni, albowiem oni miłosierdzia dostąpią" (Mt 5, 7). Mogą was osądzać, że jesteście marzycielami, bo wierzycie w nową ludzkość, która nie godzi się na nienawiść między narodami, nie postrzega granic krajów jako przeszkody i zachowuje własne tradycje bez egoizmu i resentymentów. Nie zniechęcajcie się: swoim uśmiechem i otwartymi ramionami głosicie nadzieję i jesteście błogosławieństwem dla całej rodziny ludzkiej, którą tutaj tak dobrze reprezentujecie!

Spojrzenie Jezusa wykracza poza wady i widzi osobę. Nie zatrzymuje się na złu z przeszłości, ale przewiduje dobro w przyszłości. Nie godzi się na zamknięcia, ale poszukuje drogi jedności i komunii pośród wszystkich. Nie zatrzymuje się na pozorach, ale patrzy na serce. Z tym spojrzeniem Jezusa możecie sprawiać rozwój innej ludzkości, nie czekając na oklaski, ale poszukując dobra dla niego samego, ciesząc się, że zachowaliście czyste serce i pokojowo walczycie o uczciwość i sprawiedliwość. Nie zatrzymujcie się na powierzchni rzeczy i nie ufajcie światowym liturgiom pozorów, makijaży duszy, aby wydawać się lepsi. Natomiast dobrze zainstalujcie połączenie bardziej stabilne: serce, które niestrudzenie widzi i przekazuje dobro. I tę radość, którą darmo otrzymaliście od Boga, darmo dawajcie (por. Mt 10, 8), bo wielu na nią czeka!

Przyjaciele, Jezus jest Panem ryzyka, tego wychodzenia zawsze „poza". Jezus nie jest Panem komfortu, bezpieczeństwa ani wygody. Aby pójść za Jezusem, trzeba mieć trochę odwagi, trzeba zdecydować się na zamianę kanapy na parę butów, które pomogą ci chodzić po drogach, o jakich ci się nigdy nie śniło, nawet o nich nie pomyślałeś, po drogach, które mogą otworzyć nowe horyzonty, nadających się do zarażania radością, tą radością, która rodzi się z miłości Boga, radością, która pozostawia w twoim sercu każdy gest, każdą postawę miłosierdzia. Pójść na ulice, naśladując „szaleństwo" naszego Boga, który uczy nas spotykania Go w głodnym, spragnionym, nagim, chorym, w przyjacielu, który źle skończył, w więźniu, w uchodźcy i w imigrancie, w człowieku bliskim, który jest samotny! (...) Który pobudza nas do myślenia o gospodarce bardziej solidarnej. We wszystkich środowiskach, w jakich jesteście, miłość Boga zachęca was do niesienia Dobrej Nowiny, tak abyście czynili ze swego życia dar dla Niego i dla innych. To znaczy mieć odwagę, to znaczy być wolnymi.

Bóg, który daje nowe życie

Wojciech Modest Amaro

kucharz, restaurator (Warszawa)

Z Wojciechem Modestem Amaro, znanym restauratorem, szefem kuchni oraz twórcą Atelier Amaro, pierwszej polskiej restauracji z gwiazdką Michelin, po raz pierwszy spotkałam się na kilka dni przed Bożym Narodzeniem. Miałam przyjemność gościć w pięknym domu restauratora, poznać jego przesympatyczną żonę Agnieszkę oraz dzieci. Uderzyła mnie radość, miłość i jedność, które panują w tej rodzinie. Wszyscy zgodnie przyznają, że podczas tegorocznych świąt najważniejszy w ich domu będzie Pan Bóg. Wcześniej nie zawsze tak było.

KASIA: Na co ty najbardziej czekasz w tegoroczne święta Bożego Narodzenia?

WOJCIECH: Oczywiście najbardziej czekam na przyjście Jezusa. Jeszcze kilkanaście dni temu w Ewangelii czytaliśmy o pannach roztropnych i nieroztropnych, które zapomniały dolać oliwy do lamp w oczekiwaniu na Oblubieńca. Ja czekam właśnie na to, aż ten Bóg-człowiek przyjdzie do nas, przyjdzie również do mojego domu i do mojej rodziny z darami. Jakie to będą dary – tego nie wiem, ale przygotowałem się na to, żeby Go należycie przyjąć, żeby tu do nas zawitał i obsypał nas swoimi łaskami.

Jak by to miało wyglądać? Jak ma wyglądać ten moment, kiedy On przyjdzie?

Mówimy o sferze duchowej, więc o tym, co na pewno niosą ze sobą święta – oprócz przyjemności obcowania z rodziną, wspólnych rozmów, prezentów i tych wszystkich rzeczy, które wynikają z tradycji, są także Pan Bóg i wiara. Ważny jest dla mnie ten aspekt, który jest niemierzalny i nienamacalny, ale na pewno istnieje. Wiem o tym z całą pewnością. Te prezenty i dary, również duchowe, na pewno też się pojawią, bo w końcu oczekujemy na Jego przyjście.

Podkreślasz, że te święta będą inne niż dotychczas, że będą przeżyte z Bogiem. Jak ty spotkałeś Boga w wielkim mieście?

Każdy ma swoją drogę. Znam wiele historii spotkania Boga, które miały miejsce przez chorobę, jakieś tragiczne wydarzenie. Inne znowu odbyły się ot tak, po prostu. Ja spotkałem Boga na samym szczycie kariery. Wszystko szło dobrze, kariera toczyła się rewelacyjnie, mam wspaniałą żonę i dzieci. Zbudowaliśmy dom naszych marzeń i ciężką pracą doszliśmy do wielu rzeczy, o które zabiegaliśmy przez długie lata. Można powiedzieć, że ziściły się nasze marzenia. Nagle w tym wszystkim pojawiła się jakaś pustka, krzyk rozpaczy i pytanie: Co dalej? Zastanawialiśmy się z żoną, co miałoby być tym następnym krokiem, celem, motywem działania. Co jest sensem życia? Nie umiałem odpowiedzieć sobie na pytania, co dalej, i jakoś mnie to zaczęło napawać lękiem. Zwróciłem się po odpowiedź do Boga i ta odpowiedź przyszła.

Mówisz, że w twoim życiu pojawiła się pustka. Na czym to dokładnie polegało? Mieliście przecież wszystko: pieniądze, sukces, sławę, jedną z najlepszych restauracji na świecie. Można powiedzieć, że świat leżał u waszych stóp. Dlaczego to nie dawało szczęścia?

Ta pustka polegała na tym, że w życiu, które powinno być zbudowane na systemie wartości, ta najważniejsza wartość, czyli życie z Panem Bogiem, gdzieś nam się zagubiła. Bóg był przekładany w tej drabince na jakiś niższy szczebel. Mówię tu o pierwszym przykazaniu, żeby to Bóg był zawsze na pierwszym miejscu. Zaprzyjaźniony ksiądz twierdzi, że to, co nam się przydarzyło, to nie tyle nawrócenie, co opamiętanie. Opamiętałem się, jak tak naprawdę powinna wyglądać ta hierarchia ważności. Myślę, że wszyscy jesteśmy wyposażeni w sumienie, w duchowość, w jakiś wewnętrzny głos. Coś w duszy mi mówiło, że w tym samym samozadowoleniu i w tym wielkim sukcesie brakowało tego wypełnienia. Ciągle coś było nie tak. Wtedy, mówiąc najkrócej, Pan Jezus przyszedł do mnie.

Ale jak to – „Pan Jezus przyszedł"? Jak we śnie?

Przypomniał o sobie w najpiękniejszy sposób. Przyszedł jak do rybaków i powiedział: „Przestań się już tym zajmować. Pójdziesz za Mną". Przyszedł do mnie i mówił poprzez ludzi, poprzez zdarzenia, poprzez Pismo Święte i tak bezpośrednio również do mojego serca. To był najpiękniejszy głos i najpiękniejsze powołanie w moim życiu, więc za Nim poszedłem. Wielu ludzi nie może w to uwierzyć, ale tak właśnie było. Nie było we mnie wahania. Wiedziałem, że to jest ten brakujący element. Wszystko inne już przecież wcześniej miałem i nie było tej pełni.

Jakie zmiany spowodowało w twoim życiu to spotkanie Boga?

Zrezygnowałem z jednego programu telewizyjnego, bo stał on w sprzeczności z moim sumieniem. Teraz przygotowuję się do rzeczy o dużo większym znaczeniu, które będę musiał wykonywać. Będę musiał – celowo używam tego sformułowania, ponieważ chcę świadczyć nie tylko słowami, ale też tym, jak żyję. Chcę przekuć to, co poczułem, w działanie. Chciałbym, żeby to, nad czym razem z żoną pracuję, było inspiracją i pomocą dla innych ludzi.

Czym się będziesz teraz zajmował?

Powołuję do życia fundację. Bóg w każdym z nas złożył dary. Wielu młodych ludzi przez różne sytuacje i zakręty życiowe nie jest w stanie rozwinąć swojego talentu i zrealizować swojego powołania. Wtedy łatwo oceniamy i przyklejamy łatki, że ktoś jest na przykład nieukiem. Ta fundacja będzie pomagała rozwinąć talenty młodym ludziom. Chciałbym w taki sposób pomagać. Myślę, że przez wiele lat ciężkiej pracy udało mi się zbudować własną malutką markę jednej restauracji.

Kuszących propozycji przez lata było wiele i tego cielca mogłem tu już utuczyć gigantycznego i iść tylko w stronę pomnażania, co byłoby dla mnie niezrozumiałe, jeśli nie przyniosłoby nic oprócz posiadania kolejnego zera na koncie. Chcę zakasać rękawy i teraz pomagać innym ludziom. Myślę, że to będzie rozsądne, mądre, w zgodzie z moją naturą. To, w czym się czuję mocny, będę przekazywał innym.

Ty sam wiesz, ile kosztuje sukces. Czy to pomaganie młodym, zdolnym ludziom jest rodzajem spłacenia długu wdzięczności?

Kiedy wstępuje się na tę drogę i mówi się Panu Jezusowi: „Tak, prowadź mnie przez życie", to wszystkie sprawy stają się temu podporządkowane i paradoksalnie nagle to wszystko, na co wcześniej nie umiało się znaleźć czasu, jest poukładane. To dotyczy rodziny, ilości czasu z nią spędzanego, dotyczy wielu aktywności i spraw, których ze względu na pęd życia zawodowego z automatu w ogóle nie wrzucało się na swoją listę, bo nie było szansy, żeby pojawił się na nie czas. Nagle na wszystko znajduje się czas, siły, motywacje, znajduje się ludzi, z którymi będzie się coś robiło, bo Pan Jezus stawia na drodze takich ludzi, z którymi można to wszystko robić. Wtedy naprawdę buduje się coś wartościowego i ma się przy tym satysfakcję.

Fundacja to nie jedyna zmiana w twoim życiu. Dotychczas karmiłeś sławnych i bogatych. Teraz będziesz karmił bezdomnych...

Cały czas w mijającym roku przewijał się temat miłosierdzia, o którym tak często mówił papież Franciszek, i należało sobie zadać pytanie, czym to miłosierdzie jest. Wszyscy znamy formułki. Kiedy przyjmujemy Jezusa do życia, On tłumaczy te formułki, które spływają po nas, kiedy chodzimy do kościoła. Takie hasła jak: „Przyjmijcie Jezusa i Jego światło", „Działajcie" nagle zaczynają coś znaczyć. Można wiele rzeczy powiedzieć i obiecać na pokaz, ale dopiero w takiej szczerej rozmowie z Bogiem i z samym sobą wiadomo, gdzie jest ta prawda. Ja bardzo często, kiedy rozmawiam z młodymi ludźmi, którzy są poblokowani i wyznają ten światopogląd mówiący o jakiejś pseudotolerancji, systemie wartości, obciążaniu kogoś innego, rozgrzeszaniu się ze wszystkiego, co robimy, znajdowaniu winnego, to mówię: „I tak staniesz kiedyś przed Bogiem, On wszystko wie". Przed Bogiem staniemy w nagiej prawdzie, jacy byliśmy. To dotarcie do siebie i stanięcie w prawdzie to też podziękowanie za wszystkie złe wydarzenia. My często wściekamy się, kiedy nam coś nie wyjdzie, bo chcemy wszystko po swojemu, tu i teraz, a czasem kiedy coś nie wychodzi, to dlatego że Bóg ma dla nas coś lepszego.

Miałeś kiedyś taką sytuację, że sprawa, która poszła nie po twojej myśli, obróciła się na twoją korzyść?

Miałem marzenie o pewnym adresie dla mojego Atelier i naprawdę marzyłem, że on będzie mój. Osiem miesięcy później powinienem iść na Jasną Górę dziękować, że nie wziąłem tego adresu, bo rzeczy, które się tam wydarzyły – problemy prawne z dostawą prądu i niejasności związane z lokalem – nie pozwoliłyby mi się tak rozwinąć. Więc czasami po prostu jest w nas mało zaufania, mało wiary w Jego prowadzenie.

Jak bym chciała taką wiarę mieć. Ale jak usłyszeć głos Boga i jak odróżnić ten głos od innych głosów, na przykład od intuicji?

Wystarczy uchylić serce. Są dwa aspekty. Pierwszy aspekt to ta nasza religijność. Podam ciekawy przykład z Medjugorie, gdzie jest ośrodek dla młodzieży uzależnionej. Kiedy dołącza do nich kolejny młody człowiek po przejściach i mówi: „Jak ja się mam modlić, skoro nie wierzę w Boga?", oni mu odpowiadają: „Ty nie musisz wierzyć. My za ciebie będziemy wierzyć, a Ty się tylko módl". Wchodź w to i zobaczysz, jak Pan Bóg zacznie wchodzić w twoje życie. Nie mam złotej recepty. Wiem, że to naprawdę pochodzi z takiej miłości, którą musimy znaleźć w sobie i w swoim sercu i otworzyć drzwi, a wtedy nie będziemy już mieli na to wpływu. Będziemy podążać za tym głosem.

Czy to, że poszedłeś za tym głosem, zmieniło też twoje relacje, miłość do żony na przykład?

Jeśli porównamy miłość do strumienia światła i moja kochana żona to jest ten strumień światła, ale idziemy jeszcze dalej, to dostrzeżemy Pana Boga i zobaczymy ten potężny słup światła, którym jest miłość Boga. Kiedy te dwie rzeczy się połączą, to odpowiedź naturalnie nasunie się sama, jaka jest moc tego wszystkiego. Ona jest zwielokrotniona do nieskończoności.

Dużo się stało w twoim życiu. Jak ludzie reagują, kiedy mówisz tak otwarcie o Bogu?

Żyjemy w takich czasach, gdzie wszystko jest komentowane. Na pewno jest potrzeba dawania świadectwa i mówienia o tym. Ewangelia mówi wprost, że jeśli nie wyprzesz się Mnie przed ludźmi, ja nie wyprę się ciebie przed Ojcem. Zupełnie się nie boję, czy ktoś będzie miał takie, czy inne zdanie. W wierze chodzi o to, żeby swoim świadectwem też kogoś uratować, nawrócić, komuś pokazać drogę życia i jeśliby się okazało, że dzięki mojemu świadectwu tylko jedna osoba się nawróci, warto zawalczyć o tę jedną osobę.

A ty sam czujesz się uratowany przez Boga? Zmieniłeś się jako człowiek?

Na pewno się zmieniłem. To nie podlega dyskusji. To wszystko, co dziś wewnętrznie czuję, co widzę naprawdę, a co kiedyś było materią przemijającą gdzieś obok mnie, to jest jak dostać nowe życie. Być może jest nawet wiele osób, które sobie nie zdają sprawy, że życie z Nim to jest taka różnica. Pan Jezus mówi: „Przychodzę rzucić ogień na ziemię". Więc nie będzie wszystkich głaskał, ale czeka, żeby przyjąć Jego naukę, stanąć w prawdzie i zacząć żyć swoim życiem. To będzie też bolesne. Trzeba stanąć w prawdzie z porażkami. Czasami trzeba przeprosić. Trzeba znaleźć w tym wszystkim głębszy sens. Ja do końca nie wiem, jak to wszystko się potoczy, ale nie boję się już tego. Mam dzieci, które żyją w takim, a nie innym świecie, które być może przez to, że żyją z Panem Bogiem, będą miały problemy, ale my już wiemy jako rodzina, że ta relacja z Panem Bogiem pozwoli nam przetrwać najcięższe próby i chwile, więc nie pozostaje nic innego, jak przyjąć to, co dla nas przygotował.

A jak się będzie nazywała ta fundacja, nad którą pracujesz?

Będzie się nazywała „Nowe życie".

Dziękuję za rozmowę.

Pomocnik na boisku Boga

Marcin Gortat

koszykarz (Waszyngton)

Z Marcinem Gortatem spotkałam się w jego rodzinnej Łodzi pierwszego dnia jego wakacji, które zaczął od... treningu na sali. Do tej pory rozmawiałam z nim jedynie podczas wywiadów na żywo, które przeprowadzałam dla Dzień Dobry TVN *w związku z Marcin Gortat Camp, czyli akcją dla zdolnych dzieciaków. Trenując setki zdolnych młodych sportowców, Marcin jednocześnie uważnie obserwował ich postępy w grze, cierpliwie robił sobie fotki, odbierał kolejne nagrody, gratulacje i inne dowody uznania i z precyzją celnego rzutu odpowiadał na pytania dziennikarzy. Teraz pierwszy raz mogę z nim porozmawiać w zupełnej ciszy, bez tłumów i fleszy.*

KASIA: Niewiele osób zdaje sobie sprawę z tego, jaka jest cena twojego sukcesu. Dyscyplina, mordercze treningi, wyrzeczenia. Czy ty sam myślisz, że twój sukces jest wynikiem twojej ciężkiej pracy, czy to raczej przychylność Boga?

MARCIN: Myślę, że jedno i drugie. Zacznijmy od tego, że byłem wychowywany jako katolik i wierzę w opiekę Boga. Odkąd gram w koszykówkę, a gram prawie od trzynastu lat, przed każdym meczem modlę się, rozmawiam z Bogiem. Najśmieszniejsze jest to, że wielu ludzi mówi mi, że rozmawia z Bogiem, ale proszą Go na przykład, żeby zagrali dobry mecz czy zdobyli trzydzieści punktów, a to nie na tym polega. Równie dobrze mógłbym prosić Boga, żebym trafił szóstkę w totka.

To o czym z Bogiem rozmawiasz?

Proszę Go, żeby zachował mnie w swojej opiece, żebym wystartował w tym meczu zdrowy i zakończył go zdrowy.

Jak to, naprawdę nie prosisz Go o sukcesy?

Nie, nigdy. Proszę tylko i wyłącznie o to, żeby dbał o mnie, moją rodzinę i moje zdrowie. To jest dla mnie najważniejsze. Wszystko

inne da się albo kupić, albo wypracować. To tylko kwestia czasu. O tym z Nim więc rozmawiam.
Oczywiście przyznaję się też Bogu do wielu błędów. Czy jestem takim katolikiem, że robię wszystko według Biblii? Pewnie nie. Miałbym sobie kilka rzeczy do zarzucenia. Z drugiej strony, staram się przeżyć to życie w jak najlepszy sposób. Wierzę, że robię dużo dobra dla innych. Staram się.

Jak myślisz, z czego On może być dumny, kiedy na ciebie patrzy?

Myślę, że z tego, że żyję według swojego kodu i mam zasady, których staram się nie łamać. Przede wszystkim kocham i szanuję moją rodzinę. Nie lubię cwaniactwa życiowego ani zakłamania. Nie lubię ludzi fałszywych. Mam twarde reguły, według których postępuję. Zdążyłem już zebrać w życiu ogromne doświadczenie. Mieszkałem w trzech różnych krajach o odmiennych religiach i kulturach, i spotkałem mnóstwo osób. Nie tylko sport wykreował mój charakter, ale też osoby, na które trafiłem poza parkietem i sportem.

Mnie imponuje to, jak umiesz ten sukces wykorzystać w dobrym celu: to, że dbasz o innych, a zamiast kupować nowe auta, inwestujesz w zdolne dzieciaki i pomagasz im spełniać marzenia.

To jest dług wdzięczności, który chcę spłacić. Ktoś kiedyś do mnie wyciągnął pomocną dłoń. Kiedy ktoś mnie prosi, żebym pojawił się na trzydzieści sekund w telewizji, najczęściej odmawiam, bo nie mam takiej potrzeby, ale kiedy chore dziecko prosi, że chce się ze mną spotkać, to pójdę nawet na te trzydzieści sekund, bo to dziecko będzie się tym cieszyło. Jeśli moje trzydzieści sekund wizyty na treningu ma odmienić czyjeś życie, to warto je poświęcić, a stacji telewizyjnej trzydzieści sekund Marcina Gortata na wizji nie zbawi. Jestem sportowcem, a nie gwiazdą. Jestem zwykłym człowiekiem, który żyje według swojego kodu.

Jak to robisz, że przy takim sukcesie stać cię na pokorę, że nie odbiła ci jeszcze tak zwana sodówka?

(*śmiech*) Oczywiście, że odbija mi sodówka. Gwarantuję ci, że każdy sportowiec ma dwie twarze.

A ja ci gwarantuję, że nie tylko sportowiec, ale każdy człowiek ma dwie twarze, a może i więcej... Wszyscy nosimy jakieś maski.

To prawda. Dlatego staram się pamiętać, skąd pochodzę i jakie zasady są w życiu najważniejsze. I o tym, że nad wszystkim czuwa Bóg.

Czy można sukces finansowy, tak spektakularny jak twój, połączyć z wiarą?

Oczywiście, co do tego nie mam żadnych wątpliwości. To wcale się nie wyklucza, a wręcz odwrotnie. Bóg przecież opiekuje się nami i chroni nas, a my mamy się opiekować innymi. Czuję, że On mnie chroni, opiekuje się mną i moją rodziną. Staram się więc także robić dobre rzeczy w życiu, dzielić się z innymi, być pomocnikiem Boga.

Czy twoja własna rodzina, którą kiedyś chcesz założyć, będzie miała fundament zbudowany na Bogu? Mógłbyś związać się z dziewczyną, która nie byłaby wierząca?

Ciężko by mi było. W takiej religii się wychowałem i tak chcę wychowywać swoje dzieci. Czy będziemy chodzić codziennie razem do kościoła – nie wiem, ale na pewno będę się starał zaszczepić moim dzieciom tę wiarę. Dlatego marzy mi się, żeby moja żona też była wierząca.

O co się będziesz modlił w te wakacje?

Bóg przez tyle lat mnie rozpieszczał... Mam nadzieję, że będzie nadal czuwał nade mną i moją rodziną. Proszę Go o zdrowie, bo ostatnio jest z tym różnie, a ja mam jeszcze dużo do zrobienia. Mam więc nadzieję, że szybko otworzy tego maila ode mnie, bo coś się ostatnio w tym temacie ociąga.

Niech przyjdzie odpowiedź na wszystkie twoje maile. No i samych celnych rzutów! Cieszę się, że udało nam się porozmawiać. Dziękuję.

Łowcy szczęścia

Lecz ci, co zaufali Panu, odzyskują siły,
otrzymują skrzydła jak orły.
(Iz 40, 31)

CHANEL

Jeden z moich znajomych, zwykle towarzyski i uśmiechnięty, wydawał mi się ostatnio nieco markotny. Wyciągnęłam go na kawę, żeby sprawdzić, czy wszystko u niego dobrze. Na początku czarował mnie opowieściami o swoich sukcesach w nowej pracy w jednej z czołowych redakcji. Kiedy zapytałam, jak się z tym czuje, głos mu się załamał. Bo co z tego, że ma takie wspaniałe osiągnięcia, że jest blisko tego, aby zostać pracownikiem roku, skoro nie śpi z nerwów, prawie nic nie je, odeszła od niego dziewczyna, bo od dawna nie miał czasu, by spędzić z nią choćby jeden wieczór, nie ma czasu pojechać do ciężko chorej babci, która być może żegna się z tym światem, nie ma czasu porozmawiać z dorastającą siostrą, której zachowanie, delikatnie mówiąc, nie przypomina zachowania młodej damy, nawet wszystkie kwiaty w domu mu zwiędły... Oto dzisiejszy człowiek sukcesu. Koledzy zazdroszczą mu idealnego życia.

W wielkim mieście panują zasady, które każdy zna, chociaż rzadko mówi się o nich otwarcie. Pierwszym i najważniejszym przykazaniem jest tu perfekcjonizm. W dobrym tonie jest mieć wszystko pod kontrolą, mieć idealną pracę, idealne ciało, idealne relacje, słowem – być idealnym w każdej dziedzinie życia, znać się na wszystkim, a nade wszystko żyć intensywnie i broń Boże nie przegapić okazji, żeby mieć, przeżywać, posiadać WIĘCEJ. To, co mam, nigdy nie jest dostatecznie dobre. Zawsze trzeba więcej. Poszukiwanie szczęścia w wielkim mieście jest najważniejszym przykazaniem. Dla tych, którzy nie nadążają, nie ma litości.

Wystarczy spojrzeć na Facebooka. Wydaje się, że wszyscy piękni, uśmiechnięci, szczęśliwi, w idealnych związkach i koniecznie w modnym miejscu na wakacjach, nie na żadnych tam, dajmy na to, wczasach pod gruszą u rodziców w ogrodzie. Codziennie od rana jesteśmy atakowani tymi idealnymi wizjami. Jeśli zaczniemy się porównywać, możemy oszaleć. Sama złapałam się na tym, że próbuję zawsze dobrze wypaść. Pamiętam, jak dawno niewidziana koleżanka napisała do mnie: „Ty to masz super życie". Zapytałam ją, skąd o tym wie, skoro dawno się nie widziałyśmy. „Widzę na Facebooku". „Na Facebooku? Przecież to »wersja demo«! Co to ma wspólnego z prawdziwym życiem, Aguś?" – zaśmiałam się.

Facebook jest jak wybieg pokazu mody – z nierealnie pięknymi, wystylizowanymi na boginie modelkami. To sztuka kreacji, to jak malowanie świata, przedstawianie go takim, jakim chcielibyśmy, żeby był – a w nim nas samych. Pewnego razu jednego z moich kolegów zostawiła dziewczyna. Całymi dniami płakał w poduszkę i pił piwo, nie wstając nawet z kanapy, ale kiedy przyszedł weekend, umył się, włożył najlepszą koszulę i pojechał do klubu dosłownie na piętnaście minut, tylko po to, żeby zrobić sobie zdjęcie w otoczeniu pięknych kobiet i wrzucić na swój profil, tak by ona zobaczyła, że wcale nie rozpacza i że ma się świetnie.

Jeden z moich redakcyjnych kolegów, Filip Chajzer, zrobił nawet reportaż o teście przyjaźni na Facebooku. Dziewczyna, bohaterka materiału, napisała na swoim profilu, że jest w centrum Warszawy, zgubiła telefon, ma problemy i potrzebuje pomocy. Podała dokładny adres. Z prawie tysiąca facebookowych znajomych po godzinie zjawił się jeden – jej chłopak. Pozostali umieszczali komentarze z podaniem przyczyny, dla której akurat nie mogą pomóc, a większość nie zareagowała w ogóle. Tyle prawdy o nas na Facebooku.

W wielkim mieście liczy się wizerunek. Wypada bywać, wszystko wiedzieć, świetnie wyglądać i koniecznie być szczęśliwym. Trzeba oglądać wszystkie filmy i na każdy temat mieć zdanie, nawet jeśli kompletnie się na czymś nie znasz; nie mówi się: „Nie wiem". Na pytanie: „Jak się czujesz”, odpowiadasz, że wspaniale, bo prawdy mówić nie wypada, zwłaszcza jeśli nie jest tak różowo, jak na to wygląda – co się często zdarza. Nie wiedzieć jednak czemu o słabości, strachu i zmęczeniu w wielkim mieście niechętnie się rozmawia, chociaż jak się uważniej przyjrzeć, widać je nawet u największych twardzieli.

Pewnego razu siedziałam z koleżanką Małgosią w kawiarni Po Prostu Art Bistro na Mokotowie, rozmawiając, kiedy kilka stolików dalej zobaczyłam przystojnego mężczyznę po czterdziestce. Nienagannie dopasowany garnitur, eleganckie buty, idealnie przystrzyżone włosy, lekki zarost – wyglądał jak z reklamy szkockiej whisky. Do tego wizerunku nie pasował tylko wyraz jego twarzy i nieruchomo wpatrzone w jeden punkt smutne oczy. Pił jednego drinka za drugim, patrząc w stolik przed sobą. Od razu można było poznać, że coś jest nie tak. Po szybkiej namowie z Małgosią podeszłam do niego.

– Czy wszystko jest w porządku? – zapytałam, a on spojrzał na mnie nieobecnym wzrokiem, wyraźnie zaskoczony tym pytaniem. – Pytam, czy wszystko w porządku, czy nie trzeba panu jakoś pomóc?

– A to tak widać? – zdziwił się.

Okazało się, że interes, w który włożył duże pieniądze, nie wypalił. Stracił pieniądze, zawiódł wspólników. Do tego właśnie dowiedział się, że zdradziła go żona. Przyznał mi się, że w chwili, kiedy podeszłam, snuł właśnie w głowie scenariusze, jak mógłby się zabić. Nie pamiętam nawet, co dokładnie mu powiedziałam, ale kiedy wstawałam od stolika, miał zupełnie inny wyraz twarzy. Powiedział, że od dawna nikt nie zapytał go: „Jak się czujesz?”. Tyle wystarczyło, żeby wróciła nadzieja, a jego życie nabrało znowu sensu.

Podobne spotkanie miałam kiedyś w hotelu w podróży służbowej. Uwielbiam pływać, więc po pracy postanowiłam wskoczyć do basenu. W rogu zauważyłam dobrze zbudowanego mężczyznę. Dziwnie było obserwować, jak tak pięknie umięśniony mężczyzna, zamiast pływać, stoi w wodzie nieruchomo z nieobecnym wzrokiem i miną bezbronnego chłopca, jakby nie wiedział, dlaczego się tu znalazł. Znowu podeszłam.

– Wszystko w porządku? – zapytałam. Ten sam wyraz zdziwienia i podobna rozmowa. Tym razem chodziło o uczucia. Niby taki twardziel, a załamał się, bo zostawiła go dziewczyna.

W wielkim mieście na każde: „Jak się czujesz?", odpowiadasz: „Wspaniale, super". Nie wypada, żeby nie było dobrze. Rozmawianie o rzeczach trudnych szczególnie nie jest w dobrym tonie. Za to dobrze jest pochwalić rozmówcę, zwłaszcza że pięknie wygląda albo – co już z pewnością zostanie dobrze odebrane – że schudł. Z bliżej niezrozumiałych dla mnie względów bycie chudym jest przez osoby różnej wagi traktowane jako najwyższy z komplementów. Więc: „Co u ciebie?", „Wszystko dobrze, kochana, świetnie wyglądasz, a jak schudłaś ostatnio, kochana!". Mniej więcej tak wygląda rozmowa. Smutek i niepowodzenie są traktowane niczym zaraza – lepiej trzymać się z daleka, bo mogą zabić. Nie wiedzieć czemu o tych rzeczach się nie mówi, zupełnie jakbyśmy wszyscy dostali przymus noszenia masek zadowolenia, powodzenia i sukcesu. Więc wszyscy jesteśmy młodzi, piękni i szczęśliwi i koniecznie musimy się spotkać „na proseczko", żeby sobie o tym opowiedzieć.

Ostatnio napisał do mnie z prośbą o spotkanie i rozmowę pewien stylista. Umówiłam się z nim w porze lunchu niedaleko mojej redakcji. Przyszedł, wyglądał jak model z „Vogue'a" prosto z sesji zdjęciowej. Zadbany, pachnący, przystojny, ubrany ze smakiem, z modnymi tatuażami i dodatkami. Tylko oczy zdradzały smutek. W towarzystwie postrzegany był jako człowiek sukcesu. Tymczasem miał na koncie kilka prób samobójczych, zmagał się z depresją, bezsennością, nieustającym lękiem i zniechęceniem, brakiem radości życia. Opowiedział mi o wielkim biznesie, który okazał się wielkim niewypałem, o przyjaciołach, którzy rozpłynęli się razem z pieniędzmi, o samotności i lęku. Szukał pomocy w używkach, ale było jeszcze gorzej. Pytał mnie o mój sposób na szczęście. Uśmiechnęłam się:

– Szukam go jak każdy. Proszę Boga codziennie o prowadzenie.

Opowiedział, że próbował pójść do kościoła, ale nie umie się modlić. Zaproponowałam, że jeśli chce, możemy zmówić jedno *Zdrowaś, Mario* razem. Podziękował mi.

– Wiesz, ta modlitwa wcale nie jest taka trudna, jak myślałem.

W sumie rozmawialiśmy może pół godziny. Poleciłam mu księdza, do którego mógłby pójść, gdyby poczuł chęć rozmowy lub spowiedzi. Wychodził z tego spotkania odmieniony, promienny. Następnego dnia wyspowiadał się i zaczął codziennie w modlitwie prosić Boga o uzdrowienie i ratunek – o szczęście. Po jakimś czasie napisał do mnie: „Dziękuję, że wysłałaś mnie wtedy do kościoła. Dzięki spowiedzi i modlitwie pierwszy raz od miesięcy poczułem prawdziwy pokój w sercu, śpię spokojnie, nadzieja wróciła, chce mi się żyć". Zrobił jeden mały kroczek w kierunku Boga, a Bóg zrobił w jego stronę siedem kroków, i to biegiem.

Wielkim przeżyciem było relacjonowanie ŚDM i wizyty Franciszka w Polsce. Nie wiem, co robiło na mnie większe wrażenie: czy zaraźliwa radość młodych z całego świata, którzy zapełnili rozśpiewanym tłumem ulice Krakowa, czy słowa papieża trafiające w samo serce. Podczas tej wizyty panował niemiłosierny upał, co dawało się już trochę we znaki całej naszej ekipie, zwłaszcza kolejnego dnia pracy. Pamiętam jeden taki moment, kiedy po nagraniu zostałam jeszcze, żeby posłuchać Franciszka. To był kolejny dzień niemal bez snu. Prawie zasypiałam i nagle usłyszałam te słowa, które były jak zimny prysznic. Aż ciarki mnie przeszły. Papież mówił do młodych zebranych na Błoniach o świecie, który tak dobrze znam:

> Napełnia mnie bólem, gdy spotykam ludzi młodych, którzy wydają się przedwczesnymi emerytami. To mnie martwi, sprawia mi ból. Młodzi, którzy jakby przeszli na emeryturę w wieku dwudziestu, dwudziestu trzech lat. Martwi mnie, gdy widzę ludzi młodych, którzy „rzucili ręcznik" przed rozpoczęciem walki. Którzy się poddali, nie rozpocząwszy nawet gry. Idą ze smutną twarzą, jak gdyby ich życie nie miało żadnej wartości. Są to ludzie młodzi zasadniczo znudzeni... i nudni. Nudni, którzy zanudzają innych. To mi sprawia ból. To trudne, a zarazem jest dla nas wyzwaniem, kiedy ludzie młodzi porzucają swoje życie w poszukiwaniu „oszołomienia" czy też owego wrażenia, że żyją, wchodząc na mroczne drogi, które w końcu zmuszają do zapłaty... i to wysokiej ceny. Zastanówcie się, pomyślcie o wielu młodych, których znacie.
>
> Zastanawiające jest, gdy widzisz młodych, którzy tracą piękne lata swego życia i swoje siły na uganianiu się za sprzedawcami fałszywych iluzji (w mojej ojczyźnie powiedzielibyśmy „sprzedawcami dymu"), którzy okradają was z tego, co w was najlepsze. Sprawia mi to ból. Jestem pewny, że tu pośród was nie ma dzisiaj takich ludzi, ale chcę wam powiedzieć, że tacy młodzi są. Młodzi, którzy wchodzą w fałszywe iluzje, oszołomienie, i kończą z niczym. Dlatego, drodzy przyjaciele, zgromadziliśmy się, aby pomóc sobie nawzajem, bo nie chcemy pozwolić, żeby okradziono nas z tego,

co w nas najlepsze, nie chcemy pozwolić, żeby nas ograbiono z energii, radości, marzeń, dając w zamian złudzenia.
Drodzy przyjaciele, pytam was: czy chcecie dla waszego życia tego wyobcowującego oszołomienia, czy też chcecie poczuć moc, która sprawia, że czujecie się żywi, pełni? Wolicie wyobcowujące oszołomienie czy moc łaski? Czego chcecie? Czego pragniecie?
Jest jedna odpowiedź, której się nie sprzedaje, której się nie kupi, by być spełnionym, aby mieć odnowione siły: nie jest to rzecz, nie jest to jakiś przedmiot, ale żywa osoba, która nazywa się Jezus Chrystus. Proszę o oklaski!
Jezus Chrystus – czy można Go kupić, czy sprzedaje się Go w sklepach? On jest darem, prezentem, darem naszego Ojca. Powtórzmy wszyscy: Jezus Chrystus jest darem Ojca!
Jezus Chrystus jest tym, który potrafi obdarzyć prawdziwą pasją życia. Jezus Chrystus jest tym, który nas prowadzi do tego, byśmy nie zadowalali się byle czym i dawali to, co w nas najlepsze. To Jezus Chrystus stawia nam wyzwania, zachęca nas i pomaga nam, by powstawać za każdym razem, kiedy uważamy się za przegranych. To Jezus Chrystus pobudza nas do podniesienia wzroku i do wzniosłych marzeń.

Wielkie miasto to fabryka podróbek szczęścia. Łatwy seks nazywany jest miłością, mordercza praca bez chwili dla najbliższych – sukcesem, droga zabawka zamiast taty obecnego w domu – troską, krzyk – siłą, liczba znajomych na Facebooku – przyjaźnią i powodzeniem. Wielkie miasto pełne jest betonowych gett. Idealne prostokąty z zimnej płyty. Domy, w których jest tyle drogich gadżetów, że nie ma już miejsca na czułość i bliskość. Eleganckie apartamenty, w których bliscy kiedyś ludzie dziś jedynie mijają się przy porannej toalecie jak obcy, bo przestali o siebie dbać tak dawno, że teraz nawet nie wiadomo, od czego zacząć. Wielka cisza. Niedzielne obiady z nosem w iPhonie. Widziałam ostatnio taką rodzinę w restauracji na warszawskim Wilanowie i nie mogłam się nadziwić. Bardzo ładna rodzinka: przystojny i dobrze ubrany tata, piękna młoda żona i dwójka rozkosznych dzieciaków. Jedli obiad, nie tylko nie rozmawiając, ale też nawet nie patrząc na siebie, każde z nosem w swoim telefonie. Ludzie sukcesu. Mają podobno wszystko.

Kluczem do szczęścia mają być pieniądze, sukces zawodowy, piękny wygląd, idealny związek i sława. Ta ostatnia działa jak magnes. Sława wydaje się jak zaczarowane lustro z *Alicji w Krainie Czarów*, za pomocą którego przechodzi się na drugą stronę, do bajkowego świata. Tam wszystko wygląda na lepsze, ładniejsze i ciekawsze. W pogoni za sławą wszystkie chwyty są dozwolone, bo ona otwiera przecież magiczne drzwi do krainy miłości i szczęścia, gdzie nie ma miejsca na żadne troski czy – nie daj Boże – ból.

Pigułki uśmierzające życiowy ból są dostępne wszędzie. Można je kupić wraz z drogimi butami czy kolejnym ekskluzywnym samochodem. Można ogłuszyć się wszystkimi dostępnymi używkami świata, zakupami, pracą, głośnymi imprezami i iluzorycznymi związkami. Pstryk – i jest spokój. Tylko że ten chwilowy spokój niewiele ma wspólnego z Jego pokojem. Wiem coś o tym. Próbowałam tych wszystkich podróbek szczęścia. Pękły jak bańki mydlane, jedna po drugiej. Od kiedy proszę Boga o pokój, czuję się nim otulona, bezpieczna, radosna. Czuję, jak ten pokój, którego nie znałam nigdy wcześniej, mnie przepełnia.

Ostatnio znajomy napisał do mnie: „Ty żyjesz jak na haju życia. Co Ty bierzesz, że jesteś taka radosna?". Inna znajoma, dziennikarka, z którą pracowałam w Telewizji Puls, odwiedziła mnie po kilku latach i ze zdumieniem rozglądała się po moim mieszkaniu: „Gdzie są te wszystkie sterty szpilek i torebek?". „Nie ma ich" – uśmiechnęłam się, bo większość tych skarbów rozdałam. Nie potrzebuję aż tyle do szczęścia, ale cieszę się, kiedy mogę się tym z kimś podzielić.

Niesamowite jest to, że moja szafa jest dziś dużo skromniejsza niż kiedyś, a ja czuję się sto razy bardziej atrakcyjna w jednych ulubionych dżinsach i T-shircie. Szczęśliwa i wolna od przymusu posiadania. Za to ciągle mam o wiele za dużo kremów, olejków i innych specyfików na półce w łazience. To jest nadal moja kobieca słabość. To dzięki modlitwie czuję się jednak piękna i szczęśliwsza niż wtedy, kiedy miałam kilka torebek od Louisa Vuittona, ale się nie modliłam. Dzięki modlitwie jestem spokojniejsza, lepiej się czuję i podobno nawet lepiej wyglądam. Dostałam ostatnio SMS-a od kolegi, który zobaczył mnie w telewizji czy na zdjęciu: „Bardzo ładnie ostatnio wyglądasz. Jesteś zakochana?". Uśmiechnęłam się do siebie w duchu, bo akurat nie byłam w nikim zakochana, i pomyślałam: „Wyglądam pewnie różnie, inaczej po przebudzeniu, inaczej, kiedy wychodzę na kolację albo mam wywiad i jestem umalowana i wystylizowana. Najważniejsze jest to, że naprawdę ładnie się czuję w środku". To nowe spojrzenie na samą siebie dał mi Pan Bóg. Kiedyś było inaczej. Kiedyś wcale się tak nie czułam, a tak bardzo szukałam potwierdzenia własnej atrakcyjności, na przykład w oczach mężczyzn. Wielkie miasto pełne jest pięknych kobiet, które marzą o wielkiej miłości i byciu dla kogoś tą najpiękniejszą.

Pewnego razu pojechałam na wakacje w podróż po Azji i trafiłam na wyspę Bali. Zwiedzaliśmy z moim kolegą miejscowość Ubud, zagubioną wśród pól ryżowych, wąwozów i soczystej zieleni mekkę tamtejszych artystów, podobno najładniejsze miasteczko w całej Indonezji. Włóczyliśmy się leniwie po małpim gaju i tamtejszych świątyniach, fotografując i chłonąc egzotyczne widoki. Tak trafiliśmy w przeurocze miejsce, które wyglądało jak zaczarowany ogród pełen egzotycznych kolorowych kwiatów i kolorowych ptaszków. Nagle ku mojemu zdziwieniu moim oczom ukazał się widok niepasujący do tego krajobrazu: kolejka kobiet, bez wątpienia turystek. Wyglądało to jak jakaś wycieczka. Amerykanki, Francuzki i Niemki – głównie zadbane i eleganckie blondynki – mimo upału cierpliwie czekały, ustawione jedna za drugą w słomkowych kapeluszach, wachlując się kupionymi u miejscowych handlarzy wachlarzami. Kolejka prowadziła do tabliczki z napisem: „Dom Kekuta. Czytanie z ręki". Zaintrygowana weszłam dalej. Na drewnianym ganku ze skrzyżowanymi nogami siedział Kekut – starszy mężczyzna w turbanie na głowie. Naprzeciwko niego, także po turecku, siedziała zasłuchana i przejęta kolejna turystka. Kekut trzymał jej dłoń i przyglądając się uważnie, mówił coś do niej, a ona słuchała jak zaczarowana. Szybko uświadomiłam sobie, że widziałam już tę scenę: to samo miejsce i tego samego mężczyznę, nawet w tej samej pozie, tyle że zamiast turystki siedziała naprzeciwko niego Julia Roberts.

Rzeczywiście było to miejsce, w którym kręcono jedną ze scen z filmu *Jedz, módl się i kochaj* z Julią Roberts na podstawie książki o tym samym tytule. Film opowiada o nieszczęśliwej trzydziestoparolatce, która postanawia się rozwieść i ruszyć w podróż po świecie w poszukiwaniu szczęścia. We Włoszech odnajduje radość z małych rzeczy, na przykład jedzenia, trafia też do Indii, gdzie medytuje, zaś na Bali spotyka miejscowego szamana Kekuta, którego w filmie gra właśnie siedzący przede mną prawdziwy szaman z miejscowości Ubud. Kekut przepowiada Julii wielką miłość, którą ona oczywiście spotyka na Bali. W tej roli występuje aktor Javier Bardem, więc trudno się nie zakochać.

Podeszłam do kobiet czekających w kolejce i zaczęłam z nimi rozmawiać. Okazało się, że większość z nich zamknęła na jakiś czas swoje kancelarie prawne, wzięła urlop od pracy i rodziny i przyleciała tu, na drugi koniec świata, tylko po to, żeby przyjść w to miejsce i poprosić staruszka Kekuta o powróżenie im z ręki. Chciały tak jak bohaterka filmu odnaleźć dzięki temu miłość i szczęście. Wierzyły, że staruszek, który zagrał w filmie z Julią Roberts, powie im, jak mają żyć.

Kilkadziesiąt dolarów, które trzeba było zapłacić za piętnastominutową wizytę u Kekuta, nie było wielkim wydatkiem w porównaniu z ceną biletu lotniczego na Bali i pobytu na miejscu. To nieważne. Jeśli chodzi o miłość, pieniądze nie mają znaczenia. Byłyby gotowe polecieć na Księżyc, gdyby Kekut przyjmował akurat tam. „Pani też do Kekuta?" – zagadnęła mnie łamaną angielszczyzną dziewczyna-karzeł, która krążyła między nami, pilnując kolejności, kasując „bilety" i donosząc napoje Kekutowi. „Nie, ja dziękuję. Ja się tylko przyglądam. Znam panią z filmu. Świetna rola. Gratuluję".

W wielkim mieście roi się od sprzedawców szczęścia. Nie powiem, że sama nigdy nie korzystałam z porad wróżki, bo robiłam to nieraz, zupełnie nieświadoma konsekwencji. Chodzenie do wróżek i jasnowidzów jest zresztą w wielkim mieście powszechnie praktykowane, popularne i modne. W dobrym tonie jest mieć nawet swoją wróżkę. Są gwiazdy, które nie wstaną z łóżka bez rady wróżki. Wróżka przed koncertem, wróżka przed podjęciem decyzji o rozwodzie. Wróżka dobra na wszystko. „Muszę z tobą pogadać – zaczepiła mnie kiedyś koleżanka z redakcji. – Wybieram się do wróżki, ale mam mieszane uczucia. Podaj mi jeden powód, dlaczego mam tego nie zrobić". Pomyślałam przez chwilę, bo nie chciałam jej straszyć opowieściami, jak źle się czułam po takiej wizycie. „Widzisz, to jest tak, że pierwsze przykazanie brzmi: nie będziesz miał bogów cudzych przede Mną. Skoro tak, to możesz codziennie wybrać sobie swojego Boga, sama możesz zdecydować, w kogo wierzysz. Jeśli wierzysz w Boga, to oddajesz Mu swoje życie i jesteś pod Jego parasolem ochronnym, a jeśli decydujesz się uwierzyć wróżce, to ona staje się twoim bożkiem i robisz sobie w tym parasolu dziurę, przez którą ona – na twoją własną prośbę – może ci wrzucić wszystko" – wytłumaczyłam, jak umiałam. Koleżanka wyglądała na zamyśloną: „To może jednak sobie daruję".

Codziennie doświadczam tego, że Pan Bóg jest najlepszym GPS-em w poszukiwaniu drogi do szczęścia, ale mimo to ciągle zdarza mi się uwierzyć w jakiegoś innego bożka: w pracę, w sukces, w innego człowieka, czasem nawet w postać z filmu.

Nazwa mojego bloga *Bóg w wielkim mieście* nawiązuje do kultowego serialu *Seks w wielkim mieście*, bo serial ten długo był dla mnie niemal Biblią, ukazującą, jak może wyglądać fajne życie. Byłam zafascynowana takim światem. Imponowało mi życie, jakie ma do zaoferowania wielkie miasto: łatwe, beztroskie, szybkie, intensywne, kolorowe i powierzchowne. Łatwo się nabrać. Mówi o tym papież Franciszek:

> Prawda jednak jest inna, kochani młodzi: nie przyszliśmy na świat, aby wegetować, aby wygodnie spędzić życie, żeby uczynić z życia kanapę, która nas uśpi. Przeciwnie, przyszliśmy z innego powodu: aby zostawić ślad. To bardzo smutne, kiedy przechodzimy przez życie, nie pozostawiając śladu. A gdy wybieramy wygodę, myląc szczęście z konsumpcją, wówczas cena, którą płacimy, jest bardzo, ale to bardzo wysoka: tracimy wolność (podkr. K.O.).

Taka Warszawa, na przykład, pełna jest „młodych kanapowych". Ja sama potrafię przełączyć się na tryb kanapowy i to zupełnie nagle i niespodziewanie. Z pozoru wszystko wygląda ładnie. Aż przyjemnie popatrzeć, ile tu pięknych miejsc, ile nowych knajpek z coraz to pyszniejszym jedzeniem, ile teatrów, muzeów, parków, klubów, firm liczących się na całym świecie, ile możliwości, ilu kolorowych ludzi. To wszystko prawda, ale tylko częściowa. Oprócz tego, co widzimy, oprócz sklepowych witryn, przystanków, barów i ulic, jest przecież jeszcze świat duchowy, niewidzialny, w którym codziennie toczy się walka o nas – i jeśli dajemy się ogłupić konsumpcji, przegrywamy tę walkę. Nie mówię tu o żadnej ezoterycznej rzeczywistości, dostępnej tylko dla wtajemniczonych. Wszyscy jesteśmy z nieba. Wszyscy mamy dusze, a skoro tak, to, co materialne, nigdy nie zaspokoi do końca naszych pragnień. Mamy w sobie cząstkę nieba, więc możemy się nią dzielić. Możemy mocniej kochać i więcej wybaczać, jesteśmy do tego bardziej zdolni, niż nam się wydaje. Codziennie dostajemy małe szanse, żeby kogoś ocalić, komuś dodać skrzydeł, żeby kochać ludzi, Boga, ale też siebie samych. Żeby zaś kochać siebie, trzeba siebie znać.

Poruszyło mnie kazanie ojca Michała Adamskiego, dominikanina z klasztoru na Freta, który powiedział, że uwierzyć w Ducha Świętego, to znaczy w pewnym sensie uwierzyć w siebie. Możemy kochać prawdziwie Boga tylko wtedy, jeśli wiemy, kim jesteśmy, jakie są nasze potrzeby, jakie zranienia, dlaczego wybieramy tak, a nie inaczej – i jeśli zdecydujemy się zawalczyć o swoje szczęście. Dopiero poznanie siebie otwiera nas na działanie Ducha Świętego, który przynosi swoje dary, a wśród nich pokój, który w wielkim mieście jest chyba najbardziej poszukiwaną rzeczą. Prawdziwy pokój serca, dający siłę do zmian i odwagę, żeby się zmierzyć z prawdą o sobie.

Niespecjalnie lubię się obnosić z prawdą o sobie. Kiedy pomyślę, ile za mną pomyłek, wtop, błędów i głupich decyzji, ile osób zraniłam, ile razy zachowałam się niegodnie, robi mi się słabo. Nie odcinam się jednak od przeszłości. Ostatnio ktoś mnie zapytał, czy dane zdarzenie z mojego życia miało miejsce, kiedy byłam jeszcze „tą starą Kasią", czy już „tą nową". Zaśmiałam się, mówiąc, że ciągle jestem tą samą

Kasią. Moja przeszłość i moje pomyłki z przeszłości, moja teraźniejszość i moje głupoty teraźniejszości – to wszystko jest i pozostanie częścią mnie. Nie da się wymazać tego, co było. Zresztą bez tych doświadczeń nie byłabym taka, jaka jestem.

Moją ulubioną księgą w Piśmie Świętym jest Księga Tobiasza, która moim zdaniem mówi o poszukiwaniu szczęścia. To opowieść o chłopcu, który wędruje przez świat w towarzystwie anioła i psa. Spotykają go po drodze przeróżne dziwne przygody, które czasami trudno zrozumieć, ale z perspektywy czasu okazuje się, że każda z nich miała znaczenie i że gdyby nie to, co mu się przytrafiło, nie byłby tym, kim jest. Szczególnie tajemnicze jest spotkanie Tobiasza z wielką rybą, która gryzie go w nogę, mimo że chroni go towarzyszący mu anioł Rafał. Pod koniec księgi okazuje się, że gdyby ryba nie ugryzła chłopca, Tobiasz nie poślubiłby Sary i nie uleczyłby swojego ojca. Księgę Tobiasza odkryłam dzięki rekolekcjom ojca Adama Szustaka „Wielka Ryba". Ta księga uczy mnie ufności w to, że wszystko, co w życiu nam się przytrafia, chociażby wydawało się tak irracjonalne jak ugryzienie wielkiej ryby, będzie zamienione w dobro, że wszystko ma sens w Bożym kalendarzu, jeśli tylko zaufamy i odważnie pójdziemy dalej w życie.

Bywa, że jest nam w jakiejś sytuacji już tak ciężko, że nie chce się iść dalej. Nie mam pojęcia, ilu znam ludzi chorych na depresję, ale jest ich całkiem sporo, chociaż oczywiście przyznać się to obciach. Sama miewam takie dni, że nawet nie chce mi się podnieść z łóżka. Daleko mi wtedy do pięknie wymalowanej, ubranej i uśmiechniętej dziewczyny z ekranu. Księga Tobiasza jest o tym, że z Bogiem wszystko, co dziś wydaje się największym nieszczęściem, jutro będzie zamienione w radość, życie i wesele, że z Nim wszystko ma sens.

Czasem myślę, co by było, gdybyśmy dziś tak naprawdę uwierzyli w siebie, w ludzi, w miłość, w powodzenie, w to, że warto być dobrym. Jakie decyzje byśmy podejmowali, wiedząc, że za naszymi plecami stoi sam Bóg, który tylko czeka, żeby pokazać nam nasze piękno, naszą wyjątkowość, nasze powołanie. Czy mając tę wiedzę, poświęcalibyśmy czas na lęk, niezgody, pretensje? Gdyby jutro był nasz ostatni dzień, jak byśmy go przeżyli? Czy żylibyśmy nadal na dwadzieścia procent, czy raczej na sto dwadzieścia?

– Jan Paweł II mówił: „Wypłyń na głębię" – głos kelnera w jednym z klubów przy ulicy Żurawiej wyrwał mnie z zadumy.
– Słucham? – zapytałam zaskoczona.
– Pytam, czy przynieść pani kolejny kieliszek prosecco – wyjaśnił kelner z uśmiechem, szczęśliwy, że udał mu się żart. Dziś wszystko, co piękne, umiemy obśmiać.

Często wracają do mnie słowa księdza Jana Kaczkowskiego, który mówił: „Zacznij żyć już dziś. Masz mniej czasu, niż ci się wydaje".

Papież Franciszek na czuwaniu w podkrakowskich Brzegach prosił:

> Bóg jest (…) nieustępliwy w nadziei: zawsze wierzy, że możemy się podnieść, i nie poddaje się, widząc nas przygaszonych i bez radości. Jesteśmy bowiem zawsze Jego umiłowanymi dziećmi. Pamiętajmy o tym na początku każdego dnia. Warto, abyśmy co rano mówili w modlitwie: „Panie, dziękuję Ci, że mnie kochasz; spraw, bym zakochał się w moim życiu!". Nie w moich wadach, które muszą być poprawione, ale w życiu, które jest wielkim darem: jest ono czasem, aby kochać i być kochanym.

Bóg, który ocala

Ekskluzywny Menel
Kamil Pawelski

bloger modowy (Warszawa)

Z Kamilem Pawelskim, czyli popularnym blogerem znanym jako Ekskluzywny Menel, na wywiad umówiłam się w ciepły, pogodny dzień na leżakach w ogródku klubu Na Lato. To dla niego miejsce symboliczne, bo w weekendy tętni tu życie nocne i schodzi się tu tłumnie cała „warszawka". Jego życie też wyglądało niemal jak jedna wielka, niekończąca się impreza, jednak ani nieustający melanż, ani błyskotliwa kariera w korporacji nie dawały mu szczęścia. Wszystko zmieniło się, kiedy jego życie weszło w niebezpieczny zakręt...

KASIA: Mam wrażenie, że twoja historia jest historią wielu ludzi, którzy przyjeżdżają do wielkiego miasta z marzeniami o karierze i nie zauważają, kiedy praca staje się dla nich wszystkim. Co byłeś gotów zrobić, żeby odnieść sukces?

KAMIL: Od zawsze próbowałem sobie coś udowadniać, sobie i innym ludziom, a przyjazd do Warszawy dziesięć lat temu i kariera w korporacjach umocniły we mnie jeszcze to poczucie, że trzeba mieć, walczyć. Kariera – to był czynnik, który mnie napędzał. Jedyny i najważniejszy. Przez wiele lat byłem przekonany, że moje życie jest całkiem fajne: dobra praca, imprezy, czego chcieć więcej? Ale nagle coś zaczęło we mnie pękać. Może dlatego, że moja mama się za mnie modliła? Nagle dotarło do mnie, że mimo starań, żeby mieć całkowitą kontrolę nad życiem, nie mam jej, że życie wymyka mi się z rąk.

Skąd to poczucie? Czy coś dramatycznego się wydarzyło?

Jeden z moich przyjaciół miał wylew w wieku trzydziestu dwóch lat. Jedna z moich znajomych poroniła. Zacząłem myśleć, że coś jest nie tak, że tak nie może wyglądać życie. Dotarło do mnie, że wszyscy żyjemy tylko pracą. Od poniedziałku do piątku biegasz wiecznie przyczepiony do smyczy, a w weekend impreza i otępianie się używkami. Ściema. Powierzchowne przyjaźnie. Iluzoryczne związki, które dziś się rozpoczynały, a jutro kończyły z głupich, błahych powodów.

Pustka. Brak sensu życia. Gdzieś podskórnie czułem, że jeśli to życie jest coś warte, to nie może być to tylko kasa i prestiż.

Jak sobie radziłeś z tym poczuciem bezsensu?

Używki, imprezy, środki nasenne. Szukałem pomocy u psychologa, ale bez skutku. Kulminacją było załamanie nerwowe, które przeżyłem rok temu. Zaczęły mnie dopadać myśli samobójcze...

Nikt nie próbował ci pomóc?

Byłem mistrzem zakładania masek. Na zewnątrz wydawało się, że jestem megaszczęśliwym kolesiem. Przecież wszystko na pozór mi się udawało. Zakończyłem moją karierę zawodową w korporacjach, a pojawił się blog, który odniósł sukces i stał się moją nową pracą. Wszyscy myśleli, że jestem superszczęśliwy, a ja wcale nie byłem szczęśliwy. Nakładałem sobie maski na twarz, uśmiech od ucha do ucha, a w głębi czułem pustkę. Prochy, których brałem sporo, i inne używki przestały pomagać. Rok temu, pod koniec wakacji, doszedłem do momentu, w którym ostatecznie stwierdziłem, że życie nie ma sensu.

Co dokładnie wtedy czułeś?

Miałem głębokie poczucie niezrozumienia przez innych. Nie rozumiałem też sam siebie, swojego rozdrażnienia. Czułem się samotny. Postanowiłem zamknąć blog, bo pomyślałem, że nie będę robił z siebie czuba i wrzucał zdjęć uśmiechniętego kolesia, kiedy wszystko się we mnie gotowało. Pomyślałem: „Trzeba zejść z tego świata. Lecimy w jedną stronę, w dół". Postanowiłem skończyć ze sobą, skacząc z okna.

Jak wyglądał dzień, w którym postanowiłeś odebrać sobie życie?

Stanąłem przy swoim oknie. Otworzyłem okiennice. Powiedziałem jeszcze: „Boże, ja już przegrałem swoje życie, straciłem nad nim kontrolę. Teraz albo Ty, albo ja". Nagle przed oczami niczym film zobaczyłem całe swoje życie. Zobaczyłem momenty, w których raniłem innych i byłem raniony, a na koniec Jezusa Chrystusa, który umarł na krzyżu za wszystkie moje winy i uwolnił mnie. Napłynęły mi łzy do oczu. W jednej chwili doznałem jakby olśnienia. Mój światopogląd zmienił się o sto osiemdziesiąt stopni. Przyszedł nagły spokój. Zasnąłem i obudziłem się już zupełnie inny.

Co dokładnie się zmieniło? Jaki byłeś po przebudzeniu?

Wszystko się uspokoiło. Odeszły złe myśli. Przyszła radość, chęć do życia. Poczułem miłość i troskę Boga o mnie. Minęły bezsenne noce, choć wcześniej cierpiałem na bezsenność – żyłem już tylko na tabletkach nasennych, które mnie otumaniały. Nagle zacząłem normalnie sypiać. Odstawiłem wszystkie używki, których pochłaniałem naprawdę dużo. Z dnia na dzień zacząłem sobie układać życie. Cieszyć się każdą chwilą, prozą życia, prostymi rzeczami. Na pierwszym miejscu nagle postawiłem rodzinę i przyjaciół, a później dopiero kwestie zawodowe. Przestałem też oceniać ludzi. To znak naszych czasów, że oceniamy innych po pozorach, nawet ich nie znając. Akceptacja i miłość – zrozumiałem, że bez tego ani rusz. Możesz mieć karierę, piękny samochód, ale to nie da ci szczęścia. Ja nagle poczułem się po prostu szczęśliwy.

Jak to sobie tłumaczysz – to, co się wydarzyło?

Ja to nazywam cudem. Bóg zaingerował w moje życie i mnie ocalił. Ewidentnie to był cud.

Aż mnie ciarki przechodzą na myśl, że naprawdę chciałeś skoczyć z tego okna... I że On tak szybko odpowiedział na twoje wołanie. Jak ten cud bycia ocalonym przez Boga zmienił twoje życie?

Przede wszystkim zrozumiałem, że bez Boga nie dam rady. Podziwiam ludzi, którzy potrafią dziś żyć bez Boga. Przestałem kontrolować obsesyjnie własne życie i oddałem kontrolę Jemu. Wszystko zaczęło się układać. Marzenia, które miałem w dzieciństwie i o których zapomniałem, wróciły do mnie i zacząłem je realizować – na przykład te o śpiewaniu i muzyce. Widzę, jak Bóg spełnia moje marzenia. W pełni. Stałem się w pełni szczęśliwym facetem. A wcześniej miałem poważne kompleksy jako mężczyzna…

Ty, taki przystojniak? Popularny bloger, guru stylu? Trudno mi uwierzyć…

Jako dziecko byłem wrażliwcem, outsiderem, małym, zakompleksionym dzieciakiem. Kiedy dojrzewałem, przybrałem maskę twardego kolesia, po którym tego nie widać. Nadal miałem sporo kompleksów. Przez to, że mój tata był alkoholikiem, nie było go w moim dzieciństwie. Już teraz nie mam o to żalu, bo sobie przebaczyliśmy, ale kiedyś było inaczej. Czułem się bezwartościowy. Laski, które mnie rzucały, wybierały jakichś wrednych gachów, którzy sprzedawali narkotyki albo tłukli się na osiedlu, a ja chodziłem do szkoły muzycznej i byłem emocjonalnym gościem, który gra na saksofonie i wysyła im kwiaty. A one nic sobie z tego nie robiły.

Teraz czujesz się atrakcyjnym facetem?

Teraz jestem zupełnie innym facetem. Stabilnym emocjonalnie, odpowiedzialnym za życie swoje i bliskich ludzi. W mojej ocenie prawdziwy mężczyzna to dziś ten, kto bierze odpowiedzialność za swoje życie i za życie swoich bliskich. Nadal jestem niedoskonały i popełniam błędy, ale wiem już, że – choć mam dążyć do doskonałości – nie muszę być zawsze doskonały. Od tego jest Bóg. Oddałem moje życie Bogu. Powiedziałem: „Rób, co chcesz" – i zaczęło się wszystko układać.

Czy to „wszystko" to też szczęśliwa miłość? Będzie ślub?

(*śmiech*) Będzie, ale szczegóły są moją tajemnicą.

O czym marzysz teraz najbardziej?

Żeby mieć stałą ufność w Bogu, wierzyć w to, że On ma najlepszy plan na moje życie i z Nim ze wszystkiego wyjdę obronną ręką.

Dasz mi radę, od czego zacząć, żeby Bóg zadziałał w moim życiu tak mocno jak w twoim?

Wierzę w siłę Biblii. Wystarczy czytać Pismo Święte codziennie, nawet jak zwykłą książkę. Ja czytam codziennie. Zwłaszcza Nowy Testament.

Dziękuję, że podzieliłeś się swoją niezwykle osobistą historią.

Nie trzeba być ani specjalnie inteligentnym, ani wierzącym, żeby sobie uświadomić, że coś niedobrego dzieje się dookoła nas. Jest kryzys. Ludzie są zmęczeni. Wszystko się trzęsie w posadach. Jeżeli wiara w Boga jest czymś, co mi pomogło, to chcę o tym mówić, bo wierzę, że Bóg uwalnia. Dookoła jest tylu ludzi, którzy tracą nadzieję, próbują się sami uporać ze swoim życiem, a On tylko czeka, żeby oddać wszystko Jemu. To nie jest srogi pan z kijem. Bóg chce dla nas dobrze. Pytanie, czy my chcemy.

Bóg, który uzdrawia

Krzysztof Antkowiak

piosenkarz (Poznań)

Z Krzysztofem Antkowiakiem umówiłam się w listopadowy poranek w Poznaniu, w miejscu pachnącym świeżym chlebem i kawą. Na spotkanie czekałam z pewną tremą i zaciekawieniem, ponieważ jako dziecko, podobnie jak pół Polski, kochałam się w nim na zabój. Od czasów sukcesu piosenki Zakazany owoc *minęło jednak ponad dwadzieścia lat i wiele w życiu Krzysztofa się wydarzyło. Przeżył wzloty i upadki, był uwielbiany przez miliony, następnie opuszczony i pogrążony w nałogu. Ostatnio spotkał na swojej drodze Boga i o to chcę go zapytać. Pierwsze, co mnie uderzyło, kiedy wszedł do kawiarni i witał się ze mną, to ciepło i niesamowity spokój, które od niego biły.*

KASIA: Przyznam się, że trochę się stresowałam spotkaniem z tobą, bo kiedyś byłeś moim idolem. Jako ośmiolatka kochałam się w tobie na zabój.

KRZYSZTOF: Bardzo mi miło. Nie wiem, co powiedzieć. Ja też się cieszę, że możemy porozmawiać, zwłaszcza że znam i chętnie czytam twój blog.

Czasy, kiedy pół Polski uwielbiało twój *Zakazany owoc*, są już wspomnieniem, ale ten „zakazany owoc" to nie tylko utwór, który przyniósł ci niesamowitą popularność; to również pewien symbol. Co było dla ciebie takim zakazanym owocem?

Ten utwór był dla mnie błogosławieństwem i przekleństwem. Miałem potem okres buntu i obraziłem się na tę piosenkę, bo ludzie kojarzyli mnie tylko z nią, podczas gdy ja robiłem swoje muzyczne rzeczy. A „zakazanym owocem" w moim życiu prywatnym były takie momenty, kiedy nie mogłem sobie poradzić z moją popularnością, bo oprócz tego, co widać było na scenie, była ta druga, mroczna strona popularności: presja w szkole w stylu: „Co nasza gwiazdka teraz powie", zazdrość kolegów o to, że dziewczyny miały mój plakat... Zazdrość i uwielbienie – czyli dwa bieguny popularności.

To wszystko, o czym mówisz, miało miejsce lata temu. Czy to wpłynęło na twoje dorosłe życie? Na ostatnie dziesięć lat? Co się z tobą działo od tamtego czasu?

Całe to zamieszanie panujące dookoła mnie w dzieciństwie na pewno miało wpływ na mnie, a zwłaszcza na moje życie osobiste, w życiu dorosłym, choć nie byłem tego świadomy. W muzyce nadal działałem, nagrywałem i rozwijałem się, ale w życiu osobistym bywało różnie. Przyszły nałogi. Byłem zniewolony. Jak każdy nałogowiec myślałem, że się kontroluję, jednak gdy teraz patrzę wstecz, widzę, że nie było w tym żadnej kontroli.

Jakie miałeś nałogi?

Było ich kilka, na przykład picie co weekend. Taki „ekskluzywny alkoholizm" pod płaszczykiem spotkań towarzyskich, celebracji dobrych trunków i życia w ogóle. Tak naprawdę wyglądało to tak, że niedziela zwyczajnie dla mnie nie istniała. Leżałem w łóżku nieprzytomny i dochodziłem do siebie. To był dzień wyjęty z życiorysu. Najgorszym nałogiem, jaki przeżyłem, był jednak hazard. Ciężko się z niego wydostać. Jest taka terapia dwunastu kroków, która mówi, że pierwsze, co musisz zrobić, to zawierzyć Sile Wyższej. Jeśli tego nie zrobisz, twoje szanse na wyjście z nałogu są żadne.

Zanim zapytam o tę Siłę Wyższą, pomóż mi coś zrozumieć... Wydajesz się osobą bardzo świadomą i mającą kontrolę nad swoim życiem. Miałeś i masz dookoła siebie kochających ludzi. Skąd te nałogi?

Każdy nałóg oznacza jakąś niezałatwioną sprawę w tobie. Uciekamy od wielu rzeczy: od tego, co nas boli, z czym sobie nie możemy poradzić. To są rzeczy często nieuświadomione, na przykład rany z dzieciństwa, które potrafią być traumami całe życie. Nałogi: alkohol, narkotyki, hazard, mają służyć ukojeniu bólu. Ludzie myślą, że to kontrolują,

i ja też tak myślałem. Ale nałóg to zniewolenie, a zniewolenie jest najgorszą rzeczą, jaka może ci się przytrafić. Przestajesz być wolnym człowiekiem, bo nie masz już wolnej woli. Stajesz się niewolnikiem.

Pamiętasz, jak to się zaczęło?

Zaczęło się niewinnie. To było w Atlantic City dwanaście lat temu. Ludzie, którzy organizowali koncert, zabrali mnie do kasyna. To był mój pierwszy raz w życiu w kasynie. Grałem po raz pierwszy i zacząłem wygrywać. Ale nie chodziło nawet o pieniądze. Ja się tam po prostu dobrze czułem. Zapomniałem o całym świecie, odciąłem się od wszystkiego. Był tylko stół, ja, krupierka i automaty – nierealny, kolorowy świat. Czułem wtedy, że coś jest ze mną nie tak, bo siedziałem tam znacznie dłużej, niż powinienem. Umówiłem się ze znajomymi, że za dwie godziny wyjdę, a wyszedłem dopiero rano i bez grosza. Hazard trafił u mnie na podatny grunt i trwałem w tym nałogu ponad dziesięć lat. Dziesięć lat okłamywania najbliższych, którzy nie mieli o niczym pojęcia. Dziesięć lat biczowania się i obwiniania o to, że znowu poszedłem do kasyna. To było piekło, ale gdyby nie tamto doświadczenie, nie byłbym taki, jak jestem teraz, więc dziękuję za te dziesięć lat.

Mówisz, że każdy nałóg jest ucieczką od niezałatwionych spraw w sobie. Od czego ty uciekałeś, wchodząc w hazard?

Ja byłem nieludzko wymagający od siebie. Dużo pracowałem, a nie widziałem efektów. Miałem wrażenie, że marnuję swój potencjał jako muzyk, że siedzę na ławce rezerwowych. Tak jak piłkarz, którego trener nie wpuszcza na boisko. Ludzie o mnie zapomnieli. Grałem rzadko. To boli. Wiedziałem, że jestem dobry, ale moja muzyka nie mogła zaistnieć. Komponowałem, tworzyłem i nic. Narzucałem sobie więc coraz wyższe i wyższe wymagania, byłem rygorystyczny wobec siebie i nie rozumiałem, dlaczego ludzie tego nie kupują.

Wtedy zainterweniowała ta Siła Wyższa, o której mówisz, czyli Pan Bóg?

To Bóg mnie uzdrowił. Na terapii AH – Anonimowych Hazardzistów – usłyszałem, że aby wygrać z nałogiem, trzeba się odwołać do Siły Wyższej. Sama terapia nie przynosiła skutków. Momentem zwrotnym była msza z modlitwą o uzdrowienie, którą prowadził tu, w Poznaniu, ojciec Józef Witko. Do pójścia na nią namówiła mnie moja narzeczona i jej tato. Dużo się za mnie modlili, chociaż wtedy tego jeszcze nie wiedziałem. Są to ludzie głębokiej wiary. Za ich namową poszedłem i poprosiłem Boga, żeby zabrał ode mnie zniewolenie: alkohol i hazard.

Z początku w ogóle nie chciałem tam iść. W ogóle nic mi się nie chciało. Miałem depresję. Myślałem nawet o śmierci. To był słaby moment w moim życiu, piekło na ziemi. Dodatkowo tego wieczoru, kiedy była msza, leciał mecz Ligi Mistrzów, który bardzo chciałem zobaczyć, i byłem zirytowany, że się zgodziłem pójść. W kościele był tłum ludzi, więc irytacja rosła. Nagle poczułem, że wszystko zaczyna się we mnie zmieniać. Ojciec Witko modlił się o uzdrowienie. Ludzie dookoła padali – teraz wiem, że to był spoczynek w Duchu Świętym. Poczułem jakiś niezwykły spokój, jakąś dobrą siłę, która sprawiała, że z minuty na minutę było mi coraz lepiej. Spłynęły na mnie dobro, miłość i spokój. Czułem się lekki. Wróciła nadzieja, że będzie dobrze. To było jak zasianie ziarna, taki zaczyn. Od tego czasu zacząłem się modlić, ale raczej nieśmiało, bez wielkiej wiary. Aż przyszedł sylwester i Nowy Rok – to był przełom. Tej ostatniej nocy ubiegłego roku modliłem się, raz jeszcze prosząc Boga, żeby zabrał ode mnie ten cały syf, ale tym razem z ogromną wiarą, że On może to zrobić. Zaufałem bezgranicznie. Powiedziałem: „Duchu Święty, proszę Cię, zabierz hazard, alkohol i wszystko, co mi przeszkadza żyć w szczęściu i zniewala mnie. Wierzę, że możesz to zrobić. Proszę, zabierz to w imię Jezusa Chrystusa". Obudziłem się pierwszego dnia stycznia i wiedziałem, że jestem uzdrowiony. Obudziłem się, będąc nowym człowiekiem. Byłem mocny i spokojny. Wiedziałem, że nigdy w życiu nie pójdę już do kasyna, że Bóg wybaczył mi wszystko, że mnie kocha, że On jest Bogiem miłosiernym.

Uzdrowienie przyszło tak po prostu z dnia na dzień po tylu latach? Czy to znaczy, że jesteś uzdrowiony już na zawsze?

Myślę, że uzdrowienie i nawrócenie to proces, który we mnie przebiega, który trwa. Codziennie nad tym pracuję. Codziennie dziękuję i codziennie proszę Ducha Świętego. Wiem, że dopóki będę trwał w modlitwie, będę codziennie z Bogiem, dopóty moja noga w kasynie nie postanie, ponieważ Jego moc jest nie do opisania. Natomiast jeśli się odwrócę i przestanę z Nim rozmawiać (bo moja modlitwa jest po prostu rozmową z Nim), to może być różnie.

Gdzie rozmawiasz z Nim najczęściej?

Wiesz, możesz się zdziwić, ale wierzę, że to można robić wszędzie. Ja chodzę codziennie na basen i modlę się, pływając. Opowiadam Mu po prostu, co u mnie słychać, co mnie boli, proszę i dziękuję za Jego miłosierdzie. Dziś, na przykład, prosiłem o wsparcie w tej naszej rozmowie, bo jak zawsze przed czymś dobrym, co ma się wydarzyć, wkradła się we mnie jakaś irytacja. „Sierściuch" próbuje namieszać.

Co się zmieniło w twoim życiu oprócz tego, że teraz dużo pływasz i się modlisz?

Wszystko się zmieniło. Żyję sensowniej. Chodzę na mecze, dużo pływam, oglądam filmy, lubię czytać, rozwijam się muzycznie, bardzo dużo komponuję. Przede wszystkim jednak wróciłem do siebie sprzed lat – do dawnej wrażliwości, sposobu patrzenia na świat, ciekawości ludzi, naiwności dziecka i do marzeń. Przestałem oceniać innych. Pracuję nad miłosierdziem i spokojem. Na przykład wtedy, kiedy ktoś mi zajedzie drogę. Kiedyś bym wyszedł i zrobił scenę. Teraz podchodzę do tego spokojniej. Nadal mi się zdarza zirytować, ale już nie tak jak kiedyś. Na nowo uwierzyłem w ludzi. Ostatnio dzieją się naokoło mnie prawdziwe cuda – na przykład spotkanie pewnego chłopaka z ojcem niewidzianym od czternastu lat, które zaczęło się od tego, że odwołano mój koncert. To dłuższa historia. Widzę, że każde spotkanie i wydarzenie ma sens, i mam tu na myśli także trudne doświadczenia, w tym moją przeszłość i te wszystkie ciemne doliny, przez które przeszedłem. Jeśli byłeś w piekle, to nie chcesz już tam wrócić...

Czym jest piekło dziś?

Piekło to strach. Znam wspaniałych ludzi, którzy nie są wierzący, ale są dobrymi ludźmi. Myślę, że każdy z nas ma w sobie Boga, tylko musi odnaleźć drogę do Niego – w sobie. Czasem to nawrócenie następuje dopiero tuż przed śmiercią, ale Jego miłosierdzie jest większe niż grzech. Bez Boga, bez duchowości pod skórę wsącza się strach: przed życiem, przemijaniem, przed śmiercią. Kobiety boją się zestarzeć i ładują w siebie tony botoksu. Boimy się śmierci – a to będzie przecież spotkanie z Miłością. Wszyscy tam idziemy. Lubię wyobrażać sobie Jezusa, do którego się przytulam i czuję wszechogarniającą miłość. Dlatego największą zmianą jest to, że nie ma już we mnie strachu. Jestem w stanie oddać życie za kogoś na ulicy, bo wiem, dokąd idę. Lęk o karierę, o to, jak będzie, lęk przed powrotem do nałogu – to wszystko minęło. Jest spokój.

Myślisz o tym, jakim będziesz ojcem w przyszłości?

Chciałbym dawać jak najwięcej miłości. Miłość jest podstawą. Czasem dzieci mają wszystko poza atencją rodziców i to może być patologia dużo poważniejsza niż bicie czy nałogi, bo dziecko bardzo potrzebuje uwagi i bliskości. Wiem też jednak, że moje dziecko samo będzie musiało dojść do życiowych prawd.

O czym marzysz? O co się modlisz?

Żeby moi bliscy byli zdrowi, żeby móc dawać ludziom jak najwięcej na koncertach, żeby nagrywać następne dobre płyty – o takie proste rzeczy. Żeby Lech Poznań zagrał w Lidze Mistrzów (*śmiech*).

A twoja ławka rezerwowych? Twoje marzenia o realizacji zawodowej?

Płyta *Simplefields* świetnie się sprzedaje, a ludzie piszą, że tę muzykę czują i lubią. To jest najlepsza nagroda po latach siedzenia na ławce rezerwowych i bez Boga to nie byłoby możliwe. Odkąd na nowo polubiłem się z Bogiem, to jakbym strzelał gola na Maracanie.

Dziękuję, że podzieliłeś się swoją niezwykle osobistą historią.

Mam nadzieję, że pomoże ona komuś, kto ma problem. Po to właśnie to robię, po to się dzielę…

A jeśli ktoś teraz czyta tę rozmowę z niedowierzaniem, jeżeli też od lat zmaga się z czymś strasznym, to co może zrobić, żeby obudzić się jako nowy człowiek, tak jak ty?

Ta osoba powinna spróbować. Po prostu Go poprosić. Tyle i aż. Z wiarą, że On jest Bogiem wszechmogącym.

Dom

Każdego więc, kto tych słów moich słucha
i wypełnia je, można porównać z człowiekiem
roztropnym, który dom swój zbudował na skale.
Spadł deszcz, wezbrały potoki, zerwały się wichry
i uderzyły w ten dom. On jednak nie runął,
bo na skale był utwierdzony.
(Mt 7, 24–25)

– Masz jakiegoś nowego chłopaka? – zapytał mnie mój najmłodszy brat Bolek, kiedy przyjechałam latem na kilka dni do rodzinnego domu w Kruszwicy.
– Kogoś tam poznałam, a co? – odpowiedziałam.
– A normalny jakiś czy z „warszawki"? – skwitował z właściwym sobie sarkazmem „Młody" (tak go nazywamy z moim drugim bratem Jackiem), z trudem kryjąc uśmiech pojawiający się mimo prób zachowania kamiennej twarzy.
– Sam jesteś nienormalny – odcięłam się, dusząc się ze śmiechu nad kawałkiem pachnącego chleba z masłem i dżemem.

Mój rodzinny dom w Kruszwicy na Kujawach zawsze był serdeczny, pachnący gorącym ciastem drożdżowym mojej mamy i kawą, tętniący muzyką akordeonu, na którym kiedyś grał dziadek Jan, a teraz gra mój tata. W kuchni, odkąd pamiętam, piętrzyły się słoiki świeżo zaprawionych ogórków, papryki, przecierów z pomidorów, przetworów z wiśni i innych smakołyków z ogrodu, które mama pakowała mi za każdą moją wizytą w takich ilościach, jakby w Warszawie nie było żadnego sklepu, i które były obiektem pożądania moich znajomych (zwłaszcza ogórki z przyprawą chili!). Mój dom od zawsze kojarzył mi się z miłością. Mój dom ma dla mnie smak czekoladowej polewy, którą mama robiła na ciasto, kiedy byłam dzieckiem, a ja wylizywałam gorący jeszcze od rozgrzanej czekolady garnek. Kiedy teraz przyjeżdżam w odwiedziny, a mama kończy robić ciasto, ten sam garnek po polewie czekoladowej czeka na mnie niby przypadkiem, a ja biorę łyżeczkę i przeciągam ją po ściankach garnka, na których zastyga czekolada. Żaden inny smakołyk nie smakuje tak, jak ta czekoladowa polewa mamy, zwłaszcza prosto z garnka.

Za życia dziadka w piwnicy stały szklane balony wypełnione winem. Kiedy bracia, Bolek i Jacek, razem z kolegami schodzili ze szklaneczkami na „degustację", wiadomo było, że szybko nie wrócą. Jak każda rodzina, i my mieliśmy swoje problemy, ale zawsze wiedziałam, że mam dom, że tam jest moja rodzina, że to jest miejsce, do którego zawsze mogę przyjechać, być sobą i nikt nie będzie mnie oceniał.

Pierwsze, co robię po przyjeździe z Warszawy, to zdejmuję z siebie eleganckie sukienki, wskakuję w wygodny sprany dres albo stare dżinsy, spinam włosy w kucyk i zabieram psa na spacer nad jezioro. Kruszwica ze swoją Mysią Wieżą, jeziorem Gopłem i klubem żeglarskim to niezwykle urokliwe miejsce, pulsujące historią, owiane legendami, ale wciąż tętniące życiem. Wiosną przyjeżdżają tu szkolne wycieczki. W Kruszwicy prawie wszyscy się znają, chociażby z widzenia lub ze słyszenia. Ten chodził z tamtym do szkoły, inny z kimś pracował albo był czyimś sąsiadem. Na spacerze co chwila mówisz komuś „dzień dobry". W warzywniaku, piekarni czy innym sklepie wszyscy a to pytają, co słychać u rodziców i braci, a to polecają inny towar, bo ten, który wybrałaś, już nie taki świeży. Wpadanie bez zapowiedzi „na kawkę" jest na porządku dziennym.

Wielkie miasto oznacza większą anonimowość. Tu ludzie są bardziej zamknięci w sobie, nie znają się od pokoleń. Przemykają bezszelestnie przez zatłoczone tramwaje, często ze wzrokiem wbitym w ziemię.

– Zazdroszczę ci tego miejsca. Wy tu żyjecie jak jakaś wielka rodzina, jakbyście wszyscy się znali – powiedziała zdumiona koleżanka z Warszawy, którą zaprosiłam w wakacje na kilka dni do Kruszwicy. Robiłyśmy właśnie zakupy w małych sklepikach i w każdym ktoś do nas zagadywał.

Najważniejszym miejscem w moim rodzinnym domu był od zawsze stół – miejsce spotkań, wspólnych posiłków i głośnych rodzinnych biesiad. W tym domu każdy był mile widziany i wyjeżdżał ugoszczony czym chata bogata.

Życie w Warszawie jest zupełnie z innej bajki.

Do mojego pierwszego mieszkania na Pradze nasz stół z pokoju gościnnego w domu rodziców nawet by się nie zmieścił. Moje pierwsze warszawskie lokum było niewiele większe od mojej dotychczasowej szafy. Był to malutki pokoik we wspólnym mieszkaniu ze studentkami, położony w niezbyt przyjaznej części Pragi. Zdecydowałam się na niego, bo był czysty, blisko mojego nowego miejsca pracy, dziewczyna, która go wynajmowała, była naprawdę sympatyczna i było mnie na niego stać. Wielkie miasto to też wyższe ceny. „To tylko tak na początek" – myślałam sobie. Powiedzmy sobie jednak szczerze: klimat tam był raczej ponury. Mieszkanie było w ogromnym wieżowcu ze zsypem na śmieci. Pierwszego sąsiada poznałam w malutkiej, pomazanej wulgarnymi napisami windzie. Najwyraźniej spędzał dużo czasu na siłowni, co eksponowała wycięta koszulka. Miał łańcuch na szyi, buldoga na smyczy i niezbyt przyjazne spojrzenie. Kiedy wsiadł do windy i stanęliśmy tak twarzą w twarz, poczułam, że mam nogi jak z waty. Żeby dodać sobie odwagi, postanowiłam polubić sąsiada, a przede wszystkim przełamać ciszę.

– Jaki ładny piesek. Jak się wabi?

Nic nie odpowiedział. Patrzył na mnie, stojąc nieruchomo. Kiedy wysiadłam na moim piętrze, poczułam ulgę, a mój malutki pokój wydał mi się azylem. To był teraz mój nowy dom. Było tam strasznie ciasno, co było bardzo trudne dla dziewczyny wychowanej nad jeziorem i w ogrodzie, przyzwyczajonej do dużych przestrzeni, bliskości zieleni i wody. Miałam uczucie, jakby ktoś zamknął mnie w szafie. Szafą nazywali zresztą ten pokój studenci, którzy tłumnie odwiedzali moje współlokatorki i długo w nocy biesiadowali, podczas gdy ja starałam się złapać trochę snu przed kolejnym dniem pracy.

Na szczęście z tej szafy w blokowisku widać było kawałek Pałacu Kultury, więc w chwilach kryzysu i tęsknoty za domem wpatrywałam się w ten migoczący na horyzoncie szpikulec niczym żeglarze w latarnię morską podczas burzy. „To tylko na chwilę" – powtarzałam sobie. Spełniam w końcu swoje marzenia. Jak już wszystko się ułoży, zamieszkam gdzieś w pobliżu pięknego parku z miłymi, małymi kawiarenkami, a każdego ranka będę szła do pracy tanecznym krokiem w eleganckiej sukience, szpilkach i z kubkiem kawy w papierowym kubku niczym Sarah Jessica Parker. Są ludzie, którzy wcale nie mają domów – powtarzałam sobie, starając się doceniać to, że w ogóle mam gdzie mieszkać i mogę spełniać swoje marzenia, chociaż dziś na samo wspomnienie tego miejsca robi mi się słabo.

Dziś jest inaczej. Dlatego każdego dnia dziękuję Bogu za to, że mogę się obudzić w ładnym miejscu, w miłej okolicy, że mam fajną pracę, auto, wodę w kranie, jedzenie w lodówce, przyjaciół, park, kościół i miłe kafejki z dobrą kawą pod nosem, i że naprawdę czuję się w tym mieście jak w domu. Na początku nie było tak miło.

Pamiętam swój pierwszy rok pracy w Warszawie. Nie od razu udało mi się znaleźć pracę w zawodzie dziennikarki, a rachunki trzeba było płacić. Postanowiłam więc poszukać czegoś na przeczekanie, co by mi pozwoliło postawić tu pierwsze kroki. Przypomniałam sobie mój niebieski zeszyt i pomyślałam, że może warto spróbować z pisaniem. Znalazłam więc pracę w firmie zajmującej się produkcją telewizyjną

i pisałam scenariusze dużych gal telewizyjnych. Uwielbiałam całą tę atmosferę przygotowań, spotkania z reżyserem i prowadzącymi, ludzi, których poznawałam, magię technologii i ludzkiej wyobraźni, dzięki którym można było wykreować wielkie *show*. Im bliżej wydarzenia, tym większa presja czasu i oczekiwań. Producent wpadał do redakcji, rzucając zespołowi reklamówkę napojów energetycznych. Starałam się coś jeść, więc wybiegałam czasem po kawałek pizzy na wynos. Podczas takich wielotygodniowych maratonów wychodziłam z pracy najczęściej nad ranem, w zasadzie tylko po to, żeby wziąć prysznic i się przebrać, czasami przespać ze dwie godziny. Taksówkarze, którzy odbierali mnie z biura o tak dziwnych godzinach, mrugali porozumiewawczo:

– Impreza firmowa była? Chyba udana?
– Impreza. Tak, tak. Coś w tym stylu. Bardzo udana – kiwałam głową i uśmiechałam się, starając się nie zasnąć.

Na sen i jedzenie nieraz nie było czasu, ale nikt nie zwracał na to uwagi, dopóki nie wylądowałam wycieńczona u lekarza. „Dbać o siebie? O co temu lekarzowi chodziło?" – myślałam i biegłam dalej do pracy od świtu do świtu, z butelką red bulla w ręku. Często przychodziły chwile, kiedy brakowało mi mojego rodzinnego domu. Zwłaszcza w niedzielne poranki. Starałam się jeździć w odwiedziny możliwie często. To w końcu tylko niecałe dwieście czterdzieści kilometrów od Warszawy. Z reguły jednak nie zdążyłam nawet dobrze usiąść przy rodzinnym stole, gdy już trzeba było wracać na wywiad, nagranie, dyżur, kolegium czy do innych obowiązków. Rodzina i bliscy zawsze to rozumieli. Nie pamiętam, żeby ktoś choć raz robił mi wyrzuty. Zamiast: „Znowu przyjechałaś na pięć minut przed wigilią?", słyszałam: „Nie szkodzi, wszystko już gotowe, siadaj do stołu!". Siadałam więc, a następnego dnia znów gdzieś biegłam, działałam, zamartwiałam się albo planowałam. Na pasterce zawsze ze zdumieniem przyglądałam się stojącym całymi grupkami rodzinom szkolnych koleżanek, dziwiłam się, jak bardzo urosły ich dzieci. Czasami spotkałam swoją szkolną miłość z rodziną w odświętnych ubraniach. Ja stałam w kościele sama albo z bratem.

„Możesz zostać jeszcze godzinkę na pierwszych urodzinach chrześniaka? Nie? Trudno, praca to praca. Będziemy cię jutro oglądać w telewizji. Fajnie, że dałaś radę wpaść chociaż na chwilę". Ten „roczek" chrześniaka w Toruniu szczególnie zapadł mi w pamięć. Wpadłam spóźniona po wejściu na żywo nadawanym z Kaszub i równo po godzinie musiałam wstać od stołu, żeby dojechać na nagranie za Rzeszowem. Wtedy obiecałam sobie, że coś zmienię, że będę miała więcej czasu na życie, dla rodziny, dla bliskich.

Przez następne kilka lat żyłam tak naprawdę w ciągłej podróży, na dworcach i lotniskach. W telewizji widać tylko kilka minut rozmowy, ale żeby ją nagrać, trzeba przecież zwyczajnie dojechać w dane miejsce. Moim domem stały się hotele. Do Warszawy wracałam jak do miejsca, w którym się przepakowuje walizkę i rusza dalej.

Dziś jest inaczej. Dziś czuję, że tu też jest mój dom. Nie mówię o domu z czterema ścianami i ogródkiem, choć lubię moje mieszkanko na Mokotowie, ale o ludziach i miejscach, dzięki którym czuję się tu jak w domu.

Moim domem w Warszawie na pewno jest kościół Dominikanów na Służewie. To mój azyl, miejsce, gdzie ładuję baterie i gdzie nikt mnie nie ocenia. Gdzie zawsze czeka na mnie Jego bezwarunkowa miłość i sakramenty, które mnie uzdrawiają i umacniają. W małej kaplicy po prawej stronie od wejścia opowiadam Matce Bożej o wszystkich moich sprawach i proszę Ją o radę. Kiedy coś się dzieje, wystarczy, że przekroczę próg tego kościoła, i już mi lepiej.

Moim domem są domy moich przyjaciół, do których, jeśli trzeba, mogę przyjechać nawet w środku nocy i zostanę przyjęta z otwartymi ramionami. Wiem też, że ugoszczą mnie z czułością i miłością niemal jak w rodzinnym domu. Domem stała się dla mnie też Mała trzódka – grupa kolorowych i pięknych ludzi o wrażliwych sercach, z którymi spotykamy się w domu Sylwii i Jasia, wspólnie się modlimy i wyjeżdżamy na rekolekcje. Kiedy ich pierwszy raz zobaczyłam, uderzyło mnie, że dawno nie widziałam takich pogodnych, beztroskich i pięknych ludzi. Projektantki, muzycy, menadżerowie, aktorzy i inni artyści – ludzie na co dzień żyjący w podobnym świecie jak mój – zaczęli się spotykać, żeby wspólnie umacniać się w wierze. Na początku myślałam, że to takie trochę na niby, ale kiedy siedziałam pod salą operacyjną w malutkim szpitalu w Radziejowie na Kujawach, czekając na operację mamy, to właśnie oni modlili się o jej zdrowie, zamawiali msze w tej intencji, wysyłali mi pokrzepiające SMS-y. Siłę tej modlitwy i niesamowitego wsparcia czułam niemal namacalnie. Operacja przebiegła dobrze i mama jest dziś zupełnie zdrowa.

Moja rodzina to także księża, których spotkałam na swojej drodze, i boli mnie, że o tej rodzinie mówi się prawie wyłącznie w obraźliwy sposób. Rozmawiałam ostatnio z chłopakiem, który pracuje jako strażnik więzienny. Jest bardzo dobrym i uczciwym człowiekiem. Opowiadał, że stara się co dzień dobrze wykonywać swoją pracę, a kiedy widzi, jakie przemiany dokonują się w więźniach, jak im się udaje wyrwać z bagna, w którym trwali, jest zwyczajnie szczęśliwy. Tymczasem reakcje, z jakimi spotyka się jako strażnik, są wyłącznie negatywne. Jednym z jego obowiązków jest eskorta osadzonych. Ostatnio eskortował więźnia na pogrzeb rodzinny i o mało nie został pobity. Jego żona, która jest w ciąży, boi się wrzucić na Facebooka ich wspólne zdjęcie z wakacji, bo ciągle są zastraszani. Żalił mi się, że w mediach ciągle mówi się o bohaterskich policjantach i strażakach, ale o strażnikach więziennych wspomina się wyłącznie, kiedy ktoś popełni w celi samobójstwo. Podobnie jest z księżmi. Jeśli się o nich mówi publicznie, to tylko wtedy, gdy ktoś dopuści się przestępstwa, i słusznie się mówi. A kto w ogóle zauważa całe szeregi wspaniałych, wielkodusznych, serdecznych i skromnych kapłanów, którzy codziennie ratują ludzkie życie? Ja znam takich wielu. Do wielu z nich mogę napisać nawet w środku nocy i zawsze dostanę wsparcie: modlitwę i dobre słowo.

Moja rodzina to w końcu cały Kościół. Utkwiły mi w pamięci słowa ojca Roberta Głubisza, przeora klasztoru Dominikanów na Służewie, który powiedział kiedyś, że dzięki temu, że wszyscy jesteśmy zanurzeni w Chrzcie Świętym, nosimy w sobie jakby cząstkę nieba, co łączy nas nawet bardziej niż więzy krwi. Kościół to drzewo o wielu gałęziach, które ma jednak jeden korzeń: miłość Boga. Moja rodzina to moje korzenie zanurzone w Nim. Gdziekolwiek na świecie jestem, wystarczy, że się pomodlę lub przystąpię do komunii, a zanurzam się w konary tego drzewa, znajdując wytchnienie i miłość. Dziś, kiedy w niedzielny poranek sama przygotowuję sobie śniadanie, patrząc na moje nadal puste mieszkanie, gdzie nie ma nawet psa, też czasami czuję się samotna. Wiem już jednak, że to nieprawda, bo jestem otoczona kochającymi ludźmi i mam Ojca, który będzie ze mną zawsze.

W wielkim mieście żyją ludzie, którzy mają piękne, wielkie domy, ale często są one puste, a mieszkańcy mijają się wzajemnie. W wielkim mieście żyją też ludzie bez domów, dla których domem może się stać kawałek opuszczonej przyczepy albo ławka w parku, ale potrafią być tam szczęśliwi. W wielkim mieście żyją wreszcie ludzie, którzy mieli kochające domy i rodziny, ale rozpadły się one, bo ktoś nagle odszedł. Do wielkiego miasta przyjeżdża się z wielkimi marzeniami. Ja też marzę o swojej rodzinie i o własnym rodzinnym domu. Wierzę, że będzie w nim duży stół, taki, przy którym pomieszczą się wszyscy przyjaciele, że będzie pachniał świeżym ciastem i kawą i tętnił życiem. Wierzę, że będzie pełen miłości, bezpieczeństwa, że stanie się dobrą przystanią dla mnie i dla moich bliskich. Wierzę, że nad drzwiami wejściowymi w najważniejszym miejscu będzie wisiał krzyż.

Bóg, który uwalnia z samotności

Kamila Kuboth-Schuchardt
Tomek Schuchardt

małżeństwo aktorów (Warszawa)

Z Kamilą i Tomkiem Schuchardtami, małżeństwem aktorów młodego pokolenia, spotkałam się w ich nowym przytulnym mieszkaniu na Mokotowie, dosłownie kilka dni po tym, jak się tam wprowadzili. Tego dnia za oknami czuć było przejmujący ziąb, więc delektowaliśmy się pyszną rozgrzewającą herbatą. Czasami z prostych gestów, na przykład ze sposobu, w jaki ktoś podaje herbatę drugiej osobie, można wyczytać, co tych ludzi łączy. Obserwując Kamilę i Tomka, miałam nieodparte wrażenie, że patrzę na ludzi zakochanych w sobie z taką szczerością i oddaniem, że nic poza tym nie jest ważne. Żarty, przekomarzanki i sposób, w jaki na siebie patrzyli, nie pozostawiały wątpliwości, że za taką bliskością musi stać coś – albo raczej Ktoś – więcej…

KASIA: Co dla was oznacza wiara na co dzień?

TOMEK: Dla mnie wiara jest przede wszystkim bezpieczeństwem. Każdy, kto żyje w związku, od czasu do czasu potrzebuje chwili dla siebie. Takiej swojej samotności. Czasu oddechu i zbierania sił. Szukamy tego czasu, pielęgnujemy go sobie. Taką samotność bardzo też cenimy. Jednak myślę, że prawdziwie da się z nią żyć tylko wtedy, kiedy na co dzień wcale nie jesteś sam. Jeśli masz rodzinę, przyjaciół, ukochaną kobietę, wtedy łatwo jest powiedzieć: „Lubię samotność". Wiara jest dla mnie zapewnieniem, że nigdy nie jestem sam, cokolwiek by się działo. Ktoś nade mną czuwa, Ktoś się mną opiekuje. W wierze przestałem się bać. W wierze znalazłem Kamę… (*śmiech*).

Kto kogo pierwszy odnalazł?

KAMILA: Zdania są podzielone i cały czas nie możemy jasno tego ustalić (*śmiech*). Myślę, że każdy człowiek ma swój kodeks, według którego działa, i te kodeksy są różne. Moim jest moja wiara. Nie chodzi tylko o jakiś regulamin, zbiór praw i obowiązków. To raczej drogowskazy. Wskazują, jak żyć z drugim człowiekiem. Chrześcijaństwo dla mnie jest „ukochiwaniem" drugiego człowieka, skupianiem się i „wmyślaniem" w niego.

Żyjemy jednak w świecie, którym rządzą zupełnie inne prawa. Jak pogodzić tę wiarę z koniecznością przetrwania w tym świecie, gdzie nie wszyscy grają *fair* – zwłaszcza w *show-biznesie*? Gdzie trzeba, na przykład, zawalczyć o rolę?

Zło bardzo krzyczy, ale to nie znaczy, że jest go więcej. Owszem, w każdym środowisku można znaleźć ludzi, którzy idą do celu po trupach. Takie osoby najczęściej robią wokół siebie dużo zamieszania, ale dalej twierdzę, że nie jest ich więcej. Przepychanki, postępowanie nie *fair*, zawiść, zazdrość – to oczywiście też nas otacza, ważne jednak, jak na to odpowiemy. Zazdrość jest ludzka, może motywować do działania i rozwoju. Ważne, by nie przerodziła się w zawiść i złorzeczenie, bo to niszczące emocje. Myślę, że chorobą doskwierającą ludziom jest samotność. Z samotności bierze się folgowanie najgorszym instynktom. Ja się uczę, żeby w sytuacjach trudnych nie osądzać i nie oceniać zbyt łatwo drugiego człowieka, bo nie wiadomo, z czym się zmaga. Ważniejsze, by postarać się go zrozumieć, a jeśli się po ludzku nie uda, to się za tę osobę pomodlić. Co prawda łatwo nam o tym mówić, kiedy jest przyjemnie, kiedy tak sobie wszyscy siedzimy na kanapie, popijając herbatkę…

To, o czym mówisz, jest dla mnie definicją miłosierdzia. Gdyby każdy tak podchodził do innych, byłoby mniej kłótni i ciśnienia dookoła nas. Skąd brać siłę do takiej postawy wobec zła i krzywdzących zachowań?

TOMEK: Dla mnie to jest proste. Przede wszystkim nie komplikować sobie życia. Tam, gdzie mogę, upraszczam. Wiara pomaga mi żyć prosto. Wcale nie ma więcej zła, więcej zawiści niż dobra. Staram się zła nie zauważać, zapominać je, selektywnie wyrzucać z mózgu. Poza tym, co oznacza stwierdzenie, że „świat jest zły"? Kto to powiedział? Dlaczego tego słuchać? Interesuje mnie dobro. Wcale nie jest go mniej.

KAMILA: Wolimy się skupiać na dobrych emocjach i dobrych rzeczach, bo jest ich naprawdę bardzo dużo, także w tym „naszym" świecie, w *show-biznesie*. Codziennie spotyka nas wiele cudów: szczerych uśmiechów, czułych gestów czy bezinteresownej pomocy. Trzeba tylko otworzyć na to oczy, a nie trzymać je szczelnie zamknięte, uważając, że świat jest tylko zły. Można wtedy wiele przeoczyć...

Mówicie, że wiara jest dla was siłą i drogowskazem. Jak to działa w praktyce? Kiedy ostatnio tak było, w jakiej sytuacji?

KAMILA: W naszym zawodzie często zdarza się rozmawiać o duchowości, metafizyce, czymś ponad zrozumieniem. Podczas pracy nad jedną sztuką miałam takie zadanie, żeby wcześniej przygotowanym fragmentem tekstu opowiedzieć o duchowości, o duchowym kontakcie. Kiedy byłam w trakcie opowiadania, reżyser przerwał mi, wskazując brak zaangażowania osobistego, to znaczy podważył moje pojęcie o duchowym przeżyciu. Jego opinia bardzo mnie zabolała, więc powiedziałam, że się myli, bowiem codziennie doświadczam choćby namiastki duchowej bliskości. Reżyser zamilkł, po czym zaczął dopytywać. Opowiedziałam wtedy o doświadczeniu modlitwy i sile płynącej z niej, o uldze i spokoju, jakie przynosi zaufanie Bogu, o realnym i bardzo konkretnym uwolnieniu od strachu, który mnie paraliżował. Kiedy rozmawiamy, często wymiana zdań jest tak szybka, że niemal trzeba się wpasowywać w oddech kolegi. Tymczasem wtedy chyba przez piętnaście minut mówiłam i cała grupa słuchała ze skupieniem. Po tym, co powiedziałam, wielu kolegów podeszło do mnie i poprosiło o modlitwę.

A dla ciebie, Tomku, kiedy wiara była ostatnio siłą, drogowskazem?

TOMEK: Opiszę to w mojej książce pod tytułem *Wiara użytkowa*... (*śmiech*). A tak serio, miałem rozbrat z wiarą. Po tym, jak przez wiele lat byłem ministrantem i lektorem, przyszedł kryzys wiary. Przechodziłem bunt i podważyłem wszystko. Może musiałem to przewartościować w swojej głowie. Po nieudanej próbie obalenia wiary w moim życiu wszystko stało się łatwiejsze. Dzisiaj, gdy słyszę o „moherowej" wierze, o katolach, o słabości, ułomności, że wiara jest zaściankowa, że jest średniowieczem – nie emocjonuję się, ale rozumiem. Mało tego, z wieloma argumentami się zgadzam. A jednocześnie wiem, że ludzie bywają słabi. Słabość zdarzy się i moherowej babci, i pseudokibicowi, i księdzu, i mnie. Bo ja też bywam słaby, natomiast w wierze znajduję siłę. Ludzie niewierzący nie mają takiej siły w niewierze, jaką ja mam w wierze (*śmiech*).

Mówisz jednak, że twoje wątpliwości sprawiły, że miałeś przerwę od Kościoła. Co cię skłoniło do powrotu?

TOMEK: Skłoniła mnie Kama (*śmiech*). Zachęcała mnie: „Spróbuj poszukać". Kama i dominikanin ojciec Adam Szustak. Trochę wcześniej przed poznaniem Kamy dostałem się do szkoły teatralnej w Krakowie na wydział aktorski. Na wydział reżyserii dostał się właśnie Adam Szustak i pamiętam, jak chodziliśmy razem na zajęcia z teorii dramatu. Bardzo mi zaimponował, kiedy odbierał indeks w sandałach i białym habicie. Zaimponował mi swoim świadectwem. Wtedy poznałem też Kamę i zacząłem chodzić na akademickie msze do kościoła Dominikanów w Krakowie, które prowadził właśnie ojciec Adam Szustak.

Zawsze tak chętnie chodził z tobą na te msze?

KAMILA: Początki były trudne. Najpierw przychodził po mnie po mszy i odprowadzał do akademika. Ja w każdą niedzielę ponownie

zapraszałam go do wspólnej modlitwy, ale on uparcie przychodził po mnie po kościele... Pamiętam, jak kiedyś udało mi się go przekonać do udziału w Eucharystii, a wtedy ksiądz, który ją odprawiał, jak na złość zrobił „polityczną" mszę. Grzmiał też, że jesteśmy grzesznikami, w niedzielę chodzimy do sklepów, a pod koniec mszy zachęcił do kupowania w sklepiku parafialnym. Byłam załamana, a Tomek wychodził z kościoła wkurzony. Rozumiałam to i czekałam. Ta złość jeszcze chwilę trwała, ale na szczęście Tomek miał wiarę zasianą w sercu od dzieciństwa. W końcu piętnaście lat był ministrantem. Dużo rozmawialiśmy o Bogu, kościele i modlitwie. O ciekawości w poszukiwaniu i radości odnajdywania. Modliłam się też o powrót Tomka do kościoła i w końcu się tak stało. A co do politycznych kazań i trudnych kaznodziejów, to przecież księża też ludzie i mogą być słabi jak my wszyscy. Nie każdy musi mieć talent do głoszenia. W dużym mieście jest łatwiej, bo możemy szukać księży, którzy mówią tak, że nas przyciągają do Kościoła. Mamy do tego prawo. My odnaleźliśmy się w kościele Dominikanów.

Na ile wiara i Bóg pomogły wam w miłości, w narzeczeństwie, w małżeństwie?

TOMEK: Myślę, że są rzeczy dla każdej wiary konkretne i niepodważalne, jak dla naszej wiary dziesięć przykazań. To są nasze podstawy. To, co mam teraz na ręce, mówię o obrączce, jest dla mnie pomocą i ułatwieniem, a nie przekleństwem. Załóżmy, że jak to w życiu bywa – pojawia się między nami jakiś konflikt. Patrzę na obrączkę, i mówię: „Nie lubię cię, Kama, takiej, ale nie przestałem cię kochać". Jest to oczywiście skrót i duże uproszczenie, ale sens niezmienny. Zawarcie sakramentu małżeństwa, na który się zdecydowaliśmy dosyć późno, bo po siedmiu latach znajomości, mówi, że kocham Kamę do końca życia. Mocno tego doświadczamy na co dzień, że wiara pomaga w miłości.

KAMILA: Każdy związek przechodzi różne etapy. Do etapu narzeczeństwa i małżeństwa trzeba dojść. Jednym zajmuje to więcej czasu, innym mniej. Mnie wiara bardzo pomogła w podjęciu decyzji. Przecież to nie jest tak, że znajdujesz tę jedynie pasującą do ciebie połówkę jabłka, że królewicz na białym koniu i płatki róż... Małżeństwo to przede wszystkim bardzo odpowiedzialna decyzja, w której całkowicie musisz zaakceptować drugiego człowieka, by zacząć z nim budować wspólne życie. Bierzesz poniekąd odpowiedzialność za jego szczęście. Tym, co nam niezwykle pomogło w czasie przygotowań, było wspólne słuchanie konferencji ojca Szustaka z cyklu „Pachnidła". To rozważania Pisma Świętego, a zwłaszcza Pieśni nad Pieśniami. Na początku słuchaliśmy ich razem, a później wyłączaliśmy komputer i wracaliśmy do swoich zajęć – niby nic się nie działo. Z czasem zaczęliśmy zadawać sobie pytania, do postawienia których zachęcał właśnie ojciec Adam w swoich konferencjach. To nas bardzo zbliżyło. Ojciec przekonywał, że jeśli są w związku jakieś niedomówienia, niewyrażone pragnienia i tajemnice, to trzeba sobie o tym koniecznie przed ślubem powiedzieć. „Pachnidła" są w ogóle super dla każdej pary, wierzącej czy niewierzącej. Poruszają wszystkie ważne związkowe kwestie, od finansowych do duchowych, i podkreślają, jak ważną rolę w związku ma dialog. Mimo że jesteśmy ze sobą już dziewięć lat, ja ciągle odkrywam w Tomku rzeczy, których o nim nie wiedziałam. To jest niesamowite w byciu razem! Podeszliśmy do przygotowań do ślubu duchowo i to był dobry czas. Samo przyjęcie sakramentu było cudownym i świadomym przeżyciem, deszczem bardzo konkretnych łask – boskich podarunków.

Jakich? Co dostaliście od Boga?

KAMILA: Na przykład ja dostałam cierpliwość (*śmiech*). Serio. Cierpliwość, kreatywność, dążenie do szukania rozwiązania i do zgody. Teraz jest mi łatwiej. Bo tak naprawdę, na co dzień, potrafię być niezłym cholerykiem.

TOMEK: Nawet „cholerą" jesteś (*śmiech*). Dla mnie małżeństwo to podjęcie decyzji do końca życia, nie na zasadzie: spróbujmy i jak się nie uda, to się rozstaniemy. Nie wyobrażam sobie takiej płaszczyzny, na której nie moglibyśmy się spotkać. Widzę, jak łatwo ludzie się rozstają, bo nigdy tak naprawdę nie uwierzyli w swoją miłość, albo nigdy tej prawdziwej miłości między nimi nie było. W Pierwszym Liście do Koryntian są wspomniane te trzy: wiara, nadzieja i miłość. „Z nich największa jest miłość". Ale bez wiary i miłości nie będzie też nadziei. Te trzy wartości są nierozerwalne. Wiara to siła do trwania w związku, do przewalczania problemów. Mówię o tym, bo w każdym związku póki wszystko się układa, to jest dobrze. Gorzej, gdy pojawia się problem. Wierzę, że jeśli uda nam się poskromić egoizm i wpuścić w to miejsce choćby jedno z trzech, musi się udać.

Czy w czystości przedmałżeńskiej też może kryć się jakaś siła do lepszej miłości?

TOMEK: Miłość to świętowanie. Im dłużej na to święto czekamy, tym piękniejsza będzie celebracja. To chyba o to chodzi: o uświęcenie tego wydarzenia. To jest przeżycie bardziej mistyczne i bardziej sensualne, gdy ujawnia się w nim tęsknota, która później eksploduje w każdym koniuszku palca.

KAMILA: Kiedy myślę o czystości, to myślę o tym, jak pięknie zostaliśmy stworzeni. O tym, jak bardzo różnią się pragnienia męskie od pragnień kobiecych, jak różni się nasza duchowość i jak to się pięknie zazębia i dopełnia. Jak wiele potrzeba wysiłku w poznawaniu siebie wzajemnie. Ile czułości, by dojrzeć każdą delikatność, marzenie i pragnienie serca ukochanego czy ukochanej. Małżeństwo trzeba zbudować na mocnym fundamencie wzajemnego szacunku, czułości i cierpliwości. Tu nie da się niczego przyśpieszyć czy wyprzedzić. Miłość jest niekończącym się obdarzaniem. Miłość to uczta, do której trzeba się dobrze przygotować.

***À propos* czekania… Jakie były oświadczyny?**

KAMILA: Tomek zupełnie mnie zaskoczył. Ale to przeżycie niech zostanie naszą tajemnicą.

Bywają takie chwile w życiu, kiedy dzieją się sprawy, których nie rozumiemy. Wy straciliście nagle przyjaciela, który odebrał sobie życie. Jak tłumaczycie sobie takie zdarzenia, patrząc na nie oczami wiary? Czy wiara jest waszą siłą także wtedy, kiedy przychodzi tragedia?

TOMEK: Śmierć jest naturalną koleją rzeczy. Czasem jest przedwczesna i tragiczna, i zawsze ciężko się z nią pogodzić, ale głupotą jest mówienie o wszystkim: „Bóg tak chciał" – to jest hasło antykatolickie. Ze wszystkiego, co cię w życiu spotyka, warto wyciągnąć naukę. Są różne próby i różne przyczyny zdarzeń. Można je potraktować jako sprawdzian charakteru i sił, coś, co ubogaca stan umysłu i stan ducha. Kiedy umarł Marcin, przyjaciel, o którego pytasz, upiłem się i ryczałem trzy dni, ale doszło do mnie, że trzeba żyć dalej. Są rzeczy na świecie, które są niewytłumaczalne, jesteśmy za mali, żeby je zrozumieć. Takie wydarzenia jak śmierć pokazują bezmiar i ogrom, do których trzeba podejść ze spokojem. Jestem małą mrówką w wielkim świecie i sam nie dałbym rady, potrzebuję wsparcia. Wszystko jest kruche, ulotne, a to znaczy, że mamy tu, na ziemi, limitowany czas i nie wiadomo, czy ten czas się jutro nie skończy. Dlatego zamiast marnować go na głupoty typu kłótnie, nienawiść i życie byle jak, trzeba go wykorzystać, żeby pięknie żyć tu i teraz.

KAMILA: To prawda. Nie wszystko możemy zrozumieć i bywa, że się z Panem Bogiem kłócę. Wierzę jednak, że On jest nieskończenie dobry i ze wszystkiego w swoim czasie wyprowadza dobro. Mój brat Tomek powiedział mi ostatnio o prawie falowania, które mówi, że w życiu przechodzimy przez okresy pocieszenia i strapienia. Stan pocieszenia daje nam siłę, aby przetrwać okres strapienia. Strapienie to czas na poszukiwanie, które umożliwia rozwój. Wszystko w życiu jest potrzebne. Coś się buduje w czasie dobrym, żeby w tym złym mogło się zweryfikować.

O co się teraz modlicie i w jaki sposób najłatwiej wam się modlić?

KAMILA: Nasza wiara ciągle się zmienia, dojrzewa, i tak jest również z modlitwą. Jest czas, kiedy modlisz się swoimi słowami. Jest czas, kiedy modlisz się pacierzem. Modlitwa *Ojcze nasz* zawiera dla mnie wszystko: dziękczynienie, błaganie, przeproszenie i uwielbienie. Osobiście lubię brewiarz. Uczę się też modlić na różańcu, bo to taka medytacja. Czasem tęsknię za słowem Bożym, czasem bardziej pomaga mi cisza.

TOMEK: Mój problem z modlitwą jest taki, że włącza się w niej pewien automatyzm. Pomaga mi wtedy interpretowanie sensu modlitw podczas mszy, na przykład Wyznanie wiary, *Ojcze nasz* czy *Zdrowaś, Mario*. Świadomie przeżyta modlitwa nabiera całkiem innego wymiaru.

Kim jest dla was Bóg w wielkim mieście? Gdzie Go znaleźć?

TOMEK: Dla mnie On jest zawsze jak z rysunków z dzieciństwa, taki starzec z brodą (*śmiech*).

KAMILA: Kiedyś byłam przekonana, że Bóg na sto procent wygląda jak mój dziadek! Wspaniale, kiedy potrafimy dostrzegać Boga w każdym człowieku, dobrym i złym, wierzącym i niewierzącym, bo On w każdym jest... Z Bogiem nigdy nie jestem sama. Zwłaszcza kiedy jest mi trudno. On siedzi obok mnie. On jest zawsze przy mnie.

TOMEK: Jest miłością i dobrocią, ale ucieleśnioną. Moja ułomność sprawia, że odczuwam przymus widzenia Go, że muszę to sobie namacać. Więc podpatruję Go w drugim człowieku, w gestach, w czynach, w słowach, w tym, co mnie zachwyca i gdzie tylko dam radę zobaczyć. To jest potrzeba w mojej głowie. Bóg jest we wszystkich relacjach, w których się pojawia coś dobrego, w każdym uśmiechu, w małych dzieciach. Jest wszędzie. Jak przyjedzie tu do nas zamówiona kuchnia i będzie piękna, to w niej też będzie Bóg (*śmiech Kamy*). Dla mnie On jest domem.

Dziękuję za rozmowę i życzę w takim razie pięknej kuchni.

Bóg, którego się trzymam

Rozalia Mancewicz

Miss Polonia (Białystok)

Z Rozalią Mancewicz, Miss Polonią, spotkałam się w jej rodzinnym majątku Howieny we wsi Pomigacze na Podlasiu. Po tym, jak kilka lat temu Rozalia zdobyła koronę miss, świat stanął przed nią otworem. Mimo to zamiast blichtru i kariery w wielkim mieście wybrała powrót w rodzinne strony, na dziewicze Podlasie, gdzie przyroda zapiera dech w piersiach, a ludzie są bezpośredni i gościnni. Tutaj mieszka z mężem, dwiema pięknymi siostrami, bratem i rodzicami. Wspólnie prowadzą rodzinny interes: Majątek Howieny, czyli siedlisko dla zmęczonych miastem. Rozalia niedawno została mamą, więc to dla niej wyjątkowy czas. Kiedy siadamy na ganku z kubkiem herbaty w ręku, dookoła nas szumią drzewa, za plecami cicho skrzypi wiatrak, a nad nami latają bociany.

KASIA: Kiedy patrzę, jak tutaj pięknie, już się nie dziwię, że uciekłaś z wielkiego miasta na Podlasie.

ROZALIA: Tak, ja niespecjalnie lubię miasto, ten hałas i życie w biegu. Tutaj czuję się jak u siebie, kocham taką swobodę. Jestem też bardzo związana z moją rodziną i to był najważniejszy powód przeprowadzki. Wróciłam tutaj, na stare śmieci. Tu jest mój mąż, synek, siostry, brat i rodzice. Razem tworzymy rodzinę, która się wspiera na dobre i na złe.

Gdzie jest łatwiej spotkać Boga: tutaj, na wsi, czy w wielkim mieście?

Tutaj jest łatwiej, zdecydowanie. Tu jest mama, która zawsze mnie zapyta: „Byłaś w kościele czy nie byłaś?". Ona zawsze nas wszystkich pilnuje, dba, żebyśmy nie zapomnieli. Ale przede wszystkim tu jest łatwiej się wyciszyć, zatrzymać, być tu i teraz. W wielkim mieście nigdy na nic nie ma czasu. Doświadczyłam tego sama po tym, jak zdobyłam koronę miss. W tym pędzie i wśród ludzi, którzy udają, że wiedzą wszystko o twoim życiu, nietrudno się pogubić. Na wsi, w mniejszych miastach, łatwiej być bliżej z Bogiem.

Mój znajomy powiedział kiedyś, niby w żartach, że wielu mężczyzn w Warszawie tylko czeka na twój rozwód. Czy dużo pokus czeka dziś na tak piękną kobietę?

Ja się akurat z wieloma nie spotykam, żadnych tego typu propozycji wprost nigdy nie miałam. Może bije ode mnie coś, co zniechęca, bo jestem zdystansowana. Nie prowokuję też, nie zbliżam się zbytnio do obcych. Myślę, że wiele widać od razu, po oczach. Unikam takich złych spojrzeń. Bóg mnie chroni.

Wiarę wyniosłaś z domu. Czy był jednak taki moment, kiedy odkryłaś ją dla siebie świadomie?

Moja mama jest bardzo religijna i to jej zawdzięczam wychowanie w wierze. Ja sama zbliżyłam się do Boga cztery lata temu, kiedy po raz pierwszy pojechałam na rekolekcje ze znajomymi i z rodzeństwem. To były kilkudniowe rekolekcje charyzmatyczne, wzruszające doświadczenie Jego obecności, miłości i wszechogarniającego pokoju w sercu. Ufam Mu. Ze wszystkimi moimi radościami i problemami zwracam się do Boga. Codziennie się modlę lub po prostu rozmawiam z Nim.

Czyli to zbliżenie się do Niego można zaplanować?

Można wykonać krok w Jego stronę. Ja wykonałam krok i się na Niego otworzyłam. On dokonuje całej reszty. Ważna jest ta otwartość w wolności.

Jak wygląda twoja bliskość z Nim?

Wiara to nie jest tylko życie zasadami, chociaż one są ważne. To również osobista relacja, którą budujesz podobnie jak z każdym człowiekiem, przyjacielem. Dla mnie ważna jest rozmowa z Bogiem. Warto Mu dziękować za to, co codziennie dostajemy, na przykład za zdrowie, za różne wspaniałe chwile, i warto też zwracać się

do Niego w razie jakiejś potrzeby. To właśnie ta rozmowa, bliskość z Bogiem jest dla mnie najważniejsza.

O czym najczęściej rozmawiacie: Ty i Bóg?

Najczęściej mówię Mu o rodzinie. Proszę, żeby cała rodzina była zdrowa, żeby nie było w niej jakichś sprzeczek, żeby wszystko było tak dobrze, jak jest. Żebyśmy żyli w zgodzie i w harmonii. To jest najważniejsze.

Mówisz, że tutaj, na Podlasiu, łatwiej znaleźć Boga niż w mieście. A jak wyglądał ten czas, kiedy zdobywałaś koronę miss, kiedy otworzyła się przed tobą wielka kariera? Czy tam, w wielkim mieście, zawsze się Go trzymałaś?

Od zawsze tak było, że codziennie dziękowałam Bogu za to, że jestem w tym miejscu, w którym jestem, i jednocześnie też prosiłam, żeby dodawał mi sił, bym nie zboczyła na jakąś złą drogę. Codziennie od nowa dziękuję i proszę o Jego prowadzenie. Trzymam się Jego i On mnie prowadzi dobrą drogą. Jestem szczęśliwa i spełniona z Nim.

Od kiedy zostałaś miss, jesteś dla wielu ikoną piękna. Czym jest dla Ciebie piękno?

Miło mi, że tak mówisz, chociaż zawsze powtarzam, że piękno na zewnątrz nie jest tak ważne, jak to wewnątrz. Wiem, że to zabrzmi trochę jak na konkursie miss, ale ja naprawdę wierzę, że trzeba pomagać innym. Jestem wrażliwa i wyczulona na nieszczęście innych. Na przykład tutaj, w Majątku Howieny, który prowadzę z rodziną, przyjmujemy dzieci niepełnosprawne i chore, żeby chociaż na chwilę wywołać uśmiech na ich twarzach. Zawsze, kiedy do nas przyjeżdżają, staram się porozmawiać z ich rodzicami, chcę tym rodzinom jak najwięcej pomóc. Piękno zewnętrzne nie jest tak ważne, jak to wewnętrzne:

ważniejsze jest to, jak bardzo możemy wpłynąć na innych, podzielić się naszym szczęściem z potrzebującymi. Piękno to sposób, w jaki patrzymy na słabszych.

Co jeszcze, oprócz tej wrażliwości na krzywdę, jest dla ciebie ważne w postawie osoby wierzącej?

To, żeby być szczerym z drugą osobą, w żadnej sytuacji się nie okłamywać.

Czasem trudno powiedzieć szczerze prawdę. Może wtedy lepiej pomilczeć?

Szczera rozmowa to jest jedyne lekarstwo na wszystko.

Niedawno zostałaś mamą. Powiedz, czy mały Henryk będzie wychowany w wierze?

Od razu, gdy tylko mały nauczy się mówić, babcia pierwsza zacznie go uczyć pacierza, modlitw. Byliśmy już też z wózeczkiem w kościele. Chcę od małego wpajać synkowi wiarę, żeby zawsze zwracał się do Boga.

Dlaczego to jest dla ciebie takie ważne?

Myślę, że dzięki wierze Henryk będzie miał w życiu łatwiej. Zawsze będzie czuł nad sobą Osobę, która doda mu otuchy. Będzie wiedział, że ma Kogoś, do kogo może się zwrócić i jeśli będzie się Go trzymał jak ja, On go zawsze poprowadzi najlepszą drogą.

Czy łatwo osiągnąć sukces, będąc wiernym swoim przekonaniom i idąc przez życie z Bogiem?

Wiara i sukces się nie wykluczają, a nawet jest odwrotnie. Z Bogiem jak najbardziej można osiągnąć sukces. Nie idąc po trupach do celu, tylko właśnie delikatnie, z troską, zawsze z dystansem. Myślę, że wszystko jest zapisane w górze dla każdego człowieka, nie ma nic na siłę. Gdybym została w Warszawie, to może moje życie inaczej by się potoczyło, byłabym może samotna i nieszczęśliwa, ale wróciłam, mam szczęśliwe małżeństwo, zdrowego synka, dziewiczą przyrodę za oknem, rodzinę blisko. Wierzę, że to wszystko było gdzieś tam, w górze, zapisane.

Myślisz czasami o tym, że mogłabyś żyć inaczej, na przykład być modelką w Japonii? Nie masz poczucia, że zaprzepaściłaś jakąś szansę?

Nigdy nie rozpamiętuję. Nie zastanawiam się, co by było, gdyby... Wiara daje mi spokój, pewność, że wszystko jest pod kontrolą. Co miało być, to było, będzie i jest. Nie można żyć na próbę, podejmować jakichś decyzji, a później oglądać się za siebie. Ja jestem raczej prostolinijna i ufna.

Jak sobie wyobrażasz Boga?

Bóg to przyjaciel, który zawsze dobrze podpowiada, który jest wszędzie: za mną, przede mną, nade mną, obok mnie. Gdziekolwiek się obrócę, tam On jest. Opiekuje się mną najlepiej.

Czy doradza Ci też w trudnych sytuacjach, w podejmowaniu ważnych decyzji?

Miałam kiedyś narzeczonego i miałam z nim same problemy. Wtedy właśnie rozmawiałam z Bogiem, czy mam zostawić tego chłopaka, czy dalej z nim być. Mama wkroczyła do akcji i myślę, że przez nią to Bóg czuwał nad tym wszystkim. Że tak powiem, mama go pogoniła – i dobrze się złożyło, bo jestem teraz bardzo szczęśliwa, a z tamtym człowiekiem nie sądzę, żebym była.

Czyli Bóg też chroni przed błędami?

Zdecydowanie tak. Nie wiedziałam wtedy, w którą stronę pójść: czy zostawić rodzinę i zaufać temu chłopakowi, czy posłuchać Boga...

Czyli on cię chciał stąd wywieźć?

Tak. Nie chciał, żebym mieszkała na Podlasiu.

Był wierzący?

Nie był. Dla niego ważne były inne wartości niż dla mnie.

Kiedy ja oglądam się za siebie, to zaczynam modlić się modlitwą dziękczynienia: „Dziękuję Ci, Boże, że nie spełniłeś wszystkich moich modlitw, że wyciągałeś mnie z tych głupich relacji".

Bóg naprawdę prowadzi, jeśli się Mu zaufa, i On lepiej wie, co jest dobre dla nas. On widzi więcej.

Czy kiedy patrzysz dzisiaj na tamtą relację, to cieszysz się z tej decyzji o rozstaniu?

Ojej, nawet nie wiesz, jak bardzo! Podziękowałam mamie, nawet się rozpłakałam. Podziękowałam Bogu, cały czas Mu dziękuję za prowadzenie…

O co prosisz Go dzisiaj?

O zdrowie i miłość w mojej rodzinie i wokół nas. Żeby ludzie byli szczęśliwi jak my.

Jak być taką rodziną, jaką wy jesteście? Tak się wspierać i kochać?

Bóg na pewno nam w tym pomaga. Cały czas czuwa i prowadzi nas przez życie.

Masz jakiś ulubiony sposób modlitwy? Jak to zrobić, żeby była skuteczna?

Zawsze odmawiam powszechnie znane modlitwy: *Ojcze nasz*, *Zdrowaś, Mario*, a potem z Nim po prostu rozmawiam: „O, dzisiaj był super dzień, dziękuję Ci".

Czy mówisz otwarcie o swojej wierze? Nie przypominam sobie wywiadów z tobą na ten temat.

Nie wypieram się mojej wiary, ale też nie afiszuję się z nią na portalach ani w wywiadach. Jeśli ktoś mnie zapyta, to otwarcie o tym rozmawiam, ale sama takich rozmów nie zaczynam.

Bardzo dziękuję, że zdecydowałaś się porozmawiać ze mną.

Ja dziękuję za zaproszenie. Pozdrawiam wszystkich czytelników. Niech Bóg czuwa nad nami wszystkimi.

Niech czuwa i niech nam nie pozwala pakować się w głupie sytuacje… bo codziennie jest do nich okazja.

Tak, diabełek nie śpi, dlatego naprawdę warto trzymać się Boga. On prowadzi najlepszą drogą.

Tęcza

Albowiem nie dał nam Bóg ducha bojaźni,
ale mocy i miłości, i trzeźwego myślenia.
(2 Tm 1, 7)

Fryzjer delikatnie rozczesywał moje włosy, pachnące przyjemnie i mocno odżywką, dopytując, co u mnie słychać.

– Mieszkasz tam, gdzie mieszkałaś?
– Tak, mieszkam w tym samym niewielkim mieszkanku tu, na Mokotowie. Znajomi nazywają je mokotowskim SPA, bo uwielbiają tam wpadać na dobrą herbatkę i długie rozmowy.
– Jeździsz nadal tym malutkim autkiem?
– Tak, fiatem 500, i jestem superzadowolona. Jest zgrabne i ekonomiczne, ma panoramiczny dach, przez który mogę obserwować niebo, kiedy stoję w korku, i co najważniejsze – wszędzie mogę nim zaparkować.
– Prowadzisz już jakiś swój program w telewizji?
– Nie, własnego programu nie mam, ale robię wywiady w moim ulubionym programie *Dzień Dobry TVN*. Ciągle poznaję ciekawych ludzi i miejsca, pracuję w fajnym zespole, a do tego prowadzę blog *Bóg w wielkim mieście*, który daje mi dużo radości.
– Masz kogoś?
Roześmiałam się.
– Mam wiele bliskich osób, ale jeśli pytasz o „tego jedynego", to nie. Nie mam. Jeszcze nie. Chociaż może mam, ale jeszcze tego nie widzę.
Fryzjer się zamyślił…
– A nie chciałabyś mieć domu z basenem, drogiego sportowego auta, swojego programu, przystojnego męża, dziecka?

Uśmiechnęłam się. Wiedziałam, do czego zmierza. Pewnie, że bym chciała.

Największym prezentem, jaki dostałam od Pana Boga, jest radość z mojego życia, z tego, kim jestem. Szczęście to dla mnie sposób patrzenia na siebie, innych ludzi i świat dookoła. Ponad dziesięć lat temu przyjechałam do Warszawy z wielkimi marzeniami, ale zagubiona: dumna, przekonana, że wszystko w życiu zależy ode mnie samej. Nie umiałam się cieszyć z sukcesów ani z drobnych rzeczy, ani też docenić miłości. Nie umiałam się niczym nasycić. Ciągle mi było mało. Wszystko było niedostatecznie doskonałe: praca, mężczyźni, ja sama, moje ciało, moja rodzina, moje życie. Chciałam idealnego życia. A za niepowodzenia winiłam wszystkich innych, tylko nie siebie.

Odkąd Pan Bóg wkroczył w moje życie, czuję się, jakby mi ktoś wyjął z oczu zabrudzone szkło, które zupełnie jak w baśni Andersena pt. *Królowa Śniegu* tkwiło tam, zmieniając świat na smutny i zły. Bóg codziennie uczy mnie wiary, nadziei i miłości. Wiary nie tylko w Niego, ale w siebie i wszystko najlepsze, na co zasługuję. Wiary w ludzi niezależnie od tego, jak nas ranią. W sens bycia dobrym, życzliwym, uczciwym, współczującym. W nadzieję na lepsze jutro, na kolejną szansę, na to, że On mnie nie zostawi, na coś dobrego za zakrętem. W sens miłości bez żadnych korzyści. Ot tak po prostu. Okoliczności zbytnio się nie zmieniły, ale ja jestem zupełnie inną osobą. Odkryłam, że nie jestem idealna, ale to wcale nie szkodzi; popełniam błędy i mam do tego prawo. Przestałam wszystko i wszystkich oceniać, a zaczęłam doceniać. Wzięłam sprawy w swoje ręce. Śpię spokojnie, a rano budzę się radosna. Każdego dnia, otwierając oczy, doceniam to, że zaczyna się nowy dzień. Już nie muszę być zawsze najlepsza. Uczę się nie rozpamiętywać przeszłości. Żyję tu i teraz. Jest we mnie radość, ciekawość, chęć życia i nadzieja.

Nauczyłam się odpoczywać, odpuszczać, bardziej dbać o siebie i innych. Nauczyłam się dzielić, zamiast gromadzić. Odkryłam, jaką radość daje dawanie. Zrozumiałam, że piękno nie zależy od metki na moich spodniach czy butach, ale od radości i optymizmu w oczach, zdrowia i poukładanych relacji, od czystego sumienia; że piękno to sposób, w jaki patrzę na innych.

Nie muszę być zawsze najlepsza. Już nie biorę wszystkiego tak bardzo do siebie. Zaczęłam się codziennie modlić. Dużo ćwiczę i spaceruję na świeżym powietrzu. Jeżdżę na rolkach i pływam. Zdrowo się odżywiam. Nie jem mięsa, ale za to szukam produktów, dzięki którym czuję się lekka i pełna energii. Czytam dobre książki. Słucham dobrej muzyki. Nie chodzę do teatru na głupie sztuki tylko dlatego, że coś wypada zobaczyć. Wychodzę z kina w połowie filmu, jeśli coś mi nie odpowiada. Spędzam czas z ludźmi, których lubię i którzy są dla mnie ważni. Na jałowe znajomości szkoda mi czasu.

Bóg sprawił, że nauczyłam się mieć czas dla bliskich i w tym czasie zajmować się tylko nimi, a nie patrzeć w telefon. Dzięki Niemu zrozumiałam, że żaden SMS nie zastąpi rozmowy twarzą w twarz, a ważniejsze od romantycznych uniesień i wierszy jest to, czy ktoś dostrzeże, że w moim aucie skończył się olej, a w lampce nad łóżkiem brakuje żarówki; to, czy ktoś będzie pamiętał, jaką kawę lubię, albo po prostu, czy zapyta, jak się dziś czuję. Leczę się z egoizmu. Uczę się, że miłość to nie tylko wiersze i wzniosłe chwile, ale bycie razem w zwyczajności, pokonywanie razem problemów w rozbrajającej szczerości. To bliskość, otwartość i patrzenie na siebie w prawdzie. Nauczyłam się wybaczać, także sobie samej, co jest chyba najtrudniejsze. Daję sobie i innym prawo do błędów. Kiedy nie chcę czegoś zrobić, mówię „nie" i już nie boję się, co pomyślą inni. Kiedy wszyscy dookoła biegną, ja idę spokojnie i nie martwię się, która będę na mecie. Moje życie to już nie wspinaczka ani wyścig. Z Nim odkryłam własne tempo i własną drogę. Z Nim odkryłam, kim jestem.

Nadal liczę w sierpniu spadające gwiazdy, zachwycam się ciszą i bezkresem mazurskich nocy. Kiedy jest mi źle, płaczę w głos, wyrzucam Bogu, że Go nie rozumiem, i proszę, żeby mnie umocnił. Staram się przetrwać życiowe burze przytulona do kogoś bliskiego, komu ufam. Gdy ktoś ze znajomych płacze, w miarę możności jestem blisko z pudełkiem lodów, DVD z ulubionym serialem, kocem i dobrym słowem. Kiedy jestem szczęśliwa, uśmiecham się do Niego z wdzięcznością i jak najszybciej dzielę się tym szczęściem z kimś drugim. Przestałam odkładać życie na później. Robię sobie codziennie małe przyjemności. Śpię w pachnącej pościeli. Kupuję sobie kwiaty. Zapalam świeczki do kolacji, nawet jeśli jem ją sama. W wannie słucham muzyki filmowej i popijam dobre białe wino. Piję herbatę w ładnej filiżance. Celebruję chwile. Modlę się, by nie przeoczyć okazji do uśmiechu. Każdego dnia staram się żyć tak, jakby to był mój ostatni dzień. Czuję, że żyję pełnią życia.

Nie staram się spełniać niczyich oczekiwań. On daje mi wolność i pokój w sercu nieporównywalny z niczym innym. Wierzę, że wszystko ma sens, nawet jeśli czasami trudno mi niektóre rzeczy zrozumieć.

Pewne sprawy wcale się nie zmieniły. Nadal popełniam błędy, bywa, że zamartwiam się bez sensu albo zbyt łatwo i szybko komuś zaufam. Nadal uwielbiam poznawać nowych ludzi. Zaczepiam, wypytuję, zagaduję i jestem ich ciekawa. Nadal kocham rozmawiać do rana z przyjaciółmi. Kocham tańczyć, najlepiej boso, na plaży pod rozgwieżdżonym niebem albo na stole czy barze – jak w pewnym klubie w Barcelonie, którego ja i moje koleżanki długo nie zapomnimy.

Nadal mam słabość do butów, delikatnej biżuterii, kremów i wyjazdów do SPA. Płaczę na filmach tak samo jak płakałam i tak samo się tego wstydzę, i udaję, że wcale nie płakałam. Nadal mam słabość do lodów waniliowych i prosecco. Nadal – wbrew doświadczeniom – wierzę, że zakocham się szczęśliwie w jakimś fajnym facecie, który będzie miał taki sam apetyt na życie jak ja. Nadal miewam gorsze dni, kiedy w nic nie wierzę, niczego nie rozumiem i czuję się najbardziej samotną dziewczyną w mieście. Pewne rzeczy wcale się nie zmieniły. Nadal upadam tam, gdzie wydawało mi się, że zawsze dam radę. Nadal głupio grzeszę. Nadal zapominam o nadziei i ucieka gdzieś cała radość. Nadal bywam dosyć nieznośna, małostkowa, zacietrzewiona, skupiona na sobie albo przesadnie przestraszona, jakby Jezus wcale nie zwyciężył śmierci, a Bóg wcale nie był moim Ojcem. Nadal się gubię, ale już się nie boję, bo wiem, że Jemu moje życie się nigdy nie wymyka.

Gdybym miała opisać kolor szczęścia, powiedziałabym, że jest tęczowe. Ostatnio widziałam tęczę na Mazurach – była podwójna. Ze szczęścia skakałam w mokrej trawie. Tęcza to symbol przymierza Boga z ludźmi. Tęczowe są moje sny. Każdy kolor w mojej tęczy ma odrębne znaczenie.

Jestem zwyczajną dziewczyną, która przyjechała do wielkiego miasta zrobić karierę, a dostała dużo więcej, odkryła swoje korzenie, więcej: odnalazła tu Boga, a wraz z Nim – siebie. Dzięki Niemu moje życie jest pasjonującą przygodą. W tym miejscu przydałby się jakiś *happy end*, spektakularny finał, na przykład jakieś „i żyli długo i szczęśliwie" – ale z Nim każdy mój dzień to nowy rozdział. Nie mogę się doczekać, co jeszcze ma dla mnie w zanadrzu.

Jestem wdzięczna Bogu za to, że mnie uwalnia i przywraca wzrok. Dzięki Niemu nauczyłam się w końcu doceniać swoje życie. Wiem, że wiele razy jeszcze upadnę, ale chcę dalej iść z Nim, obojętnie już: w małym czy wielkim mieście. Z Nim jestem po prostu szczęśliwa.

Jeśli się Go tylko złapie za rękę i zrobi jeden mały krok, On działa w życiu niewyobrażalne cuda.

Odkryłam, że Kościół nie jest dla ludzi idealnych, tylko dla grzeszników, takich jak ja. Kiedy znowu głupio wpadam w te same grzechy i słabości, wiem, do kogo pobiec, kto jest najlepszym Lekarzem. Spowiedź i komunia święta umacniają mnie i sprawiają, że znów wracam na dobrą drogę. Uczę się wierzyć, że Jego miłość naprawdę jest za darmo i nie muszę na nią zasługiwać, że życie wiarą to nie duchowa siłownia, ale fontanna łask. Dotarło do mnie, że „my" w Kościele niczym nie różnimy się od „was", za jego murami – prócz tego, że „my" wiemy już, gdzie jest Lekarz, do kogo pójść po pokój i siłę, po wiarę, nadzieję i miłość. Wiemy, gdzie bije źródło życia.

Niezależnie od tego, po której stronie kościelnych murów dziś jesteś, jedno jest pewne: On cię widzi i wszystko wie, wypatruje, nadstawia ucha, czeka dziś właśnie na ciebie. Usłyszy twój krzyk, choćbyś był w najciemniejszej piwnicy. Nie ma znaczenia, kim jesteś, jak bardzo ci nie wyszło i jak o sobie myślisz. Wystarczy, że do Niego zawołasz.

Pełne życzenia na nowy rok 2016 krążące po internecie brzmiały tak:

> Możesz mieć wady, być lękliwy i czasem poirytowany, ale nie zapominaj, że twoje życie jest największym przedsiębiorstwem świata. Tylko ty możesz zapobiec jego fiasku. Wielu cię ceni, podziwia i kocha. Chciałbym, żebyś pamiętał, że być szczęśliwym, to nie znaczy mieć niebo bez burzy, drogę bez wypadków drogowych, pracę bez wysiłku, relacje bez rozczarowań.
> Być szczęśliwym, to znaleźć siłę w przebaczaniu, nadzieję w walkach, bezpieczeństwo na scenie strachu, miłość w niezgodzie.
> Być szczęśliwym nie znaczy tylko doceniać uśmiech, ale też zastanawiać się nad smutkiem. To nie tylko świętować sukcesy, lecz także uczyć się na błędach. To nie tylko czuć radość wśród aplauzów, ale być radosnym anonimowo.
> Być szczęśliwym, to uznać, że warto żyć – pomimo wszelakich wyzwań, nieporozumień i kryzysów.
> Szczęście to nie wyrok przeznaczenia, ale osiągnięcie tych, którzy potrafią podróżować wewnątrz siebie samych.
> Być szczęśliwym, to przestać czuć się ofiarą problemów, a stać się bohaterem własnej historii. To przemierzać pustynie w głębi siebie, umiejąc jednak odnaleźć oazę w zakamarkach swojej duszy.
> To każdego ranka dziękować Bogu za cud życia.
> Być szczęśliwym, to nie bać się własnych uczuć.
> To potrafić mówić o sobie.
> To mieć odwagę usłyszeć: „Nie".
> To czuć się bezpiecznie, przyjmując krytykę, nawet niesłuszną.
> To całować dzieci, przytulać rodziców, przeżywać poetyckie chwile z przyjaciółmi, nawet jeśli nas ranią.
> Być szczęśliwym, to pozwolić, by stworzenie, które jest wewnątrz nas, żyło w wolności, radości i prostocie.
> To być tak dojrzałym, by móc powiedzieć: „Pomyliłem się".
> To być tak odważnym, by powiedzieć: „Przebacz mi".
> To mieć taką wrażliwość, by wyznać: „Potrzebuję cię".
> To umieć mówić: „Kocham cię".

Niech twoje życie stanie się ogrodem okazji, by być szczęśliwym…
Abyś w twoich wiosnach był miłośnikiem radości.
Abyś w twoich zimach był przyjacielem mądrości.
A kiedy pomylisz drogę, abyś zaczynał od nowa.
Bo tak będziesz miał większą pasję życia.
I odkryjesz, że być szczęśliwym, to nie znaczy mieć idealne życie.
Ale to znaczy używać łez, by nawadniać tolerancję.
Używać przegranych, by doskonalić cierpliwość.
Używać błędów, by rzeźbić duchowy pokój.
Używać bólu, by kamienować upodobanie.
Używać przeszkód, by otwierać okna intelektu.
Nigdy nie przestawaj…
Nigdy nie rezygnuj z ludzi, których kochasz.
Nigdy nie rezygnuj ze szczęścia, bo życie jest niewiarygodnym spektaklem!

Podziękowania

Ta książka to zapis wywiadów, które odbyłam na przestrzeni dwóch lat, przeplatany moją osobistą historią i historiami ludzi spotkanych w wielkim mieście. Składają się na nią godziny rozmów, nagrań, wzruszeń i przeżyć. Głównym bohaterem i natchnieniem jest oczywiście Pan Bóg, ale książka z pewnością nie powstałaby, gdyby nie życzliwość i otwartość wielu osób, za które jestem wdzięczna i za które chciałabym serdecznie podziękować.

Dziękuję Gwiazdom, które zgodziły się opowiedzieć o tak intymnej sferze, jaką jest wiara, oraz ich menadżerom za pomoc w zorganizowaniu wywiadów.

Dziękuję wszystkim Przyjaciołom i Znajomym, których historie opowiadam w książce.

Dziękuję redaktorom: Tomkowi Ponikle i Bartkowi Suremu z Wydawnictwa WAM oraz Darkowi Kobuckiemu ze Studia Inigo za ośmielenie mnie do napisania tej książki i podtrzymywanie na duchu w momentach zwątpienia. Gdyby nie Wasze wsparcie, dawno bym się poddała.

Dziękuję Kamie Hawryszków i wszystkim osobom z Wydawnictwa WAM oraz Studia Inigo, które z takim zaangażowaniem pracowały przy przygotowaniu książki.

Dziękuję Czytelnikom bloga *Bóg w wielkim mieście*, bo to wszystko zaczęło się przecież od niego. Swoim wsparciem codziennie dajecie mi nowe siły do mówienia o wierze.

Dziękuję dwóm wyjątkowo utalentowanym Artystkom, które są ze mną od początku powstania bloga, a bez których ta książka nie byłaby taka piękna: fotografce Toli Martynie Piotrowskiej za jej empatię i spokój przy pracy nad zdjęciami oraz graficzce Magdzie Grabowskiej za entuzjazm i kreatywność przy projektowaniu okładki i szaty graficznej książki.

Dziękuję fotografom, którzy wsparli swoim talentem pojedyncze sesje towarzyszące wywiadom: Gosi Jakubiak, Pawłowi Grzesiowi i Remigiuszowi Wojtczakowi.

Dziękuję stylistce Poli Gomółce oraz makijażystkom: Agnieszce Marczuk-Stolarz i Magdzie Chmielewskiej za wsparcie przy sesjach zdjęciowych.

Dziękuję właścicielom wszystkich przepięknych miejsc, w których odbyły się rozmowy i nagrania do książki w Warszawie (TVN Cafe, Atelier Amaro, Odette, Zielnik Cafe, Niezłe Ziółko, Bułka przez Bibułkę, Marsz na Kawę, Na Lato, Cafe Lorentz & Wine, Wrzenie Świata, Qchnia Artystyczna) oraz poza Warszawą (Majątek Howieny na Podlasiu, Off Piotrkowska w Łodzi, Drukarnia Skład Wina &Chleba w Poznaniu).

Dziękuję szczególnie ojcu Krzysztofowi Pałysowi z klasztoru Dominikanów na warszawskim Służewie za rozmowy o Bogu i cierpliwe odpowiadanie na wszystkie moje pytania i wątpliwości w trakcie pisania książki oraz za modlitwę w tej intencji.

Za nieocenione wsparcie modlitewne, wsparcie merytoryczne podczas pracy nad książką oraz życzliwość składam też podziękowania:
– ojcom Robertowi Głubiszowi OP i Adamowi Szustakowi OP oraz wszystkim ojcom dominikanom,
– siostrom Gaudii, Matyldzie, Gracji, Emanueli i wszystkim siostrom z Sanktuarium Bożego Miłosierdzia w Łagiewnikach,
– księżom Rafałowi Kowalskiemu, Dominikowi Chmielewskiemu, Pawłowi Ptasznikowi, Krzysztofowi Dukielskiemu, Pawłowi Rytlowi-Andrianikowi oraz wszystkim znajomym księżom i zakonnikom.

Dziękuję Edwardowi Miszczakowi, dyrektorowi programowemu TVN, i wszystkim osobom z działu programowego TVN oraz Ewie Baj, producentce programu *Dzień dobry TVN*, za otwartość i życzliwość wobec podejmowanych przeze mnie tematów związanych z wiarą na antenie programu, a także wszystkim wydawcom, reporterom i osobom z redakcji, które wspólnie ze mną były zaangażowane w przygotowanie wywiadów o znanych ludziach, którzy spotkali Boga.

Dziękuję Magdzie Kowalik-Nóżce z redakcji DDTVN i Bartoszowi Węglarczykowi z Onetu za motywowanie do pisania o wierze.

Dziękuję Sylwii i Jaśkowi oraz całej Małej Trzódce za wsparcie i wspólną modlitwę.

Dziękuję wszystkim moim ukochanym Przyjaciółkom, a szczególnie: Agatce Ostaszewskiej, Małgosi Stafin, Kasi Drągowskiej, Kindze Baranowskiej, Kasi Białek i Agatce Podczaskiej – za ich bliskość, mądrość i inspirujące rozmowy o Bogu w przepięknych, malowniczych miejscach.

Dziękuję wszystkim moim bratnim duszom, a zwłaszcza: Oli Biegańskiej, Monice Piotrowskiej, Teresce Zaorskiej-Łukaszuk i Zuzi Marek – za szczególne otoczenie modlitwą i motywowanie.

Dziękuję Jarkowi za rozmowy na hamaku odbyte w trakcie pisania książki, dzięki którym nabrałam nowej perspektywy patrzenia na wiarę i nie tylko.

Dziękuję Rodzicom: Marii i Grzegorzowi, za ich nieustającą wiarę we mnie i modlitwę w intencji książki, oraz bratu Jackowi, bratu Bolkowi i bratowej Marcie za ich miłość i za to, jacy są. Jestem z Was dumna i bardzo Was kocham.

Dziękuję wszystkim osobom, które w trakcie pisania wsparły mnie w jakikolwiek sposób: dobrym słowem lub modlitwą. Z wdzięcznością noszę Was i te ważne gesty w sercu.

Dziękuję dobremu Bogu za to, że postawił na mojej drodze tych wszystkich wyjątkowych ludzi, dzięki którym wspólnie mogliśmy stworzyć współczesną opowieść o Bogu w wielkim mieście.

Spis treści

Opieka redakcyjna: Bartłomiej Sury, Kama Hawryszków
Redakcja: Katarzyna Węglarczyk
Korekta: Klaudia Adamus, Katarzyna Onderka
Projekt okładki i opracowanie graficzne:
Grabovska.com
Skład: Lucyna Sterczewska
Fotografie w książce: Tola Martyna Piotrowska
Z wyjątkiem: Remigiusz Wojtczak, str. 241; Małgorzata Jakubiak,
DreamEye Studio Poznań, str. 247, 250; Paweł Grześ, str. 281, 284

ISBN 978-83-277-1246-2
dodruk, dodruk II

WYDAWNICTWO WAM
ul. Kopernika 26 • 31-501 Kraków
tel. 12 62 93 200 • faks 12 42 95 003
e-mail: wam@wydawnictwowam.pl
www.wydawnictwowam.pl

DZIAŁ HANDLOWY
tel. 12 62 93 254-255 • faks 12 62 93 496
e-mail: handel@wydawnictwowam.pl

KSIĘGARNIA WYSYŁKOWA
tel. 12 62 93 260
e.wydawnictwowam.pl

druk: READ ME • Łódź